Heinrich Preschers

Der Mensch Jesus Christus

1. Tim. 2, 5 oder Kurzgefasste Einleitung in die Geschichte des menschlichen

Wandels unsers Gottes und Herrns Jesu Christi

Heinrich Preschers

Der Mensch Jesus Christus
1. Tim. 2, 5 oder Kurzgefasste Einleitung in die Geschichte des menschlichen Wandels unsers Gottes und Herrns Jesu Christi

ISBN/EAN: 9783743603929

Hergestellt in Europa, USA, Kanada, Australien, Japan

Cover: Foto ©Lupo / pixelio.de

Weitere Bücher finden Sie auf **www.hansebooks.com**

Der Mensch
JEsus Christus,

1 Tim. 2, 5.

oder:

Kurzgefaßte Einleitung

in die
Geschichte des menschlichen Wandels
unsers GOttes und HErrns

JEsu Christi.

nebst
einem Aufsatz
vom Glauben des Hauptmanns zu
Capernaum und des cananäischen
Weibes.

Andere vermehrte und verbesserte Auflage.

1772.

Zueignungs-Schrift
der ersten Auflage

an den damaligen

Herrn

Geheimden Legations-Rath

Friedrich Carl
von Moser,

jetzo

Freyherrn und Reichs-Hofrath, wie auch Kaiserlichen Administrator der Grafschaft Falkenstein.

Mein Herzens-Freund!

Sie haben verlanget, daß ich gegenwärtiges Werkgen drucken laſſen ſolle, ohngeacht es blos zu meinem Hausgebrauch entworfen worden. Was könnte ich aber Ihnen abſchlagen? Hier haben Sie es alſo als ein Andenken von Ihrem Freunde, deſſen Wahlſpruch bis an ſein Ende bleiben wird: An mir und meinem Leben, iſt nichts auf dieſer Erd; Was JESUS mir gegeben, das iſt der Liebe werth. Ich weiß, daß Sie nichts anders an mir lieben können, und weil Ihnen mein ganzes Herz bekannt: ſo wiſſen Sie auch die mannichfaltigen Fehler, welche Sie in dieſer Schrift finden werden, am beſten

besten zu rechte zu legen. Ich habe mich derselben ohngeacht zu diesem Abdruck um desto williger verstanden, weil er manchem Liebhaber JESU eine Veranlassung geben kann, die hierinnen nur, wie in einem Schattenriß entworfene Materien durch seine reifern Einsichten, in mehreres Licht zu stellen. Sie erlauben auch gütigst, daß dergleichen Beyträge und Verbesserungen an Sie eingesendet werden dürfen, und ich verharre übrigens mit aller Hochachtung bis wir Ihn sehen werden, wie Er ist,

Dero

treu-ergebenster.

der Verfasser.

Vorrede.

Gegenwärtige kurzgefaßte Einleitung in die Geschichte des menschlichen Wandels JEsu Christi, des Sohnes GOttes, unsers HErrn, kommt durch eine zweyte, an zerschiedenen Stellen verbesserte Auflage zum Vorschein.

Es ist diese in den Augen des Herrn Verfassers geringe, dem Glauben aber nahrhafte, und seinem eigenen Herzen gesegnete, Arbeit das erstemal im Jahr 1762. durch einen vornehmen und verdienten Mann, der auch selbst ein glaubiger Liebhaber des HErrn JEsu ist, nicht ohne Schüchternheit des Herrn Autoris, als welcher sie blos zu seinem Hausgebrauch entworfen, dem Druck übergeben worden.

Vorrede.

Sie ist, wie man zuverläßig weiß, seithero an mancher Seele gesegnet gewesen, und auch mir hat die Art, wie der Herr Verfasser die so tiefe, geheimnißvolle, und anbethungswürdige Erniedrigung unsers liebsten Heilandes erkannt und genutzet, an meinem eigenen Herzen vieles ausgetragen, und den Wunsch erweckt, daß, da der Herr Autor nicht eigentlich aus der Theologorum Schule her, sondern nur ein Politicus und Jurist, und mehr nach schriftmäßiger Erfahrung, als subtil-systematischer Schulart, die Sache vorgetragen hat, andere, welche den Schlüssel der Erkänntniß und darbey gründliche eigene Erfahrung haben, dieselbe fortsetzen, weiter ausführen, und gemeinnützlicher machen möchten.

Es hat auch der Herr Verfasser gegenwärtige zweyte Auflage dermalen nicht gesucht, sondern in anderer Absicht nur geäussert, daß er die an der ersten Ausgabe bemerkte chronologische Fehler verbessert zu sehen wünschte, auf den Fall seiner Zeit einmal von einer weiteren Auflage die Rede werden möchte.

Dieses aber hat nebst dem Umstand, daß

Vorrede.

daß die erste Auflage sich gänzlich vergriffen, unter der guten Hand GOttes, die mich mit dem Herrn Autore in gesegnete Bekanntschaft gebracht, Gelegenheit gegeben, daß gegenwärtige zweyte Auflage würklich veranstaltet worden.

Man stellt nicht in Abrede, daß es etliche Freunde der Wahrheit gegeben, welche die in gegenwärtigem Büchelgen beobachtete Art, den Wandel und die Handelweise des Sohnes GOttes im Fleisch zu betrachten und vorzustellen, als zu menschlich, und (wenn man sich so ausdrucken darf) als von der Gottheit allzuleer, angesehen und beurtheilt haben.

Der Herr Verfasser hat aber mit dem, was er darinnen sagt, der göttlichen Ehre unsers hochgelobten Erlösers so gar nicht zu nahe kommen wollen, daß vielmehr seine lautere und schriftmäßige Erkänntniß von JEsu Christo, dem Sohne GOttes, unserm HErrn, aus gegenwärtiger Einleitung allenthalben hervorleuchtet, und den aufmerksamen geraden Leser, welcher fein alles zusammen nimmt, von seinem lauteren Sinn, und von seiner Hochachtung

Vorrede.

achtung gegen dem siebenfach bewährten Zeugniß h. Schrift zuverläßig überzeugen kann.

Es geziemete dem, (es ist ein göttliches πρέπον, und decorum für denselben,) um des willen alle Dinge sind, und durch den alle Dinge sind, der da viel Kinder hat zur Herrlichkeit geführet, daß er den Herzog ihrer Seligkeit durch Leiden, (durch solche niedere, geringe, unansehnliche Umstände, die sich mit dem Tode am Creutz endigten) vollendete, oder wie Lutherus es übersetzt, vollkommen machte. Ebr. 2, 10.

Der Herr Verfasser antwortete einem aufrichtigen Freund, welcher dergleichen etwas gegen ihn geäussert, auf folgende Art: "er habe, schreibt er, „dasjenige, was Paulus Phil. 2, 6-11. „von dem Stand der Erniedrigung „Christi sage, und der sel. D. Bengel „über diese Stelle in Gnomone also aus„drücke: *adeoque non solum celavit, sed etiam* „*abnegavit & abstinuit,* und was der sel. „D. Spener in seiner evangelischen „Glaubenslehre pag. 193 von Christi „Stand der Erniedrigung sage, nämlich: „und zwar verbarg ers nicht allein, daß „er zum Exempel immer auf verborgene

Art

Vorrede.

„Art aller göttlichen Eigenschaften sich
„gebraucht, nur aber solches heimlich
„gehalten hätte; sondern er leerte sich
„gar davon aus, und legte also sothanen
„Gebrauch der göttlichen Eigenschaften
„ab, u. s. w. nur nach seiner Erkänntniß
„und Ueberzeugung näher zu entwick=
„len gesucht. Er hege dabey nicht den
„geringsten Gedanken, welcher der
„wahren und wesentlichen Gottheit
„unsers hochgelobten Erlösers, nach
„deren er auch in der tiefsten Erniedri=
„gung im Vater und der Vater in ihm
„ist, Eintrag thue, seye auch der gänz=
„lichen Ueberzeugung, daß keiner ein
„Kind GOttes seyn könne, welcher
„hierinnen anders gesinnet seye. Uebri=
„gens aber bleibe wohl wahr, was Herr
„Abt Oetinger in seiner Theologia p.
„195 §. 10. schreibe, nämlich; *quod ea,*
„*quæ de statu exinanitionis Phil. 2, 6-11. con-*
„*ceptis verbis exstant, quanquam conceptu fa-*
„*cilia, detorqueantur à simplicitate à quibus-*
„*dam, & quod de hoc satius sit meditari Da-*
„*vidis more in lecto, quam multum scribere*
„Pf. 139, 18.

Ein anderer Freund der Wahrheit
hingegen theilte über die gegenwärtige
kurze Einleitung gelegenheitlich jener
freundlichen Erinnerung seine Gedan=
ken folgenden Innhalts mit: „In

Vorrede.

„In einer subtilen Materie muß man
„einem auch etwas zu gut halten kön=
„nen. Eine allzugrosse thetische Präci=
„sion hindert das wohlanständige Maf=
„sive im Ausdruck; und wer will alle
„die ωδίνας, welche die heilige Mensch=
„heit JEsu, durch alle Stationen hin=
„durch, bis zur Erhöhung, durchge=
„loffen, würdig und genau genug er=
„klären. Da wird uns noch immer
„vieles zurücke bleiben!„

Das wird nicht deswegen gesagt,
als ob man alle und jede, an sich löbli=
che, Genauigkeit verwerfen, und dar=
gegen flüchtigen und ausser der Leitung
des Geistes JEsu und dem Zeugniß
seines Worts ganz unsicheren Gedan=
ken, freyen Lauf lassen wollte; son=
dern es mag vielmehr nur als eine ein=
fältige Darlegung des bey der Sache
zum Grund liegenden lauteren Sinnes,
zu einiger Antwort für diejenigen gel=
ten, welche den Herrn Verfasser nach
thetischer Strenge beurtheilen, und ih=
res Orts die Sache besser und sicherer
getroffen, will nicht sagen, das kund=
lich grosse gottselige Geheimniß er=
schöpft zu haben, vermeynen.

Es ist und bleibt doch wahr, daß
einem

Vorrede.

einem um sein Heil und Durchkommen verlegenen Herzen, welches in dieser Angstwelt (Joh. 16, 33.) sich so vielerley innerlicher und äusserlicher Noth blos gestellt siehet, Balsam ist, wenn es seinen Heiland so recht menschlich, allenthalben versucht, geübt, und wie Gold im Ofen geläutert, und als den eben auf diesem Weg vollendeten Versühner und Herzog der Seligkeit, ansehen, geniessen, und in seiner Gemeinschaft des Segens und der Frucht seines ganzen Laufs froh werden kann, daß es nach und nach immer mehr bey ihm heißt: Wie Er ist, so sind auch wir in dieser Welt.

Und der liebste Heiland hat ja doch eben nicht blos nur dergleichen gethan, als ob er sich erniedrigte, als ob er etwas nicht wußte, als ob sein Leiden ihm so empfindlich nahe gienge; sondern es war ein wirkliches Seelen- und Leibes-Leiden, ein ernstliches Entäussern, eine wahre κενωσις, ein Lernen aus dem Munde seines himmlischen Vaters, der ihm alle Morgen das Ohr geweckt, ein Lernen dessen, was Er als ein wahrhaftiger Mensch nicht wußte, und als der Versühner unse-

Vorrede.

rer unlittigen, fürwitzigen, hochmüthigen, und flüchtigen Art nicht wissen wollte.

Dreymal heißt es Luc. 1,80. 2,40. 52: Das Kind wuchs: und ward stark im Geist, voller Weißheit: und GOttes Gnade war bey ihm. Diß verstehe ich auf ganz eigentliche, ordentliche, wachsthümliche Weise. Ach daß es bey unserm Wissen, Lernen, und Wachsthum auch so ordentlich, gründlich, heilig, und GOtt wohlgefällig zugienge, und uns nicht noch immer die Sünde des ersten Fürwitzes besonders zusetzte!

So demüthig, einfältig, lauter, und verständig hat ja auf der Welt noch kein Mensch gelebt und gewandelt. Aber eben in seinem Glauben, Vertrauen, und Gehorsam war er der vollkommene Jes. 42, 19. der geliebte Sohn, an dem der Vater Wohlgefallen hatte Matth. 3,17. 17,5.

Einer in der Schule ihres Heilandes befindlichen, und unter der Leitung seines Geistes stehenden, gelehrigen Seele, welcher das Wort GOttes ihr Licht ist auf ihrem Weege, wird ihr Heiland eben dadurch recht groß, wunderbar, und anbethungswürdig, und

Vorrede.

und sie macht den Schluß, daß, weil Christus als das ewige Wort sich selbsten von allem eigenen Bewußtseyn und Gebrauch der Gottheit ausgeleeret, und ins Fleisch eingehüllet, für alle Sünder worden, Gehorsam bis in Tod bewiesen, und dadurch den Stand der Rechtfertigung und Erhöhung bis zu GOtt für die Menschen erreicht hat, sich GOtt selbst durch diesen Lauf der Menschheit JEsu gleichsam in einen solchen Stand herabgegeben, darinn er sich gegen den Menschen aus den schärfesten Eigenschaften in die zärteste Erbarmungen umwenden kann, je nachdem der Mensch sein Herz zur Umwendung hergiebt. O wie viel heißt das, wenn Ebr. 2, 18. stehet: Indem er gelitten hat, kann er, als selbst versucht, denen, die versucht werden, zu Hülfe kommen!

Uebrigens verdient wie überhaupt, so besonders über diese Materie das schriftmäßige Zeugniß des sel. Special-Superintendenten M. Fridr. Christoph Steinhofers, in der erst nach seinem Hingang herausgekommenen täglichen Nahrung des Glaubens aus der Erkänntniß JEsu Christi nach einigen wichtigen

Vorrede.

tigen Schriftstellen aus dem Leben und Wandel JEsu, welche der um das Reich GOttes verdiente Gräfl. Reuß-Plauische Hofprediger Herr Jänecke zur Burgk und Pastor zu Möschlitz herausgegeben hat, gelesen zu werden.

Endlich will ich noch anführen, was der sel. D. Bengel über den Lauf und die Erniedrigung des HErrn JEsu in der Harmonie der Evangelisten 2te Aufl. p. 454. f. gründlich beobachtet hat:

„So oft nämlich der Heiland sich „zu etwas bequemet hat, das, so zu „reden, seiner himmlischen Reputation „und Hoheit nicht gemäß scheinen mö„gen, so ist etwas dabey geschehen, das „allem Präjudiz und Anstoß abgehol„fen hat. So stehen bey und gegen „einander, z. Ex.

„Armselige Geburt:	Englisches Zeugniß.
„Beschneidung:	JEsus-Name.
„Reinigung:	Simeons und Hannä Lobsprüche.
„Nazareth:	Erfüllung der Weissagung.
„Den Eltern unterthan:	Beweis im zwölften Jahr, daß er sich selbs regieren könnte.

„Tau=

Vorrede.

„Taufe:	Johannis Protestation: geziemende Antwort JEsu: Stimme vom Himmel: Herabkunft des Geistes GOttes.
„Jünger und Versuchung:	Aufwartung der Engel.
„Predigt vom Leiden:	Verklärung auf dem Berge.
„Zinsgroschen zu Capernaum:	Erklärung gegen Petrum wegen Freyheit der Kinder. Wunder an dem Fisch und an der Münze.
„Fußwaschung:	Meister und Herr.
„Gefangenschaft:	Ich bins.
„Creutz:	Königliche Ueberschrift.
„Tod und Grab:	Wunder: Zeugniß des Hauptmanns.
Hunger und Gang zum Feigenbaum:	Fluch und plötzliches Verdorren des Baums.

„Eine Seele, die JEsum den HErrn
„erkennet, wird diese Balance durch=
„gängig antreffen.

Denn so stehet seine

Erniedrigung bis zum Tod des Creutzes, das Mangeln der Engel auf eine kleine Zeit, u. s. w. und	der Preiß und Ehre, womit Er gekrönet ist,

in dem lieblichsten und reellesten parallel.

b Hin=

Vorrede.

Hinten ist noch eine besondere Abhandlung von dem Glauben des Hauptmanns zu Capernaum und des cananäischen Weibes angehängt, welche bey der ersten Ausgabe nicht befindlich, und womit also die gegenwärtige vermehret worden.

Der geliebte und an den HErrn JEsum Christum glaubige Leser gebrauche sich dieser kleinen Arbeit nach dem Sinn und herzlichen Wunsch des Herrn Verfassers zur Stärkung seines Glaubens, zum lautern Wandel im Licht, und zur unverrückten Gemeinschaft mit dem Sohne GOttes JEsu Christo, unserm HErrn!

Ihm aber seye für seine tiefe Erniedrigung und für die Arbeit seiner Seele Kraft und Reichthum, und Weißheit und Stärke, und Ehre, und Preis und Lob!

Schriebs ein Politicus.

den 1sten Merz 1772.

Innhalt.

Einleitung. pag. 1
1. Cap. Von der eigentlichen Zeit der Offenbarung GOttes im Fleisch. 2
2. Von der weltlichen Verfaſſung des jüdiſchen Volks um die Zeit der Zukunft Chriſti. 3
3. Von der Religions-Verfaſſung der Juden zur Zeit Chriſti, und beſonders von ihrer Lehre. 6
4. Von den Samaritern. 9
5. Von der Beſchaffenheit der jüdiſchen Lehrer zur Zeit Chriſti. 12
6. Von der Beſchaffenheit des jüdiſchen Gottesdienſtes zu den Zeiten JEſu Chriſti. 19
7. Von der Beſchaffenheit des jüdiſchen Volks zur Zeit Chriſti im Leben und Wandel. 21
8. Von der Erwartung des Meßias um die Zeit der Zukunft Chriſti. 22
9. Von den herrſchenden Vorurtheilen des damaligen jüdiſchen Volks in Anſehung des Meßias. 24
10. Von dem Vorläuffer des Meßias, Johannes dem Täufer, und beſonders von deſſen Geſchlecht und was vor deſſen Geburt hergegangen. 28
11. Von der Geburt Johannis des Täufers. 31
12. Von der Kindheit und Erziehung Johannis des Täufers. 32
13. Vom Anfang des Lehramtes Johannis des Täufers. 33
14. Von der Predigt und Taufe Johannis des Täufers. 34

Innhalt.

15. Von Johannis des Täufers Lebensart. pag. 36
16. Von der Wirkung der Predigten Johannis des Täufers. 37
17. Von den Jüngern Johannis des Täufers. 38
18. Von dem Zeugniß, welches Johannes der Täufer von sich selbst abgeleget. 39
19. Von dem Zeugniß, welches JEsus von Johannes dem Täufer abgelegt. 40
20. Von Johannis des Täufers Gefängniß, Tod und Begräbniß. 41
21. Von denjenigen Geschichten, welche vor der Geburt JEsu hergegangen. 45
22. Von der Geburt JEsu. 49
23. Von der eigentlichen Geburtszeit JEsu. 50
24. Vom Geschlecht-Register und den Anverwandten JEsu. 54
25. Von der Verkündigung der Geburt des Meßias durch die Engel. Luc. 2. 59
26. Von der Beschneidung und Benamung des Kindleins JEsus. 61
27. Von JEsu Darstellung im Tempel. 63
28. Von der Verehrung des Kindes JEsus durch die Weisen aus Morgenland. 65
29. Von der Flucht des Kindleins JEsus nach Egypten, und dem Bethlehemitischen Kindermord. 69
30. Von des lieben Heilands Erziehung und Kindheit bis ins zwölfte Jahr. 70
31. Von demjenigen, was im zwölften Jahre mit dem Kinde JEsus vorgegangen. 72
32. Von der Jugend JEsu vom zwölften bis ins dreyßigste Jahr. 74
33. Von der Taufe JEsu. 79
34. Von der satanischen Versuchung JEsu. 81
35. Vom Anfang des Lehramtes JEsu und dessen Führung überhaupt. 85
36. Von dem Innhalt der Lehren JEsu. 89
37. Von der Lehrart JEsu überhaupt. 93
38. Von der Lehrart JEsu durch Gleichnisse insonderheit. 96

39. Von

Innhalt.

39. Von den Weissagungen JEsu. pag. 103
40. Von der Lehrart JEsu in Ansehung seiner Gottheit und Person. 107
41. Von den Wundern, welche der Meßias JEsus gethan. 111
42. Von der Wirkung der Lehre und Wunder JEsu. 118
43. Von den Jüngern JEsu überhaupt. 121
44. Von den zwölf Aposteln. 124
45. Von den Freunden JEsu. 132
46. Von den Begebenheiten JEsu in seinem Lehramt überhaupt, und deren Beschreibung durch die vier Evangelisten. 136
47. Allgemeine Anmerkung über die menschlichen Handlungen JEsu. 142
48. Von der Erniedrigung JEsu in dem Nichtgebrauch seiner Gottheit. 145
49. Von den menschlichen Gemüths-Bewegungen JEsu. 157
50. Vom Gebeth JEsu. 165
51. Von JEsu Lebensart im Essen, Trinken und andern Umständen des menschlichen Lebens. 169
52. Von dem Verhalten JEsu in Ansehung der Religion und Lehrer. 174
53. Von dem Verhalten JEsu gegen die Obrigkeit. 184
54. Von dem Verhalten JEsu gegen seine Jünger. 189
55. Vom Verhalten JEsu gegen seine Anverwandten und Freunde. 200
56. Von der Liebe JEsu gegen die Kinder. 204
57. Von dem Verhalten JEsu gegen alle andere Menschen insgemein. 206
58. Von den Verfolgungen und Leiden JEsu in seinem Lehramt. 208
59. Von JEsu Verhalten gegen seine Feinde. 212
60. Von der Vorbereitung JEsu zu seinem letzten Leiden. 225
61. Von etlichen sonderbaren Begebenheiten JEsu vor seinem letzten Leiden. 224
62. Von der Gelegenheit zu JEsu letzten Leiden. 229
63. Von Judas dem Verräther. 233

Innhalt.

64. Vom letzten Osterlamm, welches JEsus gegessen. pag. 240
65. Von dem Fußwaschen JEsu mit seinen Jüngern. 243
66. Vom Leiden und Sterben JEsu überhaupt. 245
67. Allgemeine Anmerkung wegen rechter Betrachtung des Leidens JEsu. 247
68. Von der Anklage JEsu vor der geistlichen Obrigkeit. 250
69. Von der Anklage JEsu vor der weltlichen Obrigkeit. 253
70. Von dem Ort, wo JEsus gecreutzigt worden. 259
71. Von etlichen Umständen bey der Creutzigung JEsu. 261
72. Von den sieben Worten JEsu am Creutz. 266
73. Von JEsu Tod und Begräbniß. 268
74. Von dem eigentlichen Todestag JEsu. 272
75. Von dem vergossenen Blute JEsu. 274
76. Von der Höllenfahrt JEsu. 276
77. Von der Auferstehung JEsu. 277
78. Von verschiedenen Erscheinungen JEsu nach seiner Auferstehung. 281
79. Von der Himmelfahrt JEsu. 285
80. Von JEsu Sitzen zur rechten Hand GOttes. 286
81. Von zweyen Angedenken, die uns JEsus hinterlassen. 290
82. Beschluß. 294
83. Anhang. Vom Unterschied des Gesetzes und Evangelii, in einer kurzen Tabelle. 295
84. Ordnung der evangelischen Geschichte, vom menschlichen Leben, Tod und Auferstehung unsers HErrn und Heilandes JEsu Christi, wie sie nach ihrer richtigen Folge der Zeit können gelesen werden. 298
85. Aufsatz vom Glauben des Hauptmanns zu Capernaum und des cananäischen Weibes. 313

Weismann, Hist. Eccl. I. T. pag. 19. ed. nov.

Semper optavimus divinae hujus Vitae ex Historia Evangelica collectae diligentissimam in Catecheticis institutionibus a prima infantia & pueritia instillationem, nulli dubitantes, quin ipsius etiam Decalogi consueta tractatio tunc longe adhuc futura sit utilior in Ecclesiis Christianis, idque ex multis rationibus satis obviis.

Lutherus, im achten Theil seiner Schriften, pag. 82. der Hällischen Sammlung.

Daran liegt alles und allein, das soll der Christen Kunst seyn, daß wir Ihn recht kennen lernen, und ausmahlen, von allen Gedanken, Wesen, Lehren und Leben, und was man vornehmen kann, und also an Ihm allein hangen, mit dem Glauben, und von ganzem Herzen sagen: Ich weiß nichts und will nichts wissen in göttlichen Sachen, ohn allein von meinem HErrn Christo, der solls allein alles seyn, was meine Seeligkeit betrifft, und zwischen GOtt und mir zu handeln ist.

Einleitung.

Es war in GOttes ewigem Rathschluß beschlossen, daß der Sohn GOttes ins Fleisch kommen, das ist, wie ein anderer Mensch gebohren werden, gewisse Lebens-Jahre in Armuth und Verfolgung zubringen, dabey aber denen Menschen den wahren Verstand der heiligen Schrift nach GOttes Herz und Sinn, und den richtigen Weg zur Seligkeit eröffnen, auch endlich sterben sollte für das Volk, und nicht für das Volk allein, sondern daß er die Kinder GOttes, die zerstreuet waren, zusammen brächte, Joh. 11, 52. Dabey hatte nun die göttliche Weisheit zween Haupt-Umstände bestimmt:

1) Daß dieser Mensch, der GOtt der HErr war, wie sich sein Urgrosvater König David ausdrückt, 2 Sam. 7, 19. zu einer gewissen Zeit gebohren werden solle, Gal. 4, 4. 5.

2) Daß er unter dem jüdischen Volk und von einer jüdischen Jungfrau gebohren werden solle.

Dieses giebt uns Anlaß, ehe wir zu der Betrachtung seines menschlichen Lebens schreiten, von der Zeit seiner Zukunft ins Fleisch und denen Umständen, welche vor derselben hergegangen, besonders auch von dem damaligen Zustand des jüdischen Volks etwas zu gedenken, weil diese Einleitung zu besserm Verständniß der Handlungen unsers Heilandes als eines gebohrnen Juden dienen wird. Hierauf wollen wir den Vorläuffer des Meßias, und endlich den menschlichen Wandel JEsu selbst von seiner Empfängniß an bis zu seiner Himmelfahrt beschreiben.

I. Capitel.
Von der eigentlichen Zeit der Offenbarung GOttes im Fleisch.

Die Gränzscheidung zwischen der gesetzlichen und vorbildlichen Haushaltung GOttes mit dem jüdischen Volk und dem evangelischen Gnadenbunde mit allen Völkern der Erden, wird von dem lieben Heiland selbst ganz genau bestimmet, wenn er sagt:

Das Gesetz und die Propheten weissagen bis auf Johannem, und von der Zeit an wird das Reich GOttes durchs Evangelium geprediget, und jedermann dringet mit Gewalt hinein, Luc. 16, 16.

Nun ist Johannes der Täufer im 3939sten Jahr nach der Erschaffung der Welt, vermuthlich

lich im Monat Junius oder zu Anfang des Julius, gebohren worden, sein Lehramt aber hat er 30 Jahre darnach um die Zeit des jüdischen Neuen Jahres im 27sten Jahr unserer gewöhnlichen Jahrzahl angetreten, mithin wissen wir ganz genau, wann die Zeit erfüllet war, da GOtt seinen Sohn senden, und mit ihm ein neues Gnadenreich aufrichten wollen. Denn bald darauf und da des Johannis Mutter mit ihm im sechsten Monat schwanger gieng, ist der gebenedeyte Weibes-Saame, unser hochgelobter Heiland JEsus Christus, in dem Leibe seiner hochbegnadigten Mutter Maria empfangen worden, wovon an seinem Ort ein mehreres zu sagen seyn wird. Siehe das 21 Capitel. Der eigentliche Zeitraum aber des Lehramts unsers HErrn und Heilandes wird Ap. Gesch. 1, 22. von der Taufe Johannis an bestimmt bis auf den Tag, da er von den Aposteln genommen worden oder gen Himmel gefahren.

II. Capitel.

Von der weltlichen Verfassung des jüdischen Volks um die Zeit der Zukunft Christi.

Es war zur Zeit der Zukunft des Sohnes GOttes ins Fleisch das Scepter von Juda entwendet, 1 Mos. 49, 10. und das jüdische Volk stund unter der Ober-Botmäsigkeit der römischen Kaiser, welche es durch die Landpfleger in Syrien

Syrien und deren untergebene Procuratores oder Unter-Landpfleger im jüdischen Lande regierten, mit Soldaten belegten und gewisse Steuren von ihm forderten, übrigens aber den Juden die Freyheit liessen, nach ihren Sitten und Gebräuchen zu leben, worüber dann die Hohenpriester und der grosse Rath zu Jerusalem samt verschiedenen jüdischen Unter-Gerichten hielten. Bisweilen hat auch das jüdische Volk Regenten aus dem Herodianischen Geschlecht, welches eigentlich Edomitischen Ursprungs war, sich aber zur jüdischen Religion bekannt hatte, theils unter dem königlichen Titul, theils unter dem Namen eines Vierfürsten über eine besondere Abtheilung des jüdischen Landes gehabt, wiewol sich auch die letzteren des königlichen Tituls oft angemaset, und die Römer haben ihnen als ihren Unter-Obrigkeiten bald mehrere bald geringere Gewalt gelassen. Es kommen deren in der Geschichte JEsu etliche vor:

1) **Herodes der Grosse,** ist derjenige König, welcher die Kinder zu Bethlehem hinrichten ließ, dessen älterer Sohn, der Vierfürst Archelaus, bald wieder abgesetzt wurde.

2) **Herodes, der Vierfürst in Galiläa,** dessen anderer Sohn, mit dem Beynamen Antipas, ist derjenige, welcher in der Geschichte Johannis des Täufers und unsers Heilandes von Antritt dessen Lehramtes bis zur Himmelfahrt vorkomt.

3) Hero-

3) Herodes, der König, dessen bis ins 12 Capitel der Apostel-Geschicht Meldung geschiehet, hieß eigentlich Agrippas der Gröſſere, und zwar Herodis des Groſſen Enkel; deſſen Sohn Agrippas der Kleinere oder

4) Herodes, König in Chalcis, iſt derjenige Herodes, vor welchem Paulus ſeine Verantwortung gethan.

Das römiſche Reich mit ſeinen zugehörigen Landen genoß damals, nach vieljährigen blutigen Kriegen, unter der Regierung des Kaiſers Auguſtus eines erwünſchten Friedens, und dieſer groſſe Kaiſer ſchrieb die allgemeine Schatzung aus, zu deren Zeit der liebe Heiland gebohren wurde. Er hat bis in das ſechzehende Jahr nach Chriſti Geburt gelebet, und zum Nachfolger ſeinen Stiefſohn Tiberius gelaſſen, unter deſſen Regierung JEſus ſein Lehramt angetreten und gecreutziget worden. Es war aber den Juden das heidniſche Regiment, unter welchem ſie ſtehen mußten, äuſſerſt verhaßt, dahero dieſelben öfters aufrühriſch wurden, Marc. 15, 7. und die Leute, deren ſich die Römer zu Einnehmung ihrer Zölle bedienten, nicht würdig hielten, daß ein frommer Jude bey ihnen einkehrte, Luc. 19, 7. oder mit ihnen äſſe. Wie denn auch die Phariſäer das ganze Volk wider den lieben Heiland nicht füglicher aufzubringen vermeynten, als wenn ſie ihm herauslocken könnten, daß es recht ſey, dem Kaiſer Zins zu geben, Matth. 22, 17. Marc. 12, 14. Luc. 20, 21. 22. Wenn hingegen

gen es darauf ankam, daß die römische Beamten den weltlichen Arm zur Unterdrückung JEsu und seiner Jünger hergeben sollten, so machten die jüdischen Lehrer und Obersten, nach einer noch heut zu Tage bey Verfolgung des Reichs Christi noch gar oft vorkommenden Gewohnheit, sich kein Bedenken, wider ihre eigentliche Gedanken und Gesinnung, ja wider ihre eigene vermeynte Rechte zu reden, und sich zu einer völligen Unterthänigkeit zu bekennen. Z. E.

Wir haben keinen König als den Kaiser, Joh. 19, 15. Wir dürfen niemand tödten Joh. 18, 31. u. f. f.

oder den römischen Obrigkeiten aufs scheinheiligste zu schmeicheln, Ap. Gesch. 24, 1-3. ob sie wol sonst bey aller ihrer Unterwürfigkeit von sich selbst die Einbildung eines freyen Volks hatten, Joh. 8, 33.

III. Capitel.

Von der Religions-Verfassung der Juden zur Zeit Christi, und besonders von ihrer Lehre

Es hatte der göttlichen Weisheit gefallen, unter allen Völkern der Erden das israelitische Volk allein mit einer geschriebenen Offenbarung seines Worts und Willens zu versehen. So that er keinen Heiden, noch ließ sie wissen seine Rechte, Ps. 147, 20. Dabey gieng der

ernste

ernste Befehl GOttes dahin, daß sie bey dem, was GOtt geboten und verboten hatte, eigentlich verbleiben und nichts darzu noch davon thun sollten, 5 Mos. 4, 2. Cap. 12, 32. Zur Zeit des Heilandes nun hatten die Juden annoch Mosen und die Propheten, Luc. 16, 29. welche auch in den Schulen dem Volk öffentlich vorgelesen wurden, Luc. 4, 16. 17. Ap. Gesch. 13, 15. 27. Cap. 15, 21. und als Herodes die Hohenpriester und Schriftgelehrten fragte: Wo der Messias sollte gebohren werden? wußten sie gar bald aus dem Propheten Micha zu erweisen, daß Bethlehem sein Geburts-Ort seyn müßte, Matth. 2, 4. 5. Ja die Juden meynten, daß sie durch ihr vieles Schriftforschen das ewige Leben erlangen würden, Joh. 5, 39. Es wurde aber dieses geschriebene Wort GOttes nicht mehr als die einzige Regel und Richtschnur aller Glaubens-Lehren und Lebens-Pflichten angesehen, auch nicht mehr lauterlich und einfältig gebraucht. Denn 1) wurden nicht alle Bücher des Alten Testaments von allen Juden für göttliche Schriften angenommen, wie wir bald bey Beschreibung der Sadducäer hören werden, und 2) die Aufsätze der Aeltesten wurden der heiligen Schrift an die Seite gesetzt, ja gar vorgezogen, Matth. 15, 3. Marc. 7, 8. 9. 13. womit es folgende Bewandtniß hatte: Es glaubten die damaligen Juden, daß GOtt seinem Knecht Moses die 40 Tage über, da er auf dem Berg Sinai gewesen, zur Tageszeit das geschriebene Gesetz gegeben, bey Nacht hingegen ihm noch besonders mündlich

die

die rechte Bedeutung und Auslegung seines Gesetzes, und die Art und Weise, es aufs eigentlichste zu erfüllen, offenbaret habe. Dieses mündliche Gesetz hätte hernach Moses dem Josua, Josua den siebenzig Aeltesten in Israel, und so fort immer einer dem andern durch mündliche Fortpflanzung mitgetheilet, bis auf den letzten Propheten Maleachi, von welchem es die Männer der grossen Versammlung, d. i. 120 Personen der gelehrtesten Juden, B. Esr. 7, 25. vor mehr als 300 Jahren vor Christi Geburt bekommen, welche es, damit sie es nicht vergässen, heimlich aufgezeichnet hätten. Diese Aufsätze, welche bey den heutigen meisten Juden noch in eben so grossem Ansehen stehen, und der Talmud genennet werden, enthalten Erklärungen des Gesetzes, Unterweisungen in jüdischen Gebräuchen und Rechten, Geschichte und Auflösungen vieler Fragen, sind aber durch und durch mit vielen Fabeln, Unwahrheiten und seltsamen Sachen angefüllet. S. Tit. 1, 14. 1 Tim. 4, 7. 2 Tim. 2, 23. Wie denn der liebe Heiland an obangezogenen Orten den Juden deutlich zeiget, daß durch diese Aufsätze die Gebote GOttes entkräftet und umgekehrt würden. Es kam auch dadurch unter den Juden wirklich dahin, daß sie den geistlichen Verstand des Gesetzes ganz verlohren, und statt der von demselben erforderten Reinigkeit des Herzens, Liebe GOttes und des Nächsten, die Vollkommenheit nach dem Gesetz in äussere Reinigungen und Uebungen setzten, wie bey Beschreibung der Pharisäer in mehrern vorkommen wird,

JEsu Christi.   9

wird, Matth. 23, 23. 25. und folg. Luc. 11, 42. Dagegen sie dasjenige, worauf die Hauptsache in Mose und den Propheten ankam, nämlich die lebendige Erkänntniß des zukünftigen und nun mitten unter sie getretenen Messias Joh. 1, 26. nicht erlangten, Joh. 5, 39. 40. 46. Nichts desto weniger glaubten sie, daß sie Kinder GOttes, Joh. 8, 41. und Abrahams gesegneter Saame wären, Joh. 3, 8. Cap. 8, 33. 39. und hofften durch ihre äussere genaue Beobachtung des Mosaischen Gesetzes gewiß selig zu werden, Joh. 5, 45. wobey ihnen nichts unleidlicher war, als wenn sie hören mußten, daß sie das Gesetz nicht hielten, Joh. 7, 19. 20. Ap. Gesch. 7, 53. 54. Damit sie sich auch als GOttes heiliges Volk nicht verunreinigten, trieben sie die im Gesetz GOttes anbefohlene Absonderung von andern Völkern aufs äusserste. Sie vermeideten allen Umgang mit Heiden, Ap. Gesch. 10, 28. noch mehr aber mit den Samaritern, von welchen nun eine besondere Abtheilung folget, weil in der Lebens-Geschichte JEsu vieles von ihnen vorkommt.

IV. Capitel.

Von den Samaritern.

Der Ursprung des samaritischen Volks, in so ferne solches als ein besonderer Religions-Haufe anzusehen, ist im 2 B. der Könige 17, 24. u. f. zu suchen. Als nämlich die zehen Stämme des israelitischen Volks von dem Könige zu Assyrien

A 5

syrien in die Gefangenschaft geführet und die Städte der Landschaft Samaria mit allerley heidnischen Einwohnern besetzt, diese aber von Löwen sehr geplagt wurden, geriethen sie auf die Gedanken, daß es darum geschehen, weil sie die Weise des GOttes im Lande nicht wüßten: dahero der König von Assyrien einen gefangenen jüdischen Priester nach Bethel setzte, der dem Volk die Weise des GOttes im Lande lehren sollte. Dieser unterrichtete nun zwar die neuen Einwohner von dem wahren GOtt. Sie behielten aber ihren alten Götzendienst auch noch bey, und machten also einen Mischmasch aus der jüdischen und heidnischen Religion. Dahero auch der liebe Heiland selbst sagt, daß sie nicht wüßten, was sie anbetheten, Joh. 4, 22. Sie hielten sich hierbey aber doch für Kinder der gesegneten Erzväter, Joh. 4, 12. 20. und hoffeten darauf, daß der Messias ihnen zu gute würde gesandt werden, Joh. 4, 25. glaubten auch, daß der Dienst, welchen sie GOtt in einem auf dem Berge Garizim erbaueten Tempel leisteten, der rechte wahre Gottesdienst sey, Joh. 4, 20. Dieses Volk wohnte nun zwar im jüdischen Lande und besonders in demjenigen Theil, welcher ehemals dem Stamm Ephraim angewiesen worden, wurde aber von den Juden äusserst gehasset, und zwar vornehmlich um nur gedachter seiner Religions-Mengerey willen, dann auch besonders, weil die Samariter den Bau des andern jüdischen Tempels bey den Königen in Persien auf alle Weise zu hintertreiben gesucht,

S. Buch

S. Buch Esra 4, 1 - 5. sich hingegen, wie schon angeführt, auf dem Berge Garizim einen eigenen Tempel erbaut, (welcher jedoch etwa 124 Jahr vor Christi Geburt von den Juden wieder zerstöhret worden,) und einen unartigen jüdischen Hohenpriesters-Sohn Manasse zum Hohenpriester gemacht, auch überhaupt alle widerspenstige abtrünnige Juden aufnahmen, und, wann das jüdische Volk verfolgt wurde, es mit den Heiden hielten, 1 Macc. 3, 10. Die Juden wußten dahero einen nicht ärger zu schelten, als wenn sie ihn einen Samariter hiessen, Joh. 8, 48. Und obwol den Juden, wenn sie durch Samaritische Orte reiseten, erlaubt war, von den samaritern die nothwendige Speise zu kaufen, Joh. 4, 8. so durften sie doch von denselben nichts geschenkt annehmen, noch sie um eine Gefälligkeit ansprechen, Joh. 4, 9. Die Samariter hingegen gaben ihren Haß gegen die Juden ebenfalls bey allen Gelegenheiten zu erkennen; wie sie denn dem lieben Heiland einstens die Herberge versagten, weil er auf der Reise nach Jerusalem begriffen war, Luc. 9, 53. Ein Gespräch des lieben Heilandes mit einem samaritischen Weibe war die Gelegenheit zu einer grossen Erweckung unter diesem Volk, Joh. 4. wobey der liebe Heiland jedoch eine zukünftige noch reichere Seelen-Ernte, wovon in der Ap. Gesch. 8, 5. u. f. etwas zu lesen ist, verkündigte. Wie denn auch der erneuerte Beruf der Apostel vor JEsu Himmelfahrt auf die Samariter ausdrücklich mit erstrecket wurde, Ap. Gesch. 1, 8.

V. Capitel.
Von der Beschaffenheit der jüdischen Lehrer zur Zeit Christi.

Nach der Verordnung GOttes im Gesetz Mosis sollten die Kinder Levi allein als Priester und Leviten das Volk im Gesetz und Willen GOttes unterweisen, 5 Mos. 33, 10. 3 Mos. 10, 11. Mal. 2, 7. und einer aus ihnen und zwar von Aarons Nachkommen sollte Hoherpriester seyn, so lange er lebte. Ob aber dieselbe zur Zeit Christi noch die einzigen Lehrer im Volk gewesen, ist nicht völlig ausgemacht. Wollte man solches behaupten: so müßte man zugleich für gewiß annehmen, daß die Pharisäer, Sadducäer und Schriftgelehrten, welche zu Christi Zeiten die angesehenste Lehrer in Israel waren, allerseits aus dem Stamm Levi gewesen, welche Meynung auch ihre Schwierigkeiten hat. Diejenigen, welche den Leviten den Zehenden gaben, Luc. 18, 12. konnten wenigstens nicht selbst aus dem Stamm Levi seyn; und von dem Apostel Paulus, einem vormaligen strengen Pharisäer, Ap. Gesch. 23, 6. Cap. 26, 5. wissen wir, daß er aus dem Stamm Benjamin gewesen, Röm. 11, 1. Zwar verwaltete das levitische Priester-Geschlecht annoch die gottesdienstlichen Verrichtungen im Tempel mit opfern, räuchern und sonst, Luc. 1, 8. 9. ingleichen die Besichtigung der Aussätzigen, Matth. 8, 4. Luc. 17, 14. auch war die Würde eines Hohenpriesters noch üblich.

Doch

Doch war es lange Zeit vor Christi Geburt dahin gekommen, daß viele nicht in gehöriger Ordnung, sondern durch Geld, Gewalt, List und Ränke zum Hohenpriesterthum gelanget, und darzu auch wol die Hülfe heidnischer Obrigkeit gesucht. Wenn nun in der Lebens-Beschreibung Christi von vielen Hohenpriestern geredet wird: so sind darunter abgesetzte Hohepriester oder auch Häupter der verschiedenen Priester-Ordnungen und Priester aus hohempriesterlichem Geschlecht Ap. Gesch. 3, 6. zu verstehen, und wenn es heißt Joh. 11, 49. der desselbigen Jahres Hoherpriester war: so bedeutet solches keinesweges, daß das Hohepriesterthum jährlich gewechselt, sondern es ist eben so viel, als wenn es hiesse: Der zu selbiger Zeit ꝛc. An eben diesem Ort ist zu ersehen, daß von den Amtsgaben des Geistes GOttes, welche ehemals dem Hohenpriester in reicher Maase mitgetheilet worden, sich doch zuweilen noch ein Fünklein geäussert, und solchemnach der Hohepriester Caiphas ein Zeugniß von dem Versöhnungs-Tode JEsu ablegen mußte, welches er selbst nicht verstund. Das Lehramt aber hatten die Pharisäer und Schriftgelehrten benebst den Sadducäern an sich gebracht, welche nicht allein zu Jerusalem, sondern in allen Städten und Märkten des jüdischen Landes wohnten, Luc. 5, 17. Sie sasen auf Mosis Stuhl, Matth. 23, 2. 3. wiewol dieses nicht blos auf ihr Lehramt gehet: Denn Moses verwaltete auch das Amt eines Regenten, 5 Mos. 33, 5. und die Pharisäer und
Schrift-

Schriftgelehrten waren zugleich obrigkeitliche Personen unter den Juden, und saßen im großen Rath, mithin nicht allein auf Mosis Lehr= sondern auch Regenten= Stuhl.

Wir wollen erstlich von jeder Art dieser Lehrer ein und andere besondere Anmerkung machen, nachmals aber anführen, worinnen sie mit einander überein gekommen.

Die Sadducäer

sollen ihren Ursprung von einem gewissen Priester Namens Zadock gehabt haben, welcher von seinem Lehrmeister dem Antiochus oder Antigonus Sochäus gehört, daß man GOtt weder aus Lohnsucht, um den Himmel zu verdienen, noch aus Furcht, um nicht in die Hölle zu kommen, dienen solle, woraus er den verkehrten Schluß gemacht, daß also weder Himmel noch Hölle, folglich auch keine Auferstehung der Todten zu gewarten wäre; worauf dessen Anhänger sich immer in weitere Irrthümer verwickelt, bis sie auch alle Engel und Geister geläugnet, Ap. Gesch. 23, 8. Matth. 22, 23. Sie verwarfen die Aufsätze der Aeltesten, nahmen aber auch von denen biblischen Schriften keine für göttlich an als die fünf Bücher Mosis. Im Gericht waren sie schärfer und strenger als die Pharisäer, und hatten die vornehmsten Personen auf ihrer Seite, dagegen das gemeine Volk mehr an den Pharisäern hieng. Erbärmlich genug war es, daß aus dieser mit so wichtigen Lehr=Irrthümern behafteten Secte auch zuweilen Hohepriester bestellet wurden, Ap. Gesch. 5, 17.

Die Pharisäer mögen wohl daher entstanden seyn, daß verschiedene Priester und Leviten sich von denen, welche des Zadocks Lehre angehangen, oder den Sadducäern, abgesondert, und sich ernstlich angelegen seyn lassen, über unzertrennter und unverfälschter Beybehaltung der sämtlichen Bücher heiliger Schrift, wie auch Fortpflanzung und genauer Beobachtung der Aufsätze der Aeltesten zu halten. Es entstund also aus ihnen nach und nach die strengste Secte der Juden, Ap. Gesch. 26, 5. Sie erlangten grosses Ansehen bey dem Volk, und der grosse Rath der Juden bestund mehrentheils aus ihnen, Joh. 1,24. Cap. 4, 1. Cap. 8, 3. Cap. 9, 13. Cap. 11, 46. Unter ihre besondere Lehren wird die Seelen-Wanderung gerechnet, da sie geglaubt, daß abgeschiedene Seelen zum öftern in andere Cörper führen, davon auch einige Spuren im neuen Testament zu finden, da z. E. die Leute glaubten, Johannes, Elias oder ein anderer alter Prophet wäre in JEsu wieder aufgelebt, Marc. 6, 14. 15. 16. ingleichen da die Jünger meynten, der Blindgebohrne könne wegen einer Versündigung blindgebohren, und also damit gestraft worden seyn, daß seine Seele in einen so elenden Cörper fahren müssen, Joh. 9, 2. Sie fasteten viel, und wenigstens wöchentlich zweymal, nämlich Montags und Donnerstags, da, ihrer Meynung nach, Moses auf den Berg Sinai, und wieder herabgestiegen, Luc. 5, 23. Cap. 18, 12. Marc. 2, 18. gaben den levitischen Zehenden auch von den geringsten Sachen, Matth. 23, 23. Luc. 18, 12. und liessen sich keine Mühe verdriessen, andere Leute zur jüdischen Religion zu bringen, Matth. 23, 15.

Die Schriftgelehrten

waren einer oder andern vorbemeldeter beeden Haupt-Secten und sonderlich der Pharisäischen zugethan, und scheinen öffentliche Lehrer unter den Juden, Matth. 2, 4. und Beysitzer ihrer Gerichte, Matth. 16, 21. Cap. 26, 3. 57. Ap. Gesch. 4, 5. gewesen zu seyn, welche sich sonderlich in Erklärung des Gesetzes und Auflösung schwerer Fragen hervorthaten. Ob nun gleich die Pharisäer und Sadducäer in wichtigen Lehrpuncten und sonst nicht mit einander übereinstimmten, auch oft in öffentlicher Gerichts-Versammlung darüber hart an einander geriethen, Ap. Gesch. 23, 6. u. f. so stunden sie doch wider JEsum und seine Wahrheit für Einen Mann, Matth. 16, 1. Cap. 22, 34. waren auch ihrem elenden Herzens-Zustand und schlimmer Verwaltung ihres Lehramts nach einander ganz gleichförmig. Denn ihr Herz war aller Laster voll, welche der höllischen Verdammniß würdig waren, Matth. 23, 28. 33. Luc. 11, 39. Von der neuen Geburt, dadurch ein Mensch zum Reich GOttes tüchtig gemacht wird, hatten sie weder Erkänntniß noch Erfahrung, Joh. 3, 10. Bey allem ihrem Schriftforschen irrten sie doch und wußten die Schrift nicht, noch die Kraft GOttes, Matth. 22, 29. konnten auch dahero geistliche Sachen nicht geistlich richten, Joh. 8, 15. Ihre Haupt-Neigungen waren der Geitz, Luc. 16, 14. und die Ehrsucht, Joh. 5, 44. Matth. 23, 5. Sie waren ruhmräthig und erhuben sich über alle andere Leute, Luc. 18, 11. vermeideten dahero allen Umgang mit solchen Leuten, die sie für Sünder hielten, asen nicht mit ihnen, Luc. 15, 2. und liessen sich von denselben nicht anrühren, Luc. 7, 39. wuschen sich auch, wenn sie aus der Gesellschaft anderer Leute kamen, aus Beysorge, daß sie ein Sünder angerührt und verunreiniget haben möchte, Marc. 7, 3. 4. wie sie denn auch mit ihrem Haus- und Tisch-Geräthe unzählige Reinigungen vornahmen, daselbst und Matth. 23, 25. ob sie sich gleich kein Gewissen machten, unrechtes Gut darinnen zu verzehren, Matth. am angezogenen Orte. Sie affectirten von vielem Fasten elend auszusehen, Matth. 6, 16. Sie traten in den Schulen und auf den Gassen öffentlich auf und betheten, damit sie von den Leuten gesehen würden, Matth. 6, 5. Mit ihren Allmosen trieben sie groses Gepränge, Matth. 6, 2. machten die Denkzettel und Gedenk-Läpplein an ihren Kleidern, welche die Juden nach 4 Mos. 15, 38. 5 Mos. 6, 8. Cap. 22, 12. trugen, ausserordentlich breit, Matth. 23, 5. giengen in besondern langen Kleidern, Marc. 12, 38. liessen sich gerne ehrerbietig grüssen, Luc. 11, 43. Marc. 12, 38. und Rabbi oder Meister nennen, Matth. 23, 7. suchten auch überall die obere Stellen einzunehmen, Matth. 23, 6. Marc. 12, 39. Luc. 11, 43. Sie lies-

liessen sich von den Leuten gerne reichlich, ja über ihr Vermögen beschenken, und versprachen dagegen für sie zu bethen, Marc. 12, 40. Das gemeine unwissende Volk sahen sie für einen verfluchten Haufen an, Joh. 7, 49. Sie konnten bey allen ihren guten Werken doch auch unbarmherzig seyn, Matth. 23, 23. zumal wo die Gelegenheit nicht war, solche vor den Leuten zu thun, und es war keine unmögliche Begebenheit, daß öffentliche Lehrer vor einem armen auf der Strase liegenden halbtodten Menschen ganz gleichgültig vorüber gehen konnten, Luc. 10, 30. 31. 32. Ihren Mord= und Verfolgungs=Geist haben sie an JEsu und seinen Zeugen genugsam bewiesen. Ihre Gerechtigkeit taugte demnach gar nichts, Matth. 5, 20. Ihre Predigten hatten weder Kraft noch Würkung, Matth. 8, 29. Sie hinderten durch ihr verkehrtes Lehramt die armen Seelen an ihrer Seeligkeit, Matth. 23, 13. Luc. 11, 52. und thaten selbst nicht, was sie andere lehrten, Matth. 23, 3. 4. Wie ernstlich und scharf sie darüber von JEsu gehalten worden, wird weiter unten Cap. 52. angeführet werden. Inzwischen fand sich noch hier und da einer unter den Schriftgelehrten, der eine feine Erkänntniß in den Haupt=Wahrheiten des göttlichen Gesetzes hatte! Marc. 12, 34. und ein Nicodemus, der sich die Mühe gab, die Lehre JEsu näher und gründlicher zu erforschen, Joh. 3, 1. u. f. von welchem an einem andern Ort noch etwas mehrers zu gedenken seyn wird. Siehe das 52. und 59. Capitel.

VI.

VI. Capitel.
Von der Beschaffenheit des jüdischen Gottesdienstes zu den Zeiten JEsu Christi.

Wir haben schon oben in der Abhandlung von der Religions-Verfassung der Juden zur Zeit Christi gesehen, daß sich die damaligen Juden die genaue Beobachtung des äussern levitischen Gottesdienstes sehr angelegen seyn lassen. Der ordentliche von GOtt selbst darzu bestimmte Ort war nun der Tempel zu Jerusalem. Bekannter Maasen hatte auf Befehl GOttes 1. Chron. 29, 11=19. der König Salomo den ersten Tempel auf den Berg Morijah, 2 Chron. 3, 1. darauf ehemals Abraham seinen Sohn Isaac opfern sollen, 1 Mos. 22, 2. erbauet, 1 Kön. 6. Es wurde aber derselbe, nachdem er 414 Jahre gestanden, zur Zeit der babylonischen Gefängniß von den Babyloniern von Grund aus zerstöret, 2 Kön. 25, 9. 2 Chron. 36, 19. Jerem. 52, 13. Klagl. 2, 6. 7. Cap. 4, 1. Nach der babylonischen Gefängniß bauete Sorobabel denselben durch Vergünstigung des persischen Königs Cyrus, oder nach der hebräischen Mundart Cores, Esr. 6, 3. wieder auf. Doch war er dem ersten Tempel an Pracht und Ansehen gar nicht gleich, Esr. 3, 12. wie denn auch fünf wichtige Stücke, die den ersten Tempel herrlich machten, darinnen fehlten, nämlich 1) die Bundes-Lade, 2) die Schechina oder Offenbarung der Herrlichkeit des HErrn in einer Wolken- und Feuer-Säule, 3) das Licht und

und Recht, 4) die Gabe der Weissagung, 5) das himmlische Feuer auf dem Brandopfer-Altar; ob wohl dieser andere Tempel darinnen einen grossen Vorzug vor dem ersten hatte, daß nach denen vorlängst geschehenen Weissagungen Hagg. 2, 10. Malach. 3, 1. der verheissene Meßias persönlich in denselben gekommen. König Herodes der Grosse ließ diesen Tempel viel grösser und herrlicher aufbauen, und man wurde mit allen Auszierungen kaum in 46 Jahren fertig, Joh. 2, 20. Die Juden hatten an diesem prächtigen Gebäude einen ausnehmenden Wohlgefallen, Matth. 24, 1. Marc. 13, 1. Luc. 21, 5. 7. und hielten den Tempel so heilig, daß sie bey demselben oder auch nur bey dem Gold des Tempels schwuren, Matth. 23, 16. 21. und es für eine des Todes würdige Sünde hielten, von dem Tempel unehrerbietig zu reden, Ap. Gesch. 6, 13. 14. Matth. 26, 60. ob sie gleich für keine Entheiligung des Tempels achteten, daß in dem einen Vorhof desselben mit dem Verkauf des Opfer-Viehes und Einwechslung gültiger Seckel des Heiligthums grosser Wucher und Geitz ausgeübet wurde, Joh. 2, 14. 15. 16. Die Opfer, welche GOtt im Tempel gebracht wurden, konnten demselben vielfältig nicht angenehm seyn. Denn nach den Lehren der Pharisäer durfte sich niemand ein Gewissen machen, seinem Vater und Mutter die unentbehrlichste Nothdurft zu entziehen, unter dem Vorwand, daß er das, was sie brauchten und verlangten, zum Opfern bestimmet hätte, Matth. 15, 4. u. f. Marc. 7, 11. und von dem unversöhnlichen

Her-

Herzen beym Opferbringen hätte Christus gewiß nicht so nachdrücklich geredet, Matth. 5, 23. wenn dergleichen GOtt mißfällige Opfer von den damaligen Juden nicht gar oft wären gebracht worden. Weil nun dieselben überhaupt den äussern Gottesdienst mit einem ungeänderten Herzen ohne wahre Liebe GOttes und des Nächsten verrichteten, und JEsum, welcher mehr war als der Tempel, Matth. 12, 6. nicht erkennen und annehmen wollten: so war ihr ganzer äussere Gottesdienst mit einander ein vergeblicher Dienst, Matth. 12, 6. 7. Cap. 15, 9. dahin auch noch besonders die strenge Feyer des Sabbaths gehörte, indem die Juden für unrecht hielten, an diesem Tage auch nur einige Kornähren auszuraufen, Matth. 12, 1. Marc. 2, 24. u. f. Kranke gesund zu machen, Matth. 12, 10. Luc. 13, 14. Cap. 14, 3. Joh. 9, 14. 16. und sein Bette von einer Stelle zur andern zu tragen, Joh. 5, 10. Wie sie denn auch durch andere mehrere vergebliche Satzungen vom Sabbath nicht anders lehrten, als wenn der Mensch um des Sabbaths, und nicht der Sabbath um des Menschen willen gemacht wäre, Marc. 2, 27.

VII. Capitel.
Von der Beschaffenheit des jüdischen Volks zur Zeit Christi im Leben und Wandel.

Da die Juden, als Abrahams leibliche Kinder, Abrahams Glauben nicht mehr hatten: so ist leicht zu erachten, daß sie auch Abrahams Werke nicht werden gethan haben, Joh. 8, 39. Der eifrige Johannes nennte dahero das gemeine Volk sowol als seine Lehrer Ottergezüchte, Matth. 3, 7. Luc. 3, 7. und strafte die unter ihnen herrschende Sünden der Ungerechtigkeit, Lieblosigkeit und Unbarmherzigkeit, sonder Zweifel auch der Hurerey, Matth. 21, 32. mit Bedrohung des höllischen Feuers, Luc 3. 9. Dem mitleidigen Heiland aber brach sein Herz für Jammer, wenn er das grosse! jüdische Volk auf seinen Irrwegen herum gehen sahe, wie Schaafe, die keinen Hirten hatten, Marc. 6, 34. und wenn er die mit so vielen sichern und ruchlosen Leuten angefüllte Stadt Jerusalem erblickte, Luc. 19, 41. Was nun in dieser äusserst verderbten Kirche vor der Hand noch zu retten war, das wurde durch die Predigten Johannis und JEsu aufgerufen, und zum Glauben an das Evangelium gebracht. Wie denn auch unter dem jüdischen Volk sich doch noch manche glaubige Seelen fanden, welche auf diese seelige Offenbarung des Reichs Christi mit Verlangen warteten, Luc. 2, 38. und in allen Geboten und Satzungen des HErrn untadelich einhergiengen, Luc. 1, 6. deren einige in nächstfolgendem Capitel namhaft gemacht werden sollen.

VIII. Capitel.
Von der Erwartung des Meßias um die Zeit der Zukunft Christi.

Die Hoffnung der Zukunft des Meßias war ein Hauptstück der jüdischen Religion, Ap. Gesch.

Gesch. 26, 6. 7. Die Zeit derselben war von dem Propheten Daniel genau bestimmt, Dan. 9, 24. und ein jeder religioser Israelit freute sich wenigstens überhaupt darauf, wenn er auch gleich keinen eigentlichen Aufschluß der prophetischen Zeitrechnung hatte. Gleichwie aber zu allen Zeiten sonderbare grosse Werke GOttes im Reiche der Natur und Gnade nicht ohne besondere Ahndungen in den Gemüthern der Menschen geschehen: also waren auch schon lange vor Christi Geburt die Gemüther der Menschen mit Erwartung einer grossen Veränderung, welche um selbige Zeit herum geschehen würde, eingenommen. Die Gelehrten finden davon verschiedene Spuren in den heidnischen Geschichtschreibern. Man erwartete sogar einen grossen König aus dem Morgenland, welches die Heiden hernach auf den Kaiser Vespasianus zogen, der Jerusalem zerstöret hat. Die Juden hatten ebenfalls eine gewisse Ahndung, daß nunmehro vielleicht der Meßias nicht länger mehr aussen bleiben werde. Darum kamen sie, als Johannes der Täufer seine Predigt anfieng, gar bald auf die Gedanken, ob er nicht vielleicht der Meßias wäre, Luc. 3, 15. und die vielen falschen Meßiä, welche sich auch nach Christi Himmelfahrt noch hervor zu thun suchten, funden immer einigen Anhang, Matth. 24, 5. 11. 23. 24. Luc. 21, 8. Es war aber auch mitten in der äusserst verderbten jüdischen Kirche noch ein gewisser guter Saame solcher edlen Seelen übrig, welche dem GOtt ihrer Väter von ganzem Herzen dienten und exemplarische jüdische Religions-Verwandwandte blieben, besonders den Tempel fleißig besuchten und daselbst zu GOtt betheten, in ihren Herzen aber sich mit der tröstlichen Hoffnung unterhielten, daß nunmehro der verheissene Heiland bald erscheinen würde. Dergleichen Seelen, welche auf den Trost Israelis, Luc. 2, 25. auf die Erlösung, V. 37. auf das Reich GOttes, Marc. 15, 43. warteten, waren Simeon, Hanna, Joseph von Arimathia, Zacharias und Elisabeth, Luc. 1, 6. und andere mehr. Dem Simeon aber wiederfuhr die besondere göttliche Gnade, daß ihm der heilige Geist offenbarte, wie er noch vor seinem Ende den Meßias mit Augen sehen sollte, welches auch zu seiner unbeschreiblichen Freude erfüllet wurde, als Maria nach vollendeten Tagen ihrer Reinigung das Kind JEsus in den Tempel brachte, Luc. 2, 25. u. f.

IX. Capitel.
Von den herrschenden Vorurtheilen des damaligen jüdischen Volks in Ansehung des Meßias.

Herrschende Vorurtheile sind gewisse Meynungen, welche man, ohne gründliche Ueberzeugung, als ausgemachte Wahrheiten so hartnäckig annimmt, daß man keiner bessern Belehrung Platz giebt, sondern vielmehr alles, was man mit diesen vorgefaßten Meynungen nicht zusammen reimen kann, verachtet und verwirft. Dergleichen Vorurtheile herrschten in Ansehung des

des zukünftigen Meßias überhaupt, und der Person JEsu insonderheit, gar verschiedene unter den Juden. Sie entstunden theils aus einem unrichtigen Verstand der heiligen Schrift, theils aus abergläubischer Hochachtung gegen alte Meynungen, theils aus einem fleischlichen Sinn, und andern dergleichen trüben Quellen mehr. Der Prophet Maleachi hatte in seinem dritten und vierten Capitel v. 1. 5. geweissaget: daß der Meßias einen gewissen Boten oder Engel vor sich her senden werde, seinen Weg zu bereiten, und daß der Prophet Elias noch vor dem grossen und schrecklichen Tage des HErrn kommen solle.

Hieraus nun zogen die Juden den Schluß, daß die Zukunft des Meßias noch nicht nahe seyn könne, so lange der alte Prophet Elias nicht vom Himmel herunter zu ihnen käme und dem Meßias den Weg bereitete: Matth. 17, 10. Da dem zukünftigen Meßias in den Weissagungen des alten Bundes ein Königreich verheissen war: z. E. Jer. 23, 5. Dan. 7, 14. Mich. 4, 7. so nahmen die Juden als eine unstrittige Wahrheit an, daß es kein geistliches Gnaden-Reich, sondern ein irrdisches Macht-Reich seyn würde, in welchem er sie von der Herrschaft der fremden Völker erlösen, und über sie mit grosser Pracht und Herrlichkeit regieren würde. So bald also einmal bey dem Volk ein Gedanke entstund, daß einer der Meßias seyn möchte: so bald war die Hoffnung eines neuen Königreichs und ein Aufruhr im Volk damit verknüpfet, Joh. 6, 14. 15. welches auch JEsum mit bewog, daß er seinen Jüngern verbot, vor seinem Tode öffentlich zu sagen, daß er der Meßias wäre, Matth. 16, 20. Luc. 9, 21. 22. Wenn hingegen kein Anschein zu dergleichen weltlichen Reich wahrzunehmen war: so war bey dem jüdischen Volk auch kein Vertrauen zu demjenigen, der sich für den Meßias ausgab. Den Jüngern des lieben Heilandes hat dieses Vorurtheil so stark angehangen, Luc. 19, 11. daß er sie in seinem ganzen Umgang mit ihnen nicht davon abbringen können, und sie ihn noch vor seiner Himmelfahrt fragten: Wann er das Reich Israel aufrichten würde? Ap. Gesch. 1, 6. Ferner war bey den jüdischen Schriftgelehrten und allem Volk eine ausgemachte Sache, daß der Meßias nach der Schrift zu Bethlehem gebohren werden solle, Matth. 2, 3. 5. Joh. 7, 42. Nun war zwar JEsus wirklich zu Bethlehem gebohren, es war aber solches wol den wenigsten im Volk bekannt, weil die Mutter JEsu beständig zu Nazareth gewohnt, und mit diesem ihrem gebenedeyten Sohn nur einstens auf einer kurzen Reise nach Bethlehem niederkommen, nachmals aber JEsum zu Nazareth meistentheils erzogen hatte. Dahero auch Nazareth für sein Vaterland gehalten, und er von jedermann bis in seinen Tod JEsus von Nazareth genennet, Joh. 1, 45. Matth. 26, 71. Joh. 19, 19. aus diesem Vorurtheil aber um desto weniger für den wahren Meßias gehalten wurde, Joh. 7, 42. 41. weil man über dieses noch die zwey Haupt-Vorurtheile hegte:

1) Daß

1) Daß von Nazareth nichts Gutes kommen könne, Joh. 1, 46.

2) Daß überhaupt aus Galiläa kein Prophet aufstehe, Joh. 7, 52.

Das gemeine Volk hatte noch ein besonderes Vorurtheil, welches wider die schriftmäßige Erkänntniß von des Meßias Geburt lief, daß nämlich niemand wissen werde, von wannen der Meßias sey, Joh. 7, 27. Ich stelle dahin, ob nicht auch viele aus dem Vorurtheil, daß JEsus Josephs Sohn sey, Luc. 3, 23. Cap. 4, 22. Joh. 1, 45. Cap. 6, 42. der Meßias aber von einer Jungfrau gebohren werden solle, Jes. 7, 14. sich von fernerer Untersuchung der Wahrheit abhalten lassen. Wer hingegen sich nur wie Nathanael durch dergleichen vorgefaßte Meynungen nicht zurück halten ließ, zu JEsu zu kommen, Joh. 1, 45. 46. 47. und mit einer Begierde, den Willen GOttes zu thun, seine Lehre anzuhören, Joh. 7, 17. Cap. 8, 25. der wurde gar bald innen, daß er von GOtt sey. Dagegen die übrigen mit allen ihren vermeynten Einsichten in ihrer Blindheit blieben, Joh. 9, 39. 41. und immer verstockter wurden, so daß ihnen endlich weiter nicht geholfen werden konnte, Matth. 13, 15. Schließlich war auch dieses ein Vorurtheil, daß der Meßias nicht sterben könne. Dahero die Juden an JEsu ganz irrig wurden, wenn er auf seinen Creutzes-Tod zielete, Joh. 12, 34. und was dergleichen vorgefaßte Meynungen mehr gewesen seyn mögen.

X. Ta=

X. Capitel.

Von dem Vorläuffer des Meßias, Johannes dem Taufer, und besonders von dessen Geschlecht, und was vor dessen Geburt hergegangen.

Wir haben im vorhergehenden Hauptstück angeführet, daß der verheissene Meßias einen gewissen Vorläuffer haben sollte, Mal. 3, 1. Cap. 4, 5. Dessen Amt und Verrichtung nun sollte darinnen bestehen, daß er dem Meßias den Weg bereitete. Er sollte das äusserst verfallene jüdische Volk aus seiner Sicherheit und fleischlichen Sinn aufwecken, eine allgemeine Aufmerksamkeit auf die Zukunft des Meßias erregen, und diejenigen, welche seiner Predigt glaubten, zu dem Meßias hinweisen. Hierzu war Johannes der Taufer ausersehen, von dessen göttlicher Legitimation zu diesem wichtigen Amt wir bald mit mehrerm handeln werden. Seine Eltern waren Zacharias und Elisabeth, welche beyderseits fromm vor GOtt, und nicht nur vor Menschen waren, und in allen Geboten und Satzungen des HErrn untadelich einher giengen, Luc. 1, 6. Sein Vater Zacharias war ein Priester Luc. 1, 5. vom Stamm Levi, und wohnte in der priesterlichen Berg-Stadt Hebron im Stamm Juda, Jos. 21, 11. Luc. 1, 39. über 5 Meilen von Jerusalem. Sein Weib Elisabeth war ebenfalls aus priesterlichem Geschlecht von den Nachkommen Aarons, Luc. 1, 5. und Geschwister-Kind mit der Maria, JEsu Mutter, Luc.

Luc. 1, 36. Beede waren bereits von hohem Alter, und hatten, ob sie gleich fleißig darum gebethet, Luc. 1, 13. noch kein Kind mit einander gezeuget, Luc 1, 7. als ihnen von GOtt angezeiget wurde, daß sie gewürdiget seyn sollten Eltern eines Sohnes zu werden, welcher der Vorläuffer des Meßias seyn sollte. Und dieses gieng also zu: Die jüdischen Priester waren von Alters her in 24 Ordnungen eingetheilet, 1 Chron. 24, 10. welche der Reyhe nach den mühsamen Dienst mit Opfern, Räuchern und andern priesterlichen Verrichtungen im Tempel zu Jerusalem von einem Sabbath zum andern verrichteten. Die Ordnung Abia, zu welcher Zacharias gehörte, Luc. 1, 5. war die achte. Als er einstens zu Anfang unsers Monaths Septembers Amts halber zu Jerusalem war, und ihn das Loos, nach welchem die priesterlichen Verrichtungen eingetheilet wurden, getroffen hatte, daß er räuchern sollte, Luc. 1, 9. oder das Rauchwerk auf dem Rauchaltar anzünden, erschien ihm der Engel Gabriel, Luc. 1, 11. 19. und stund zur rechten Hand des Rauchaltars. Weil nun dergleichen Erscheinungen damals bey dem jüdischen Volk ungewöhnlich und dem frommen alten Priester solcherley Casus in seiner Amtsführung noch nicht vorgekommen war, so überfiel ihn ein grosses Schrecken, Luc. 1, 12. worauf ihm der Engel einen Muth einsprach und zugleich eröffnete, daß er mit seinem Weibe Elisabeth einen Sohn zeugen würde, welcher Johanan oder nach der griechischen Mundart Johannes heissen, groß
vor

vor dem HErrn seyn, Wein und stark Getränke nicht trinken und noch im Mutter-Leibe mit
dem heiligen Geist erfüllet werden solle. Dieser
würde durch seine Predigten viele der Kinder Iſrael zu GOtt ihrem HErrn bekehren, vor dieſem
ihrem im Fleiſch zu offenbarenden GOtt und
HErrn im Geiſt und Kraft Elias hergehen, zu
bekehren die Herzen der Väter zu den Kindern,
Jeſ. 29, 23. und die Unglaubigen zu der
Klugheit der Gerechten, zuzurichten dem HErrn
ein bereit Volk, Luc. 1, 13. 17. Zacharias glaubte dieſer Botſchaft nicht ſogleich, ſondern wendete ſein und ſeines Weibes Alter ein, und hätte
lieber ein beſonderes Zeichen geſehen, wobey er
ſich dieſer wunderbaren Sache noch mehr verſi-
chern könnte; worauf ihm der Engel verkündigte, daß er wegen ſeines Unglaubens ſtumm werden und bis zur Geburt ſeines Sohnes bleiben
ſollte, Luc. 1, 19. u. f. welches auch ſo fort geſchahe. Nachdem nun ſein Dienſt im Tempel
zu Ende und er wieder nach Hauſe gegangen, ward
bald darauf ſein Weib Eliſabeth ſchwanger, welches ihr eine herzliche Freude verurſachte, Luc. 1,
23. 24. 25. Hierbey merken wir an, daß Johannes die fünfte Perſon vor JEſu Zukunft
iſt, deren Namen von GOtt genennet worden,
ehe ſie gebohren. Die übrigen vier ſind Iſma-
el, 1 Moſ. 16, 11. Iſaac, 1 Moſ. 17, 19.
Joſias, 1 Kön. 13, 2. Cyrus, Eſ. 44,
23. Cap. 45, 1. 3. Als die Mutter JEſu,
welche bereits die engliſche Botſchaft von ihrer
Schwangerſchaft empfangen hatte, die Eliſabeth

beth währender ihrer Schwangerschaft besuchte und bey ihrem Eintritt grüssete, hüpfte vor Freuden Johannes im Mutter-Leibe, worauf sie Elisabeth, als die Mutter ihres HErrn, herzlich seegnete, Maria aber bis zu ihrer Niederkunft bey ihr blieb. Luc. 1, 39. u. f.

XI. Capitel.
Von der Geburt Johannis des Täufers.

Luc. 1, 57. u. f. Elisabeth gebahr den ihr verheissenen Sohn, nach der Zeitrechnung, welche wir in dieser Einleitung angenommen, im Jahre der Welt 3939. etwa zu Anfang unsers Monaths Julius. Ihre Nachbarn und Anverwandten freueten sich deßwegen mit ihr gemeinschaftlich, und wollten bey der am achten Tage vorzunehmenden Beschneidung das Kind nach seinem Vater Zacharias nennen. Elisabeth aber, welcher indessen Zacharias die ihm geschehene Verkündigung sonder Zweifel schriftlich bekannt gemacht hatte, bestund darauf, daß das Kind Johannes heissen solle; Welches den Anwesenden wunderlich vorkam, weil niemand in der Freundschaft also hieß. Dahero sie endlich den alten Zacharias, der nicht nur stumm sondern auch taub war, durch Zeichen um seine Willens-Meynung befragten. Dieser schrieb auf ein Täflein, erlangte aber auch seine Sprache wieder, und that mit Worten den Ausspruch:

Er heisset Johannes. Worauf er durch An-

Antrieb des heiligen Geistes einen recht Prophetischen Lobspruch der bevorstehenden Erfüllung aller den Vätern geschehenen göttlichen Gnaden=Verheissungen anfieng, und zugleich von seinem neugebohrnen Sohn weissagete, daß er ein Prophet des Höchsten heissen und vor dem HErrn hergehen würde, seinen Weg zu bereiten. Bey diesen wundervollen Geschichten nun war jedermann begierig zu sehen, was aus diesem Kindlein werden würde, Luc. 1, 66.

XII. Capitel.
Von der Kindheit und Erziehung Johannis des Täufers.

Gleichwie nun jedermann an diesem Kind von seiner Geburt an bemerken konnte, daß es zu einem besondern Werk und Dienst GOttes mit ausnehmenden Gaben des Geistes GOttes ausgerüstet, und bey allen mit ihm vorgehenden Umständen ein sonderbarer göttlicher Einfluß wahrzunehmen wäre: Luc. 1, 66. also äusserte sich solches mit dessen leiblichem Wachsthum je mehr und mehr, Luc. 1, 80. Es blieb aber Johannes in seiner Jugend und bis zu seinen männlichen Jahren in den abgelegenen Orten des jüdischen Landes, und wurde in der Stille zu seinem wichtigen Amt vorbereitet, bis daß er sollte hervortreten vor das Volk Israel, Luc. 1, 80.

JEsu Christi.

XIII. Capitel.
Vom Anfang des Lehramts Johannis des Täufers.

Johannes fieng sein Lehramt nicht eher an, bis er ausdrücklichen göttlichen Befehl darzu erhielt, und dieser ergieng an ihm in dem 15den Jahre des Kaiserthums Tiberius, da Pontius Pilatus Landpfleger in Judäa, und Herodes ein Vierfürst in Galiläa, und sein Bruder Philippus ein Vierfürst in Ituräa und in der Gegend Trachonitis, und Lysanias ein Vierfürst in Abilene war, da Hannas der abgesetzte und Caiphas der wirklich im Amt stehende Hohepriester war, Luc. 3, 1.2. und JEsus ins dreyßigste Jahr gieng, Luc. 3, 23. Johannes aber ein halb Jahr älter war, im 27sten Jahr der gewöhnlichen Jahrzahl. Viele gelehrte Schriftforscher bringen aus verschiedenen Spuren heraus, daß Johannes um die Zeit des jüdischen neuen Jahres oder Posaunen-Festes, in unserm Monath September, da die siebenzig Jahrwochen Daniels zu Ende g'gangen, an einem Sabbath seine Stimme als eine Posaune zu erheben angefangen.
Bengels Harmonie, pag. 67.

Er hielt sich in seinem Amte in den wüsten und wasserreichen Gegenden des jüdischen Landes auf, Matth. 3, 1. Marc. 1, 4. besonders in der Gegend Bethabara jenseit des Jordans, Joh. 1, 28. im Stamme Ruben, da eine grosse Ueberfahrt über den Jordan war, und auch ehedessen die Kinder Israel trocken durch den Jordan gegangen, in der Gegend der Brunnenstadt
C Enon,

Enon, nahe bey Salim im Stamm Ephraim, Joh. 3, 23. und an andern Orten um den Jordan, Luc. 3, 3. JEsus besuchte nachmals die Orte, wo Johannes im Seegen gestanden, und wurde daselbst ebenfalls mit einem Seegen des Evangelii erfreuet, Joh. 10, 40. 41. 42.

XIV. Capitel.
Von der Predigt und Taufe Johannis des Täufers.

Der Hauptinnhalt von des Johannis Predigten war, daß er denenjenigen, welche ihm zuhörten, bezeugte:

1) Daß die Zeit nahe herbeygekommen, daß GOtt eine neue Haushaltung in seinem Reich anfangen wolle, weßwegen

2) sie ihren Sinn ändern und durch heilige GOtt wohlgefällige Werke beweisen sollten, daß der ganze Grund ihrer Herzen geändert wäre, widrigenfalls

3) ein grosses Zorngericht über sie ergehen, ihnen auch

4) nichts helfen würde, daß sie von dem glaubigen Erzvater Abraham herstammten. Wie denn auch

5) niemand denken dürfe, daß es unter redlichen Kindern GOttes bey seiner Unlauterkeit mit durchkommen wolle, weil der Meßias alle wahre und falsche Glieder des Volks GOttes genau von einander unterscheiden, und jene besonders sammlen, diese aber als Spreu mit ewigem Feuer verbrennen werde.

6) Die-

JEsu Christi.

6) Dieser Meßias, welcher lange vor ihm gewesen, und grösser als er wäre, so daß er sich nicht würdig achtete seine Schuhe zu tragen oder seine Schuhriemen aufzulösen, wäre bereits unter ihnen, und

7) das Lamm GOttes, welches der Welt Sünde trüge, ja der Sohn GOttes, welchem der Vater alles übergeben, und ohne welchem kein ewiges Leben zu finden. Diesen bekannt zu machen, wäre er

8) gesandt, damit

9) sie zu ihm kämen, an ihn glaubten und sich von ihm mit dem heiligen Geist taufen liessen, wodurch sie ein versiegeltes Zeugniß seiner wahrhaften Sendung von GOtt bekommen, und dem Zorn GOttes, welcher über anderen bliebe, entgehen würden, Matth 3, 2. u. f. Luc. 3, 3. Joh. 1,6.7.Cap. 3,27.u.f. Er bezeugte hiernächst verschiedenen Ständen der Menschen, wie sie keinen Theil an dem angehenden Gnadenreich haben könnten, wenn sie nicht von den ihnen besonders anklebenden Sünden ablassen wollten, und war insonderheit den Pharisäern und Sadducäern sehr scharf, Luc. 3, 10. u. f. Matth. 3, 7. Die nun seiner Predigt glaubten und ihre Sünden bekenneten, Matth. 3, 6. dieselben taufte er, daß ihnen die Gnade der Sinnesänderung bestättiget und ihre Sünden abgewaschen würden, Marc. 1, 4. Luc. 3, 3. Weil nun des Johannis Taufe zur Sinnesänderung und Theilnehmung an einem zukünftigen Meßias und Heiland geschah: Ap. Gesch. 19, 4.

so

so war sie gar sehr unterschieden von der nachmaligen Taufe, welche JEsus einsetzte, die an das Evangelium glaubige Seelen mit seinem vergossenen Blut zu waschen, sie in seine Gemeinschaft zu versetzen und in seinen Tod zu begraben, sie aber auch der Kräft seiner Auferstehung zu einem neuen Leben theilhaftig zu machen, Röm. 6, 3. 4. Dahero die Apostel diejenigen Brüder, welche nur mit Johannis Taufe getauft waren, und keine vollständige Erkänntniß von JEsu hatten, dergleichen sich hier und da noch fanden, Ap. Gesch. 18, 25. nochmals im Namen JEsu tauften, Ap. Gesch. 19, 3. 5.

XV. Capitel.
Von Johannis des Täufers Lebensart.

Bey gewaltiger und Herz rührender Verkündigung dieser Hauptlehren war Johannes auch in einem heiligen und unsträflichen Wandel ein brennend und scheinend Licht unter dem verfallenen Volk GOttes, Joh. 5, 35. In seiner übrigen Lebensart aber war er den alten Propheten gleich. Er trug ein Kleid von Cameelhaaren und gürtete sich mit einem ledernen Gürtel, 2 B. Kön. 1, 8. seine Speise aber war Heuschrecken, die im gelobten Land von besonderer Größe und zur Speise des Menschen ganz bequem waren, und wild Honig, Matth. 3, 3. 4. Marc. 1, 6. Dagegen er keinen Wein und stark Getränke trank, und überhaupt in sol-

solcher Enthaltung und Verläugnung lebte, daß seine Feinde aussprengten, wie es nicht von natürlichen Dingen zugehen könne, sondern er den Teufel haben müsse, Luc. 1, 15. Matth. 11, 18.

XVI. Capitel.
Von der Wirkung der Predigten Johannis des Täufers.

Ein so ausserordentlicher Mann machte ein grosses Aufsehen unter dem jüdischen Volk. Es entstund in kurzem ein starker Zulauf zu ihm, Matth. 3, 5. 6. Er kam gar bald in die Hochachtung eines Propheten, Matth. 14, 5. Man freute sich, daß wieder ein Prophet in Israel aufstünde und als ein helles Licht schiene, Joh. 5, 35. und das Volk kam gar auf die Gedanken, ob er nicht etwa der Meßias wäre, Luc. 3, 15. wenn er gleich kein Wunder that, Joh. 10, 41. Es glaubte auch eine grosse Anzahl Leute aus dem ganzen jüdischen Lande seiner Predigt, und liessen sich taufen, Matth. 3, 5. Luc. 7, 29. Besonders wurden viele Zöllner und Huren durch ihn bekehrt: dagegen die Pharisäer und Schriftgelehrten die ihnen durch den Johannes angebotene Gnade GOttes in ihrer eingebildeten Gerechtigkeit verachteten und sich nicht taufen liessen, Matth. 21, 32. Luc. 7, 29. Wie er JEsum selbst getauft, wird bey der Geschichte JEsu besonders vorgetragen werden. S. das 33 Capitel.

XVII. Capitel.
Von den Jüngern Johannis des Täufers.

Bey dem jüdischen Volk war es etwas gewöhnliches, daß, wenn ein Prophet und besonderer Lehrer aufstund, sich einige Personen, die von seiner Lehre überzeugt waren, vor andern zu ihm hielten, auch wohl beständig in seiner Gesellschaft lebten. Dergleichen Jünger hatte Johannes auch, und es wird derselben in der evangelischen Geschichte zum öftern gedacht, z. E. Matth. 11, 2. Luc. 7, 18. Johannes lehrete sie bethen, Luc 11, 1. Sie fasteten viel und stiessen sich anfänglich daran, daß die Jünger JEsu nicht dergleichen thaten, Matth. 9, 14. Marc. 2, 18. geriethen zuweilen mit den Juden in Streit über äussere Satzungen, Joh. 3, 25. verkündigten ihrem Meister fleißig, was sie von JEsu Wunderwerken sahen und hörten, Luc. 7, 18. waren auch sehr aufmerksam, als sie wahrnahmen, daß JEsus, nachdem er von Johannes getauft war, mehr Zuhörer und Jünger bekam als ihr Meister, Joh. 3, 26. Cap. 4, 1. Dagegen ihnen Johannes zu Gemüthe führte, daß sie ja wüßten, wie er von Anfang seiner Lehre an, jedermann zu dem von GOtt gesandten Meßias, vor dem er nur hergesandt sey, hingewiesen, und nur dessen Brautwerber gewesen. Wenn nun die Menge gläubiger Seelen als die Braut zum Bräutigam gekommen und mit ihm selbst bekannt worden: so freue er sich

sich höchlich darüber und wolle gerne abnehmen, wenn nur JEsus wüchse, Joh. 3, 27. u. f. Verschiedene seiner Jünger, unter welchen Andreas der Bruder des Simon Petrus war, folgten JEsu bald im Anfang seines Lehramts nach, Joh. 1, 37. 40. und Johannes war auch in seinem Gefängniß noch dafür besorgt, daß seine Jünger eine recht veste Ueberzeugung von JEsu, als dem wahren Meßias, bekommen möchten, weßwegen er ihnen, durch eine besondere Abschickung an ihn, Gelegenheit machte, seine Wunder selbst zu sehen und seine kräftige Lehren zu hören, Matth. 11, 2. u. f.

XVIII. Capitel.
Von dem Zeugniß, welches Johannes der Täufer von sich selbst abgeleget.

Daß ein so junger Mann aus priesterlichem Geschlecht auf einmal hervortrat, eine so gewaltige Predigt anfieng, Jünger machte und einen so starken Anhang bekam, mußte nothwendig bey den ordentlichen Lehrern des Volks ein grosses Aufsehen erregen. Die Pharisäer beschickten also den Johannes durch eine ordentliche Deputation, und liessen ihn fragen: wer er wäre, und wie er sich wegen seiner Taufe legitimiren könne? Worauf ihnen Johannes mit aller Freymüthigkeit bezeugte, daß er weder der Meßias noch ein Prophet, sondern nur nach des Jesaias Weissagung Es. 40, 3. die Stimme eines Predigers in der Wüsten sey, und daß seine ganze Verrichtung dahin gehe, dem bereits gekommenen, ihnen aber noch unbekannten Meßias den Weg zu bereiten, welcher bald selbst sein Amt antreten und seine Taufe genugsam legitimiren würde, Joh. 1, 19. u. f. Nichts lag diesen von GOtt gesandten treuen Boten und Zeugen Joh. 1, 6. 8. so sehr an, als daß er allen Schein von sich ablehnte, den Leuten gesagt zu haben, daß er der Meßias sey. Dahero er sich dißfalls auf seiner Jünger Zeugniß berufte, Joh. 3, 28. bey dieser seiner eigenen Erniedrigung aber von JEsu nur desto mehr erhöhet und gepriesen wurde.

XIX. Capitel.
Von dem Zeugniß, welches JEsus von Johannes dem Täufer abgelegt.

JEsus, welcher sich gegen seine Feinde auf das Zeugniß, das Johannes von ihm abgelegt, berief, Joh. 5, 33. hat von diesem seinem Vorboten in solchen Ausdrücken geredet, welche ihm und seinem Amt bey seinen Jüngern und allem Volk die grösseste Hochachtung zuwege bringen konnten. Zuförderst hat er von ihm gesagt, daß er grösser sey als ein Prophet, weil er nämlich nicht mehr von einem zukünftigen Meßias, wie die alten Propheten, weissagte, sondern auf den schon erschienenen Meßias mit Fingern zeigen, und die durch ihn erweckte Seelen zu ihm hinweisen konnte, Matth. 11, 9. Er nannte ihn ein brennendes und scheinendes Licht, Joh. 5, 35. Er bezeugte, daß die Weissagungen des Malachias von einem Engel, der vor dem Meßias hergehen sollte, und von dem Elias, der zuvor gesandt werden sollte, auf diesen Johannes gezielet, Matth. 11, 10. 14. Cap. 17, 12. Marc 9, 11. weil er mit des Elias Geist und Kraft begabt gewesen, Luc. 1, 17. ja er versicherte mit einer Betheurung, daß unter allen, die von Weibern gebohren worden, keiner grösser sey als Johannes der Täufer, Matth. 11, 11. wiewol der kleinste Mitgenoß des Reichs Christi, wenn solches durch den Tod und Auferstehung JEsu und durch die Ausgiessung des heiligen Geistes völlig offenbaret, grösser seyn würde, als er. Weil nun dieses **Amen**, der treue und wahrhaftige Zeuge, Offenb. 3, 14. gesagt: so ist solches der zuverläßigste Character dieses grossen Knechts GOttes, welcher auf der Gränzscheidung des alten und neuen Bundes gestanden, Matth. 11, 13. sein Amt redlich ausgerichtet, und endlich mit seinem Blute versiegelt.

XX. Capitel.

Von Johannis des Täufers Gefängniß, Tod und Begräbniß.

Der Glanz dieses brennenden und scheinenden Lichts drang auch in die Residenz des Vierfürsten Herodes, und derselbe erkannte ihn für einen frommen und heiligen Mann, hatte eine gewisse Ehrfurcht gegen ihn, hörte ihn gerne und gehorchte ihm in vielen Stücken, Marc. 6, 20.

6, 20. Er hatte seine rechtmäßige Gemahlin verstoßen, und sich dagegen seines Bruders Philippus Eheweib, die Herodias, zugesellet. Da nun Johannes der Täufer solches, als eine dem Gesetz GOttes 3 Mos 18, 16. zuwider lauffende That, bestrafte: Matth. 14, 4. Marc. 6, 17. Luc. 3, 19. so konnte Herodes dieses nicht wohl vertragen, gleichwie es ihm hingegen zu gnädigstem Gefallen gereichet haben würde, wenn Johannes etwa aus der Accentuation des Grundtextes, oder einer alten Uebersetzung, oder aus bewährten Rabbinen erwiesen hätte, daß dergleichen Ehen gar wohl statt hätten, zumal wenn etwa der Tempel zu Jerusalem mit einem reichlichen Geschenk bedacht würde. Besonders empfand die Herodias diese Freymüthigkeit sehr übel, und nahm sich vor, ihr Haupt nicht sanft zu legen, bis sie den Johannes aus dem Weg geräumet haben würde, Marc. 6, 19. Sie mochte es auch wol an vielem Bitten um eine blutige Bestrafung dieses Gesetz-Predigers nicht ermangeln lassen. Herodes aber gieng schwer daran, weil er sich für einen Aufruhr des Volks, bey dem Johannes in der Achtung eines Propheten stund, Matth 14, 5. fürchtete. Inzwischen wollte er doch dessen vermeyntes Vergehen, besonders aus Gefälligkeit gegen die Herodias, nicht ganz ungeahndet lassen, und sich zugleich fernerer Behelligungen von ihm überheben. Er ließ ihn demnach ins Gefängniß bringen, Marc. 6, 17. Luc. 3, 19. 20. dabey aber so leidlich halten, daß seine Jünger bey ihm ab= und zugehen konnten, Matth. 11, 2. Luc. 7, 18. 19.

Herodi=

JEsu Christi. 43

Herodias hatte hieran keine Genüge, sondern passete Jahr und Tag auf eine bequeme Gelegenheit, den Herodes dahin zu bewegen, daß er des Johannis Leben ihrer Wuth aufopfern mußte. Es ereignete sich dieselbe auch an des Herodis Geburtstag. Denn da Herodes an demselben die Obersten und Hauptleute und Vornehmsten in Galiläa mit einem prächtigen Abendmahl bewirthete, und Salome, die Tochter der Herodias, welche sie mit dem Philippus erzeugt, vor dem Herodes ihre Geschicklichkeit im Tanzen dergestalt zeigte, daß die ganze Gesellschaft ihre Manieren bewundern mußte: so stellte Herodes der artigen Prinzeßin frey, sich etwas von ihm auszubitten, wobey er mit einem theuren Schwur versprach, ihr alles, was sie verlangen würde, zu geben, sollte es auch die Hälfte seines sogenannten Königreichs seyn, welches von ihm, da seine ganze Würde von der römischen Oberherrschaft abhieng, ziemlich groß gesprochen war. Worauf die Salome von ihrer blutdürstigen Mutter angestiftet wurde, sich den Kopf Johannis des Täufers auf einer Schüssel auszubitten. Dem Vierfürsten gieng dieses Verlangen sehr nahe, doch glaubte er, daß, in Ansehung des gethanen sündlichen Eydes, die Religion und in Ansehung der anwesenden ansehnlichen Gesellschaft der Wohlstand nicht vergönnete, der angenehmen Prinzeßin auch dieses abzuschlagen; dahero er einem Trabanten Befehl gab, den Johannes im Gefängniß zu enthaupten. Dieser brachte alsdenn des Johannis Kopf der Salome, und diese überreichte te ihn ihrer Mutter, Marc. 6, 17. u. f. Den Leichnam des Johannis begruben dessen Jünger, Marc. 6, 20. und verkündigten JEsu den Tod ihres Meisters, Matth. 14, 12. Das war also das blutige Ende dieses grossen Mannes, der seines gleichen auf der Welt nicht gehabt, nachdem er seine Lebenszeit nicht viel über ein und dreyßig Jahre gebracht, etwa ein halb Jahr in der Freyheit gelehret und getaufet, und ein Jahr im Gefängniß gelegen.

Bengels Harmonie, pag. 111.

Er behielt die Hochachtung des jüdischen Volks noch nach seinem Tode. Die Pharisäer und Schriftgelehrten durften sich nicht unterstehen, öffentlich etwas nachtheiliges von ihm oder von seiner Taufe, daß solche keine göttliche Einsetzung gewesen, zu sagen, Marc. 11, 32. Diejenigen aber, welche durch seinen Dienst zuerst erweckt worden, gaben ihm das Zeugniß, daß alles dasjenige wahr wäre, was er ihnen von JEsu gesagt hätte, Joh. 10, 41. Herodes hatte, wie der jüdische Geschichtschreiber Josephus meldet, seit dieser himmelschreyenden Blutschuld weder Glück noch Stern mehr, und wurde von seinem bösen Gewissen an den Johannes gar oft erinnert, Marc. 6, 16. Matth. 14, 1. u. f. Luc. 9, 9. Ob es nun wol ein leerer ungegründeter Ausdruck ist, wenn in einigen Postillen Johannes des Herodis Hofprediger genennet wird: so könnte man doch aus demjenigen, was von ihm in diesem Capitel vorgekommen, Gelegenheit nehmen, eine
ziem-

ziemlich vollständige und lehrreiche Abhandlung von der Hofreligion zu schreiben.

XXI. Capitel.
Von denjenigen Geschichten, welche vor der Geburt JEsu hergegangen.

Die Mutter des Meßias sollte eine Jungfrau seyn, Es. 7, 14. und hierzu wurde unter allen Jungfrauen in Israel, Maria, oder nach der hebräischen Mundart, Mirjam, ausersehen, eine arme und demüthige Person, Luc. 1, 48. welche zu Nazareth, einer Stadt des Stammes Isaschar in der Landschaft Galiläa, nahe bey dem Berg Thabor wohnte, und mit einem Manne, Namens Joseph, vom Geschlecht Davids, verlobet war, Luc. 1, 26. 27. Weil nun mit dieser Jungfrau etwas übernatürliches vorgehen und sie gewürdiget werden sollte, ein Kind in ihrem Leibe zu tragen, welches der Schöpfer aller Dinge war: so mußte dieselbe nothwendig davon zuvor unterrichtet werden. Diese angenehme Verrichtung kam nun an den Engel Gabriel, welcher, bey seinem Eintritt in das Zimmer, der Maria sich mit einer Anrede zu erkennen gab, dergleichen in der ganzen heiligen Schrift an keinen Menschen geschehen. Er sprach: Gegrüsset seyst du, du Begnadigte, der HErr ist mit dir, du Gesegnete unter den Weibern. Die arme Jungfrau, welche bis anhero wol wenig Umgang mit Menschen, am allerwenigsten aber mit Engeln gehabt, erschrack über diesen unverhofften Gruß von Herzen. Der Engel aber sprach ihr einen Muth ein und verkündigte ihr ohne weitern Umschweif, daß ihr die Gnade wiederfahren solle, die Mutter eines Sohnes zu werden, welcher JEsus heissen, ein Sohn des Höchsten und König über Israel seyn, auch ein unendliches Königreich haben solle. Maria bezeugte zwar darüber, daß sie mit dergleichen grossen Sohn schwanger werden solle, einige Verwunderung, weil sie von keinem Manne wußte. Der Engel aber bedeutete sie: daß der heilige Geist über sie kommen und die Kraft des Höchsten sie überschatten, und das heilige Kind, das von ihr gebohren werden solle, GOttes Sohn genennet werden würde; in welchen Worten, bey einem heiligen Nachdenken, das Geschäfft der ganzen hochgelobten Dreyeinigkeit bey der Menschwerdung JEsu wahrzunehmen. Dabey machte der Engel der Maria ferner kund, daß Elisabeth, ihre Anverwandte, ihres hohen Alters und bisheriger Unfruchtbarkeit ohngeacht, bereits im sechsten Monath schwanger sey, welches ihr zu desto mehrerer Versicherung dienen könnte, daß dem Menschen nichts ohnmöglich scheinen dürfte, was GOtt ihnen als seinen Willen verkündigen ließ. Worauf Maria sich sogleich in tiefster Demuth dem Willen GOttes unterwarf, Luc. 1, 26. u. f. mithin bey dieser wundervollen Begebenheit sich viel GOtt gefälliger bezeugte, als der alte Priester Zacharias: Sie machte sich hierauf eilends auf, Luc. 1, 39.

1, 39. und stattete bey der Elisabeth zu Hebron einen Besuch ab, wobey mit der Elisabeth dasjenige vorgieng, was oben im zehenden Capitel angeführet worden. Die Elisabeth bezeugte ihr beym Empfang eine innige Freude und die größte Ehrerbietung gegen sie, als eine Mutter GOttes, und preisete sie seelig, daß sie geglaubet hatte, weil alles vollendet werden würde, was zu ihr gesagt worden wäre von dem HErrn. Maria aber erhub in einem geist-und kraftvollen Lobspruch die ihr, als einer geringen Magd GOttes, wiederfahrene unaussprechliche Gnade GOttes, welcher nach seiner wundervollen Haushaltung sich immer an geringen Werkzeugen verherrlichte, und nunmehro die Weissagungen, welche den Erzvätern geschehen, erfüllen wolle, Luc. 1, 46. u. f. Vielleicht ist unter diesen ausserordentlichen Bewegungen des Geistes an Elisabeth, ihrer Leibes-Frucht, und Maria, die eigentliche Empfängniß JEsu in Mutterleibe geschehen, oder diejenige Materie, woraus dieses Kind gebildet werden sollte, durch den heiligen Geist zuerst abgesondert und belebet worden. Sollte solche Vermuthung zutreffen: so wäre als eine besondere Fügung GOttes anzusehen, daß die Maria sich so eilig nach Hebron aufmachen mußte, damit JEsus, der aus dem Stamm Juda herkommen sollte, auch in der Stadt Juda empfangen werden möchte, so, wie hernach die öffentliche Schatzung eine Gelegenheit werden mußte, daß der Meßias in Bethlehem gebohren wurde. Kinder GOttes erfahren noch heut zu Tage gar oft, daß der verborgene GOtt ihre äusserliche Handlungen zu einer Gelegenheit brauchet, ganz andere und viel höhere Absichten zu erreichen, als sie selbst darunter im Sinn gehabt. Nach drey Monathen und erfolgter Geburt des Johannis kehrte Maria wieder um nach Nazareth, Luc. 1, 56. und nahm von Zeit zu Zeit den Fortgang ihrer Schwangerschaft wahr. Die äusserlichen Merkmahle davon nun fielen endlich auch ihrem Verlobten, dem Joseph, in die Augen, welcher dadurch auf einen ungleichen Verdacht wider Marien kam, sie aber doch nicht gerne öffentlich beschimpfen, sondern heimlich verlassen wollte. Es erschien ihm aber ein Engel im Traum, welcher ihm befahl, sich der Maria anzunehmen, weil ihre Schwangerschaft vom heiligen Geist wäre, und sie einen Sohn gebähren würde, dessen Name JEsus heissen solle, weil er sein Volk seelig machen würde von ihren Sünden. Nachdem Joseph erwachte, nahm er die Maria als seine Gemahlin zu sich, hielt sich aber nicht ehelich zu ihr, bis sie ihren Sohn gebahr, Matth. 1, 19-25. welches, der gemeinen Meynung nach, nur so viel bedeuten soll, daß Maria bis zur Geburt JEsu eine reine Jungfrau geblieben, nicht aber, daß sie nachgehends in eine wirkliche eheliche Vereinigung mit dem Joseph getreten. Inzwischen wurde sie doch unter dem Volk für Josephs Eheweib und Joseph für JEsu Vater gehalten, wie davon die oben im neunten Capitel angeführte Stellen zeugen, zumal da Joseph bey verschiedenen feyerlichen

chen Handlungen mit ihr vor der Obrigkeit und Priesterschaft erschien, als bey der Schatzung, Luc. 2, 4. 5. bey der Darstellung des Kindes JEsus im Tempel, Luc. 2, 23. und bey Besuchung des Oster-Festes, Luc. 2, 41. 48. Wir lassen also gelten, daß Joseph in der That nur ein Vormund und Versorger der Marien, und ein Pflegvater JEsu geblieben, und werden bald noch einige Umstände von ihm zu vernehmen haben.

XXII. Capitel.
Von der Geburt JEsu.

Der Meßias sollte zu Bethlehem gebohren werden, (siehe oben das neunte Capitel) und die ihn gebähren sollte, wohnte zu Nazareth. Daß nun dieselbe in gedachter Stadt Davids gebähren, und zugleich ihres zukünftigen Kindes Herkunft aus dem Geschlecht Davids feyerlichst bekannt werden möchte, darzu mußte die grosse Schatzung Gelegenheit machen, welche der römische Kaiser Augustus, als der damalige Ober-Herr über das jüdische Land, (siehe das 2 Capitel) ausschrieb, Luc. 2, 1. Vermöge dergleichen kaiserlicher Anordnung mußte in jeder Landschaft durch die darzu ernannten Commissarien angemerket werden, was für Mannschaft sich an jedem Ort befinde, wie jeder Hausvater heisse, von welchem Gewerbe und Vermögen er sey, und was sonst für nöthig erachtet wurde. Nun war das Volk Israel von alten Zeiten her in die bekannte zwölf Stämme eingetheilt. Zu jedem

Stamm gehörten wiederum gewisse Geschlechte, und die Geschlechte theilten sich wiederum in gewisse Haushaltungen, Jos. 7, 16. 17. Weil nun Joseph zum Stamm Juda gehörte und vom Geschlecht Davids war: so mußte er bey dieser Schatzung sich zu seinem Stammort Bethlehem verfügen: Luc. 2, 4. Denn in dieser kleinen Stadt des Stammes Juda, welche etwa drey Stunden von Jerusalem lag, war ehemals David gebohren worden, 1 Sam. 16. Er begab sich also nebst der Maria dahin, und diese mochte wol solche Reise vor ihrer Niederkunft noch zu enden hoffen. Als sie aber daselbst waren, wurde Maria mit den gewöhnlichen Zufällen einer Gebährerin überfallen, und gebahr einen Sohn. Bey der damals anwesenden Menge fremder Leute nun war für diese arme Kindbetterin nirgends kein Platz, und sie mußte sich gefallen lassen, ihr Kind, welches auch in unsern Gasthöfen, leyder! keinen Raum findet, in einem Stalle zu gebähren, in eine Krippe zu legen, und nur in wenige Leinwand, welche sie zusammen bringen konnte, einzuwickeln, Luc. 2, 1=7. 12.

XXIII. Capitel.
Von der eigentlichen Geburtszeit JESU.

Wir feyern das Fest der Geburt Christi jährlich den 25. Tag des Monats December, und glauben, daß wir anjetzo im eintausend siebenhundert und ein und siebenzigsten Jahre nach des lieben Heilandes Geburt leben. Es ist aber
bey=

JEsu Christi. 51

beydes kein Glaubensarticul, und gründet sich blos auf die Zeitrechnung eines gewissen Abts Dionysius, der Kleine genannt, eines gebohrnen Scythen, welcher im sechsten Jahrhundert nach Christi Geburt ausrechnete, daß das Geburts-Jahr des lieben Heilandes in das 754ste Jahr nach Erbauung der Stadt Rom fiele. Diese Meynung wurde von denen in der grossen Kirch-versammlung zu Nicäa sitzenden Vätern angenommen, und für richtig erachtet, auch seit dem 532sten Jahr nach Christi Geburt darnach gerechnet, obgleich diese Jahresrechnung um 3 Jahre unrichtig ist. Denn wir wissen aus den römischen Geschichtschreibern ganz genau, daß der Kaiser Augustus, unter welchem der Heiland gebohren worden, 56 Jahre regieret hat, und den 19den Tag des Augustmonats, an welchem Tag er ehemals sein erstes Consulat oder die höchste Würde unter dem römischen Volk angetreten hatte, gestorben, im Jahr 766. nach Erbauung der Stadt Rom. Im 15ten Jahre der Regierung seines Nachfolgers, des Tiberius, hat Johannes der Täufer angefangen zu predigen, und JEsus hat damals im dreyßigsten Jahre gestanden, Luc. 3, 1. 2. 23. folglich ist derselbe zu Anfang der Regierung des Tiberius 16 Jahre alt gewesen. Wenn nun diese 16 Jahre von 56. als der Zahl der Regierungsjahre des Augustus, abgezogen werden: so ergiebt sich daraus, daß der liebe Heiland im vierzigsten Regierungsjahr des Kaisers Augustus, mithin im sieben hundert und funfzigsten Jahre nach Erbauung der Stadt Rom, oder 3940sten

Weltjahr, also auch drey Jahre vor Anfang der Zeitrechnung des Dionysius, gebohren worden. Ein gelehrter Mann führet nach der Bengelischen Zeitrechnung den Beweis also: JEsus wurde gebohren, da der König Herodes noch lebte, Matth. 2, 1. und Johannes taufte ihn im fünfzehenden Jahr des Kaisers Tiberius. Nun starb Herodes nach des Josephus Anzeige im 43sten julianischen Jahr und zwar nicht lange vor Ostern, welches damals auf den 2. April fiel. Also muß Christus noch vorher gebohren seyn, und zwar wenigstens im 42sten julianischen Jahr. Augustus starb im 59. julianischen Jahr den 19 Aug. im 14. Jahr der Dionysischen Jahrzahl, und vom Tag seines Todes fangen des Tiberius Regierungsjahre an. Diese zählt Lucas nach dem jüdischen Calender vom ersten Tisri an, der neben unserm September laufft, und rechnet schon die wenige Zeit vom 19. Aug. bis zum ersten Tisri zum ersten Jahr des Tiberius, so daß dessen zweytes Jahr schon mit dem ersten Tisri anfängt, wie dergleichen Zeitbestimmung auch bey andern Geschichtschreibern vorkommt. Eben so fieng des Tiberius 15des Jahr schon mit dem ersten Tisri in dem 72. julianischen Jahr an, da Christus bey 30 Jahre alt war. Zwischen dem ersten Tisri im julianischen Jahr 59 und dem ersten Tisri im julianischen Jahr 72 sind nur 13 volle Jahre. Was aber vor und nach darzu kam wird je für ein Jahr gerechnet, folglich ist es das 15de Jahr des Tiberius da Johannes taufte. So reichen die 30 Jahre Christi vom 25 December des julia-

nischen

nischen Jahrs 42 bis in das 72ste ohne Anstand, und es ergiebt sich daß JEsus um drey Jahre früher gebohren worden als Dionysius berechnet hat. Das 42. julianische Jahr ist das 40ste der Regierung des Augusts und das 750ste nach Erbauung der Stadt Rom, und eben dieses ist nach der Bengelischen Zeitrechnung das 3940ste Jahr nach Erschaffung der Welt, die im Herbst um die Tag-und Nachtgleiche erschaffen wurde. Zum Geburtstag hat obermeldeter Dionysius den 25 Tag des Decembers angenommen, und die Lehrer der Kirche liessen sich solches um desto lieber gefallen, weil in dem alten römischen Calender dieser Tag als der Geburtstag des Unüberwindlichen, Natalis invicti, oder der sich wieder zu uns kehrenden Sonne, bezeichnet war, welches ihnen trefliche Gelegenheit zu allerhand guten Wortspielen gab. Andere hingegen widersprachen dieser Meynung, und hielten den 6. Jenner für den eigentlichen Geburtstag JEsu. Die alexandrinische Kirche feyerte solchen lange Zeit im Herbst um die Zeit des jüdischen Lauberhüttenfests, worinnen sie auch um desto weniger geirrt zu haben scheinet, weil zur Zeit der Geburt JEsu noch Hirten auf dem Felde waren, Luc. 2, 8. welches nach dem Lauberhüttenfest der einfallenden Regenzeit halber weiter nicht geschahe. Obgedachter gelehrter Mann macht hierbey die Anmerkung, daß die meisten Zeugnisse des Alterthums den Geburtstag JEsu auf den 25. Dec. setzten, und daß Hirten auf dem Felde gewesen, nicht zu verwundern, da es ja oft in unserm kältern

Teutschland grüne Weyhnachten gebe. Vielleicht zielet Johannes darauf, wenn er im ersten Cap. v. 14. sagt, daß das Wort, so Fleisch worden, unter uns gewohnet, oder, nach der Grundsprache, seine Hütte unter uns aufgeschlagen. Wollte GOtt, daß nur keine andere Irrthümer und Streitigkeiten wegen der Menschwerdung JEsu in der armen zerrütteten Christenheit eingerissen wären, als diese, welche die Zeitumstände betreffen, und diejenigen, welche Christum nicht mehr nach dem Fleische kennen, 2 Cor. 5, 16. im geringsten nicht an der Liebe ihres unsichtbaren Freundes und an der Gewißheit seiner Menschwerdung hindern.

XXIV. Capitel.
Vom Geschlechtregister und den Anverwandten JEsu.

Es war unter den Juden eine ausgemachte Wahrheit, daß der Meßias vom Geschlecht des Königs Davids seyn solle. Sie gründete sich auf die göttlichen Verheissungen, Jes. 11, 1. Jer. 23, 5. Cap. 33, 15. 16. und viele andere Schriftstellen. Als daher einstens der liebe Heiland die Pharisäer fragte: wie dünket euch von dem Meßias? Wes Sohn ist er? So waren sie gleich mit der Antwort fertig: daß er Davids Sohn sey, Matth. 22, 41. Es war aber das königliche Haus Davids unter den mit dem jüdischen Volk vorgegangenen betrübten Veränderungen dergestalt verfallen, daß man kaum wußte, wo man es noch suchen sollte, und daß es einem abgehauenen Baum gliche,

gliche, als der Meßias aus deßen Wurzeln als ein neues Gewächs hervorsproßte, Es. 11, 1. Offenb. 22, 16. Damit nun unter den Juden offenbar würde, daß JEsus von Nazareth ein Sohn Davids sey, mußte erstlich dessen Geschlecht bey der öffentlichen Schatzung mit untersucht und in die Register gebracht, und hiernächst von zweyen Geschichtschreibern, welche JEsu Leben beschrieben, dessen ganzer Stammbaum dem jüdischen Volk vorgeleget werden. Es wurde also auch, noch ehe letzteres geschahe, eine landkündige Sache, daß JEsus von Nazareth ein Sohn Davids sey. Juden und Heiden nannten ihn so, Matth. 15, 22. Cap. 20, 30. Marc. 10, 47. und bey der grossen Bewegung, welche unter dem Volk bey seinem letzten Einzug nach Jerusalem entstund, wurde er als Davids Sohn öffentlich ausgerufen, Matth. 21, 9. Uebrigens ist schon etlichemal vorgekommen, daß JEsus für Josephs Sohn gehalten worden. Er wurde auch im gemeinen Leben also geheissen; Joh. 1, 46. Luc. 4, 22. Joh. 6, 42. Dahero hat sich Matthäus die Mühe gegeben, ehe er von dem Joseph erzählte, daß ihn ein Engel des HErrn einen Sohn David genennet, Matth. 1, 20 dessen Abstammung von David vor Augen zu legen, Matth. 1, 1. u. f. damit die Juden, zu deren Ueberzeugung er vornehmlich geschrieben zu haben scheinet, ehe sie sein Evangelium läsen, gleich vom Anfang wegen des Hauptumstandes der Abstammung des vermeynten Josephs-Sohns von David einstweilen beruhigt würden, bis sie aus dem folgenden Innhalt mehrern Unterricht erhielten.

Er lässet auch bey Erzählung der Voreltern Josephs etliche Personen aussen, und nennt nur die Hauptpersonen, deren Verwandtschaft mit vorhergehenden oder nachfolgenden keinem Zweifel unterworfen war, damit er von Abraham bis auf David vierzehen Zeugungen, von David bis auf die babylonische Gefängniß eben so viel, und dann bis auf den Meßias wiederum vierzehen Gliede herausbrächte. Vielleicht hat dieses eine Absicht auf eine besondere Art der Geschlecht-Register oder Zeitrechnungen bey den Juden gehabt, die wir jetzo nicht mehr wissen. Denn Matthäus hätte sich sonst nicht unterstehen dürfen, damit hervor zu gehen, weil er die Juden, welche dazumal noch gar vielen Fleiß auf ordentliche Geschlechtregister wendeten, mit einem unrichtigen Stammbaum gleich von Anfang für den Kopf gestossen und seine ganze Geschichte verdächtig gemacht haben würde. Lucas hingegen beschreibt uns im dritten Capitel seiner Geschichte offenbar das Geschlechtregister der Mutter JEsu Maria, welche auch in den Lästerschriften der Juden eine Tochter Eli genennet wird, wie solche als eine Tochter Davids von dessen Sohn Nathan hergestammet, führet auch ihr Geschlecht nicht allein bis auf Abraham, sondern gar bis auf Adam, den vier und siebenzigsten Stammvater der Maria zurück. Wenn er aber im 23. Vers sagt: JEsus ward gehalten für einen Sohn Joseph, welcher war ein Sohn Eli ꝛc. So ist der Verstand entweder dieser, daß Joseph vermittelst der Maria

ein

JEsu Christi.　57

ein Sohn oder Eydam Eli gewesen, oder es will
so viel sagen: JEsus ward gehalten für einen
Sohn Joseph und war doch, neinlich vermittelst seiner Mutter Maria, ein Sohn Eli ꝛc.
Viele spitzfindige Gelehrte wollen zwar mit dergleichen Erläuterungen beyder von einander unterschiedenen Geschlechtregister JEsu nicht zufrieden seyn, und bringen-Fragen auf, mehr
denn Besserung zu GOtt im Glauben, 1 Tim.
1, 4. mögen sich aber immer auch an dieser
Spitze des von den Bauleuten verworfenen
Ecksteins zerstossen, wie sie wollen, bis er sie
und ihre ganze Kunst zermalmen wird, Matth.
21, 42. 44. und bis sie den Sohn Davids in
den Wolken des Himmels werden kommen sehen, auf welchen Beweis der liebe Heiland zuletzt alles ankommen lassen, Matth. 26, 64.
Uebrigens gehöret nicht nur zu der Gestalt des
sündigen Fleisches, darinnen Christus erschienen,
Röm. 8, 3. daß er sich für einen Sohn Josephs
müssen halten lassen, sondern auch hauptsächlich, daß nicht lauter Männer GOttes und heilige Leute, sondern auch Heiden, Hurer, Ehe-
brecher, Seelverkäufer und Blutschänder unter seinen Ahnen vorkommen. Es ist endlich
leicht zu erachten, daß die Mutter JEsu auch
Anverwandte werde gehabt haben, welche also
des lieben Heilandes Blutsfreunde gewesen.
Die Geschichte desselben gedenken zum öftern der
Brüder JEsu, Matth. 12, 47. und Matth.
13, 56. wird auch der Schwestern JEsu gedacht, die Brüder aber mit Namen genennet,
nemlich Jacob, Joses, Simon und Judas.

D 5　　　　　　　　Weil

Weil man nun Bedenken träget anzunehmen, daß Maria nach der Geburt ihres jungfräulichen Sohnes JEsu mit dem Joseph in einem keuschen Ehestand gelebt und Kinder gezeugt, wie andere auch aus Matth. 1, 25. schliessen wollen: so behauptet man, daß nach einer hebräischen Redensart unter den Brüdern JEsu dessen nächste Anverwandte, z. E. Söhne von der Maria Brüdern und Schwestern zu verstehen. Es lassen aber solches andere um deswillen nicht gelten, weil die Brüder JEsu immer mit seiner Mutter zusammengesetzt werden, nicht nur in den evangelischen Geschichten, Matth, 12,47. Joh. 2, 12. sondern auch noch nach seiner Himmelfahrt, Ap. Gesch. 1, 14. auch so gar da, wo dessen Landesleute zu Nazareth sagen, daß sie seine Mutter, Brüder und Schwestern gar wohl kenneten: Matth. 13, 55. 56. Marc. 6, 3. Dahingegen in der heiligen Schrift keine andere Orte vorkommen, wo unter Brüder und Schwestern, wenn ihrer in der Verbindung mit Vater oder Mutter gedacht wird, offenbar nur Vettern und Muhmen, nicht aber leibliche Geschwister zu verstehen. Weil sie sich aber ebenfalls nicht getrauen zu sagen, daß Joseph mit Maria noch Kinder gezeugt habe: so nehmen sie an, daß Joseph ein Wittwer gewesen und Kinder erster Ehe gehabt, als er sich mit der Maria verlobet. Wir lassen solches dahin gestellet seyn, und glauben, daß weder derjenige sündiget, der bey dem trockenen Buchstaben der Schrift bleibet, noch derjenige, welcher mit dem allgemeinen Vorurtheil eingenommen ist und dafür hält,

es

JEsu Christi.

es schicke sich nicht zu denken, daß Maria nach ihrer übernatürlichen Empfängniß auch noch eine Mutter natürlicher und ehelicher Kinder worden. Ob die Brautleute zu Cana in Galiläa, deren Hochzeit JEsus und seine Mutter besuchte, Joh. 2, 1. Anverwandte JEsu gewesen, ist ungewiß. So viel aber ist richtig, daß Maria, Cleophas Weib, eine Schwester der Maria gewesen, Joh. 19, 25. Diejenigen welche obernannte vier Brüder JEsu, Jacob, Judas, Simon und Joses, für dessen Vettern halten, glauben, daß sie Söhne dieser Marien gewesen, und zwar Jacob, welcher der kleinere benahmet worden, Marc. 15, 40. und Gal. 1, 19. des HErrn Bruder genennet werde, von ihrem ersten Mann, dem Alphäus, Matth. 10, 3. Ap. Gesch. 1, 13. Judas, Simon und Joses aber Matth. 27, 56. von dem Cleophas, woferne dieser nicht etwa auch den Namen Alphäus geführet, welches alles wir dahin gestellt seyn lassen, und uns mit mehrern Seegen um die noch jetzo lebende zuverläßigen Brüder, Schwestern und Mütter JEsu bekümmern können, dafür er selbst alle diejenigen erkläret, welche den Willen thun seines Vaters im Himmel, Matth. 12, 50.

XXV. Capitel.
Von der Verkündigung der Geburt des Meßias durch die Engel, Luc. 2.

Als das Kind JEsus zu Bethlehem gebohren war, und zu selbiger Zeit Schaafhirten

ten des Nachts bey ihren Heerden auf dem Felde lagen, erschien ihnen plötzlich ein Engel des HErrn mit grosser Klarheit, ermunterte sie, sich nicht zu fürchten, und verkündigte ihnen, daß er ihnen eine frölige Botschaft zu bringen hätte, welche alles Volk angienge. Denn ihnen zu gute wäre heute in der Stadt David Bethlehem der Heiland gebohren, welcher Messias, und Jehovah, der HErr, wäre, den sie jedoch in einer armseeligen Gestalt in einer Krippen liegend und in Windeln gewickelt finden würden. Kaum hatte dieser einzelne Bote GOttes ausgeredet, als sich eine ganze Menge himmlischer Geister in einer ausnehmenden Klarheit zeigte und GOtt lobte, der nunmehro Friede mit dem Menschen gemacht, und seinen gnädigen Wohlgefallen an diesen armen Geschöpfen auf eine so ausnehmende Weise an den Tag gelegt, daß er so gar ihres gleichen worden, da er hingegen niemals eine englische Natur an sich genommen, Ebr. 2, 16. Die Hirten eilten hierauf nach Bethlehem, funden das Kind, lobten GOtt darüber, und breiteten das Wort, welches zu ihnen von diesem Kinde gesagt war, weit aus, worüber eine grosse Verwunderung unter den Leuten entstund. Die Mutter JEsu bekam dadurch eine Bestätigung der ihr vormals von einem Engel gebrachten Botschaft, und dachte derselben in heiligem Erstaunen immer weiter nach.

XXVI.

XXVI. Capitel.
Von der Beschneidung und Benahmung des Kindleins JEsu.

Am achten Tage nach der Geburt wurde der Sohn der Maria nach dem Befehl GOttes 1 Mos. 17, 12. 3 Mos. 12, 3. wie ein anderer Judenknabe beschnitten, und vergoß dabey die ersten Tropfen seines kostbaren Blutes. Weil bey den Juden gewöhnlich war, den Kindern bey der Beschneidung einen Namen beyzulegen, welchen sie in ihrem ganzen Leben führen sollten: so wurde dem Kinde der Marien bey dieser Bestätigung seiner Abstammung von Abraham der Name JEsus beygelegt, wie solches zuvorhero sowol dem Joseph, Matth. 1, 21. als der Maria, Luc. 1, 31. von dem Engel befohlen war. JEsus heißt ein Seeligmacher, und weil nun der Sohn Marien sein Volk seelig machen sollte von ihren Sünden: Matth. 1, 21. so sollte er auch diesen Namen führen, und die Menschen in keinem andern Namen seelig werden. Ap. Gesch. 4, 12. Der Name JEsus ist also der eigentliche Mannes-Name, nach welchem der im Fleisch erschienene Sohn GOttes von Freunden und Feinden in seinem menschlichen Wandel benennet worden. Wenn wir ihn hingegen Christus, d. i. was im Hebräischen Meßias, oder auf Teutsch der Gesalbte heißt, Joh. 1, 41. nennen: so ist solches sein Amtsname und eine Beschreibung seiner Person. Zur Zeit seines menschlichen Wandels auf Erden

muß=

mußte einer, der ihn so nennen wollte, vollkommen überzeugt-seyn, daß er derjenige Messias wäre, von welchem Moses und die Propheten geweissaget; Joh. 1, 45. Cap 4, 29. Fleisch und Blut konnte solches niemand offenbaren, sondern der Vater im Himmel, Matth. 16, 16. 17. JEsus verbot aber seinen Jüngern ihn bis nach seiner Auferstehung unter diesem Namen öffentlich bekannt zu machen, Matth. 16, 20. Luc. 9, 21. Nach seiner Himmelfahrt hingegen war der Hauptinnhalt der apostolischen Predigten unter den Juden, daß der von ihnen gecreutzigte JEsus der Christus oder der Messias sey, Ap. Gesch. 2, 36. Cap. 18, 5. 28. Seinen JEsus-Namen führet er noch auf dem Thron der Herrlichkeit. Eine Stimme vom Himmel: **Ich bin JEsus, den du verfolgest,** hatte die erstaunliche Würkung, daß ein gelehrter und eiferiger Feind JEsu und Verfolger seiner Bekenner, ein Inquisitor hæreticæ pravitatis, in wenig Tagen mit grosser Kraft erwieß, daß JEsus der Christus sey, Ap. Gesch. 9, 5. 22. und in der Offenbarung Johannis heißts Cap. 22, 16. **Ich JEsus habe gesandt meinen Engel.** Wer nun von Herzen glauben und bekennen kann, daß sein GOtt und HErr, JEsus heisse, und eben derselbe sey, der zu Bethlehem als ein kleines Kind beschnitten worden, etliche und dreysig Jahre in grosser Armuth gelebet, und endlich zwischen zweyen Uebelthätern am Creutz gestorben, der hat es nicht aus eigener Vernunft noch Kraft,

son-

sondern vom heiligen Geist gelernet, 1 Cor. 12, 3. Röm. 10, 9. 10.

XXVII. Capitel.

Von JEsu Darstellung im Tempel.

Nach dem Gesetz Mosis 3 B. Mos. 12. mußte eine jede Kindbetterin, welche ein Knäblein gebohren, nach verflossenem vierzigsten Tag von ihrer Niederkunft im Tempel erscheinen, und ein Schaaf, oder wenn sie unvermögend, nur ein paar Turteltauben, oder zwo junge Tauben zum Opfer darbringen. Hiernächst waren alle erstgebohrne Söhne dem HErrn geheiliget, und mußten durch eine gewisse Gabe gelöset werden, 4 B. Mos. 18, 15. 16. Da nun der von einem Weibe als Mensch gebohrne Sohn GOttes dem Gesetz GOttes zu unserm Besten unterworfen werden sollte: Gal. 4, 4. so gehörte auch dieses mit dazu, daß seine Mutter eben so, wie eine Gebährerin eines in Sünden empfangenen und gebohrnen Kindes, ein Sündopfer für sich bringen, und ihren Sohn dem HErrn darstellen mußte. Sie beobachtete also im Tempel zu Jerusalem die hierbey vorgeschriebene Gebräuche, und opferte wegen ihrer Armuth ein paar Tauben, Luc. 2, 22. u. f. Dem alten Simeon, von dem wir oben im achten Capitel etwas gedacht haben, wurde selbigen Tages vom heiligen Geist angezeiget, daß die ihm geschehene göttliche Verheissung erfüllet worden, und er heute noch den Meßias als
ein

ein Kind mit Augen sehen sollte. Er eilete also in den Tempel, erkannte den Sohn der Maria für den Meßias, nahm ihn auf seine Arme und lobte GOtt von Herzen, daß er ihm vor seiner Auflösung noch die Freude vergönnet, diesen seinen Heiland zu sehen, wobey er den Joseph und die Maria liebreich segnete, und der letztern sagte: daß sie ein Kind gebohren hätte, welches vielen in Jsrael zum Fall und auch vielen zur Errettung gereichen, grossen Widerspruch leiden, und ihr mit seinem zukünftigen Leiden einen höchst-empfindlichen Schmerz verursachen würde. Die alte Prophetin Hanna, von der ebenfalls oben gedacht worden, stimmte hierinnen dem Simeon bey, und es fanden sich auch hierzu die andern guten Seelen zu Jerusalem ein, welche bis anhero auf die Erscheinung des Meßias gehofft hatten, Luc. 2, 25. u. f. Joseph und Maria aber geriethen über diejenigen grossen und sonderbaren Sachen, welche von dem Kind JEsus gesagt wurden, in ein wundervolles Nachdenken, Luc. 2, 33. Hier war also der Meßias nach Haggai Weissagung zum erstenmal in den Tempel GOttes gekommen, und von einer ecclesiola in ecclesia, von der verborgenen wahren Kirche in der sichtbaren verderbten jüdischen Kirche, angenommen und verherrlichet worden. Nach dem, was Luc. 2, 39. gedenket, scheinet es, daß Joseph und Maria nach der Darstellung im Tempel gleich nach Nazareth gegangen und daselbst geblieben. Weil aber die Weisen aus Morgenlande, deren Ankunft man nicht wohl vor der Darstellung setzen kann,

das

das Kind JEsus noch in Bethlehem angetroffen, die Flucht nach Egypten auch von Bethlehem aus geschehen: so müssen die Eltern JEsu entweder nur auf eine kurze Zeit wegen einiger nöthigen Geschäffte nach Nazareth gereiset, oder Lucas, welcher von den Weisen aus Morgenland und der Flucht in Egypten nichts erzählet hat, muß bey obiger Erzählung diese Geschichte voraussetzen, und nur so viel sagen wollen, daß die Eltern JEsu sich hernach und zu seiner Zeit nach Nazareth gewendet.

XXVIII. Capitel.

Von der Verehrung des Kindes JEsus durch die Weisen aus Morgenland.

Matth. 2, 1. u. f.

Nach nächst-vorhergehender Erläuterung war Joseph und Maria mit dem Kinde JEsu noch in Bethlehem, als gewisse ansehnliche fremde Männer nach diesem Kindlein fragten. Es ist aus den Geschichten bekannt, daß bey den morgenländischen Völkern, sonderlich in Persien und Arabien, gewisse Leute gewesen, welche man Magos genannt. Es waren aber Männer aus vornehmen Geschlechtern und von grosser Wissenschaft, welche zu den wichtigsten Staats- und Religions-Sachen gebraucht wurden. Wer indianische Reise-Beschreibungen lieset, kann sich aus demjenigen, was von den heutigen Brahmanen unter den indianischen

schen Völkern gesagt wird, einen nähern Begriff von diesen Magiern machen. Sie trieben unter andern edlen Wissenschaften, besonders auch die Sternseher-Kunst. Wie nun schon manchem seine Kunst und Handthierung zu einer Gelegenheit worden, JEsum kennen zu lernen und zu finden: so gieng es um die Zeit der Geburt JEsu auch einigen Magiern. Sie beobachteten bey ihren Wahrnehmungen des Himmelslaufs ein gewisses Gestirn, woraus sie schlossen, daß ein besonderer König der Juden gebohren sey. Was für Kennzeichen sie auf diese Vermuthung geleitet, können wir nicht bestimmen. Vielleicht haben sich unter den Kindern Abrahams auch ausser dem jüdischen Geschlecht, womit das Morgenland bevölkert worden, 1 Mos. 25. noch einige besondere Weissagungen fortgepflanzet, oder die Weissagung des unbekehrten Theologen Bileams, der von dem zukünftigen Stern aus Jacob so schön gepredigt hatte, 4 Mos. 24, 17. oder auch ein und andere Anmerkung des gelehrten Propheten Daniels, eines Weisen am persischen Hofe, ist noch in einigem Andenken blieben, und hat diesen Magiern auf die Spur geholfen. Herr Probst Reinbeck vermeynt in der Vorrede des Starkischen neuen Testaments, daß, da die Engel den Hirten in hellglänzender Gestalt erschienen, dieselbe von den Magiern in der Ferne als lauter Sterne bemerkt worden, auch wol vielleicht in solcher Stellung gestanden, daß sie die Worte: Der Juden König, am Himmel abgebildet. Kurz, die Magier kamen in
unge-

JEsu Christi. 67

ungewisser Anzahl, und suchten den neugebohrnen König der Juden in der Hauptstadt des
jüdischen Landes, Jerusalem, Matth. 2, 1.
worüber eine grosse Bewegung entstund. Der
König Herodes erschrack darüber am meisten,
und gerieth gleich auf die Gedanken, daß der
neugebohrne König der Juden, von dessen damaliger allgemeinen Erwartung oben im achten
Capitel gehandelt worden, der Meßias seyn werde. Weil nun nach dem neunten Capitel für
eine ausgemachte Sache gehalten wurde, daß
der Meßias das Reich und die Thronfolge des
ehemaligen königlich-davidischen Hauses wieder
aufrichten würde, auch die Pharisäer nach des
Josephus Bericht dem Herodes um selbige Zeit
prophezeyet hatten, daß GOtt das Reich von
ihm und seinen Kindern wegnehmen würde:
so sah der König Herodes die Ankunft dieser Fremdlinge als eine Sache von gefährlicher
Folgerung an, vermeynte aber sich derselben zu
Nutze zu machen, und vermittelst dieser Leute
eigentlich heraus zu bringen, was für ein Kind
der neugebohrne König der Juden seyn sollte,
welches er alsdenn mit leichter Mühe aus dem
Wege räumen wollte. So vermessen sind die
Feinde des Reichs Christi, daß sie vermeynen,
dasselbe durch ihre List und Macht in der Geburt zu ersticken, wenn sie gleich handgreiflich
sehen, daß eine höhere Macht im Spiele ist.
Sie müssen aber auch erfahren, daß sie mit ihren Anschlägen zu Schanden werden. Wenn
sie vorhaben, es aufs klügste anzugreiffen, müssen sie ihren eigenen Absichten zuwider handeln,

E 2 sich

sich betrogen sehen, und geschehen lassen, was den Absichten GOttes gemäß ist. Herodes behandelte also die angekommene Magier mit aller Höflichkeit, berief die Hohenpriester und Schriftgelehrten zusammen, und erforderte ihr schriftmäßiges Gutachten: wo der Meßias sollte gebohren werden? Diese wiesen ihn auf die Weissagung Mich. 5, 1. und behaupteten einhellig, daß die kleine Stadt Bethlehem im Stamme Juda der Geburtsort des Meßias seyn sollte. Herodes versicherte hierauf die Magier, daß sie den neugebohrnen Juden-König zu Bethlehem gewiß finden könnten, und daß sie ihm die grösseste Gefälligkeit erweisen würden, wenn sie ihm bey ihrer Rückkehr anzeigen wollten, wo sie denselben angetroffen, damit er ebenfalls kommen und ihn anbethen könnte. Hier wäre nun dem Herodes ein leichtes gewesen, den Magiern jemand zur Begleitung und Beobachtung aller ihrer Handlungen mitzugeben. Die Weisheit GOttes aber verblendete ihn, daß er darauf nicht verfiel. Die Magier setzten also ihre Reise nach Bethlehem fort, und erfreueten sich höchlich, als sie bey Antritt derselben das in ihrem Land erblickte sonderbare Gestirn an ihrem Horizont wahrnahmen, und dasselbe in der Gegend Bethlehem über einem besondern Haus stille stund. Sie giengen also in das Haus, fanden das Kindlein und betheten es, seiner armseeligen Umstände ohngeachtet, an, beschenkten es auch mit Gold, Weyrauch und Myrrhen, erhielten aber zugleich im Traum eine ne göttliche Warnung, nicht wieder zu Herodes zu gehen, weil derselbe das Kindlein umzubringen suche. Dahero sie durch einen andern Weg wieder in ihr Land zogen. Sie waren also die Erstlinge der Heiden, deren Menge der Meßias zum Erbe bekommen sollte, Ps. 2, 8. und ihre Ankunft hatte auch den zufälligen Nutzen, daß die Eltern JEsu mit den nöthigen Mitteln zur Flucht nach Egypten versehen wurden.

XXIX. Capitel.

Von der Flucht des Kindleins JEsus nach Egypten und dem bethlehemitischen Kindermord.

Matth. 2, 13. u. f.

Als die Magier wiederum von Bethlehem weggezogen waren, erhielt Joseph im Traum den göttlichen Befehl durch einen Engel, sich eilends aufzumachen und mit Maria und dem Kindlein nach Egypten zu fliehen, woselbst er bis auf anderweitern Befehl GOttes bleiben sollte, weil Herodes das Kindlein umzubringen suchte. Joseph befolgte solches ohne Anstand in der Nacht, und das Kindlein JEsus wurde also ein Fremdling in einem Lande, aus welchem GOtt ehemals seinen Sohn, das ist, das Volk Israel, als Fremdlinge berufen hatte. Hos. 11, 1. Herodes sahe indessen, daß er von den morgenländischen Weisen hintergangen war, und fiel auf einen andern Anschlag, den neugebohrnen König der Juden aus dem

Weg zu räumen. Er hatte sich von den Magiern von der Zeit, wenn ihnen das sonderbare Gestirn erschienen wäre, genaue Rede und Antwort geben lassen, Matth 2, 7. 16. woraus er den Schluß machte, daß das Kindlein, welches er umzubringen suchte, noch nicht über zwey Jahre alt seyn könnte. Dahero er zu Bethlehem und in derselbigen Gegend alle Knaben dieses Alters ums Leben bringen ließ, und dadurch einen entsetzlichen Jammer unter den armen Eltern anrichtete.

XXX. Capitel.

Von des lieben Heilandes Erziehung und Kindheit bis ins zwölfte Jahr.

Etliche Monathe nach diesen Geschichten starb der König Herodes an einem abscheulichen Leibes-Zustand im warmen Bad zu Jericho, und es wurde dem Joseph wiederum im Traum durch einen Engel zu wissen gethan, daß das Kindlein nunmehro im jüdischen Lande ausser Gefahr seyn würde, und er sich wiederum dahin begeben könne, welches zu thun er auch nicht säumete. Matth 2, 19. 20. 21. Da er aber hörete, daß des Herodes Sohn, Archelaus, ein harter und grausamer Mann, seinem Vater im Regiment gefolget, getrauete er sich nicht, sich tief ins Land zu machen, sondern blieb in der äussersten Landschaft Galiläa, und schlug seine Wohnung zu Nazareth auf. Matth. 2, 23.

23. Von den Lebens-Umständen des Kindes JEsus finden wir nun bis zu dessen zwölften Jahre weiter nichts aufgezeichnet, als daß es an Wachsthum seines menschlichen Leibes zugenommen, sich aber auch die Würkungen des in ihm wohnenden Geistes GOttes immer mehr geäussert, auch in seinem kindlichen Wesen und Bezeigen nichts unverständiges, sondern vielmehr eine sonderbare von Zeit zu Zeit zunehmende Klugheit, und in allem, was mit demselben vorgieng, lauter Proben einer über ihn und in ihm waltenden göttlichen Gnade wahrzunehmen gewesen. Luc. 2, 40. Gleichwie nun dieses Gnadenkind an seinem menschlichen Leibe, wie unsere Kinder, bey gemeiner damals üblichen Kost, z. E. Butter und Honig, Es. 7, 15. von Jahr zu Jahr gewachsen und stärker worden: also dürfen wir auch bey allen übrigen natürlichen Umständen, welche mit unsern Kindern vorgehen, denken, daß das Kind JEsus auch hierinnen seinen Brüdern ähnlich worden. Hebr. 2, 14. 17. Wenn wir sehen, daß unsere Kinder von ihren Müttern gesäuget und entwöhnet, gewaschen, gereiniget und eingeschläfert werden, wenn wir anfangen zu zahnen, zu laufen und zu reden, wenn sie nach und nach zu stärkern Speisen gewöhnt werden, wenn sie essen und schlafen, oder wegen Hunger, Durst und anderer Zufälle, nur nicht aus Eigenwillen, weinen, wenn sie gerne allenthalben um ihre Eltern seyn, und sich von ihnen etwas erzehlen lassen: so dürfen christliche Eltern allemal zuverläßig denken, daß der Marien Sohn eben so

ein Kind gewesen, wobey nothwendig aus einem mit der Liebe JEsu erfüllten Herzen der Seufzer hervorquellen muß: Ach HErr, du Schöpfer aller Ding, wie bist du worden so gering.

XXXI. Capitel.
Von demjenigen, was im zwölften Jahre mit dem Kinde JEsus vorgegangen.
Luc. 2, 41. u. f.

Joseph und Maria giengen, wie alle fromme Juden, jährlich nach Jerusalem auf das Osterfest: Als nun das Kind JEsus zwölf Jahre alt war, nahmen sie dasselbe zum erstenmal mit sich, warteten die sieben Tage der ungesäuerten Brode ab, 2 Mos. 23, 15. Cap 34, 18. 5 Mos. 16. und machten sich alsdenn wieder auf den Rückweg, begiengen aber die Nachläßigkeit, daß sie das Kind JEsus nicht gleich mit sich nahmen, sondern meynten, es würde mit andern Nachbarn und Anverwandten schon nachkommen. JEsus begab sich indessen in den Tempel, allwo in einer Halle des äussersten Vorhofs viele Schriftgelehrte beysammen saßen. Zu deren Füssen setzte sich JEsus und that verschiedene wichtige Fragen an sie, beantwortete auch ihre Gegenfragen mit solcher Weisheit, daß sie sich über den Verstand dieses zwölf-jährigen Knaben nicht genug verwundern konn-

konnten. Indessen hatten Joseph und Maria denselben vermisset, giengen dahero eine Tagreise wieder zurück, und funden ihn endlich, nach einem dreytägigen Suchen, im Tempel unter den Lehrern. Maria setzte ihn deßwegen zur Rede, und beschrieb ihm die Bekümmerniß, die er ihr und seinem Vater gemacht hätte. JEsus aber gab in seiner Antwort zu erkennen, daß es keines dreytägigen Suchens bedurft hätte, wenn sie ihn gleich am rechten Ort gesucht hätten, weil er seyn müsse in dem, das seines eigentlichen Vaters wäre. Welche Antwort die guten Leute nicht verstunden, weil sie von seiner selbstständigen Gottheit noch keinen hellen und vollständigen Aufschluß hatten, ob sie ihn wohl für ein göttliches Wunderkind hielten, seine Mutter auch sich alle seine Worte wohl merkte. Uebrigens sind dieses die ersten Reden, die man von JEsu aufgezeichnet findet; gleichwie sein letztes Wort ebenfalls voller Zärtlichkeit gegen seinen Vater war. Es gehörte übrigens zum Stand der tiefsten Erniedrigung JEsu, daß seine Mutter, ob sie ihn wohl für ein ihr geschenktes ausserordentliches göttliches Gnaden- und Wunderkind gehalten, dennoch bey seiner Erziehung von seiner selbstständigen ewigen Gottheit keinen hellen und klaren Aufschluß gehabt. Es ist schwer zu glauben, daß sie völlig überzeugt gewesen, wie das Kind, welches sie gebohren, gesäugt, gereinigt und in grosser Armuth auferzogen, der selbstständige GOtt Abrahams, Isaacs und

Jacobs, der Schöpfer aller Dinge, und ihr HErr sey, welchen sie anbethe. Hätte sie dieses klar und deutlich gewußt: so würde sie sich über dasjenige, was Simeon von ihm sagte, nicht so gewundert haben, Luc. 2, 33. vielweniger würde ihr die Rede, daß JEsus seyn müsse in dem, was seines Vaters wäre, so unverständlich gewesen seyn, Luc. 2, 50. und am allerwenigsten würde sie bey dieser Gelegenheit um ihn so bekümmert gewesen seyn, oder ihm einen Verweiß gegeben haben. Es hat aber, wie gesagt, zu dem Stand der tiefsten Erniedrigung JEsu und der wunderbollen Aeusserung seiner Gottheit Phil. 2, 7. gehört, daß er auch seiner Mutter anfänglich nicht völlig bekannt gewesen. Es würde derselben eine vollständige Erkänntniß seiner Gottheit vielfältig im Wege gestanden haben, mit ihm als einem Menschen-Kinde umzugehen, und von ihm hingegen alle Unterthänigkeit eines Menschen-Sohnes anzunehmen, und gleichwohl wollte der liebe Heiland in allen Stücken seinen Brüdern gleich werden.

XXXII. Capitel.

Von der Jugend JEsu vom zwölften bis ins dreyßigste Jahr.

Der ganze Lebenslauf JEsu von der Rückkehr nach Nazareth bis in das dreyßigste Jahr seines menschlichen Alters wird in den wenigen Worten beschrieben:

Und

Und er gieng mit ihnen hinab, und kam gen Nazareth und war ihnen unterthan.

Und JEsus nahm zu an Weisheit, Alter und Gnade, bey GOtt und den Menschen. Luc. 2, 51. 52.

Es enthält aber diese kurze Nachricht ein wichtiges Stück der recht tiefen sowol verdienstlichen als exemplarischen Erniedrigung JEsu. Er erwuchs wie ein anderer Mensch, wurde aus einem Kinde ein grosser Knabe, aus einem Knaben ein Jüngling, aus einem Jüngling ein Mann. Die Würkungen der Gnade GOttes und die Gaben des heiligen Geistes nahmen in seiner heiligen Menschen-Seele immer zu. Alle Menschen, die ihn ansahen, mußten ihn lieb haben. Bey dem allem aber ließ er nichts an sich merken, woraus die Nachbarn in Nazareth, unter welchen er als ein Zimmermanns-Sohn lebte, hätten schliessen können, daß er in kurzer Zeit als ein grosser Lehrer auftreten würde, geschweige daß er der Meßias wäre. Als er hernach einmal in seinem Vaterland eine gewaltige Predigt hielte, wunderten sich alle Leute, woher dieser JEsus, den sie nicht nur als einen Zimmermanns-Sohn, Matth. 13, 55. sondern auch selbst als einen Zimmermann, Marc. 6, 3. kenneten, solche Weisheit bekäme, und solche Thaten thun könne? Ob auch wohl der liebe Heiland in seiner Kindheit von einem jüdischen Schulmeister lesen und schreiben gelernet haben mag: Luc. 4, 16. Joh. 8, 6. 8. so darf man sich doch keinesweges einbilden, daß er auch, wie Paulus, zu den Füssen Gamaliels, als ein jüdischer Student, sich auf die Schriftgelehrsamkeit geleget. Denn es war landkündig, daß er auf diese Weise die Schrift nicht gelernet hätte. Joh. 7, 15. Er war statt dessen seinen Eltern in ihren häuslichen Verrichtungen unterthan und behülflich. Sein Pflegvater war, wie schon gedacht, ein Zimmermann, welches in der Grundsprache mit einem Wort ausgedrückt wird, so auch andere Arbeit aus Holz, oder andern Materialien, als Wagner-Arbeit und dergleichen, mit einschliessen kann. Merkwürdig ist's, was in der geschriebenen Reisebeschreibung eines Mitarbeiters an der jüdischen Anstalt zu Halle enthalten, da derselbe aus dem gelobten Lande schreibet, daß Nazareth noch jetzo ein schlechter Ort sey, dessen Innwohner sich noch meistens von allerhand Arbeit in Holz nährten, und bey den Nachbarn sehr verhaßt wären. Da nun JEsus, wie oben erwähnt, von seinen Jünglingsjahren her den Bürgern zu Nazareth als ein Zimmermann bekannt war: so ist kein Zweifel, daß er seinem Pflegvater auf dem Handwerk fleißig werde geholfen haben; daher auch Justinus Martyr sagt, daß JEsus Pflüge, Joche und dergleichen gemacht, und man muß sich in diesem Zeitlauf den Schöpfer aller Dinge einbilden, wie er als ein ordentlicher Mensch Holz spaltet, mit dem Beil arbeitet, allerley häußliche Arbeit thut, sich Kleider und andere Bedürfnisse mit seiner Hand verdienet, mit we-

niger

niger Kost vorlieb nimmt, auf einem schlechten Lager ausruhet, wie andere Juden in die Schulen und nach Jerusalem auf die Feste gehet, und was dergleichen Umstände mehr sind, darinnen der Sohn GOttes als ein anderer Mensch, nach allen Umständen dieses armen Lebens, jedoch allezeit ohne Sünde, erfunden worden. Philip. 2, 7. Sein Vetter und Vorläuffer Johannes kannte ihn diese ganze Zeit über gar nicht, und es mußte ihm dessen Person erst durch ein äusserliches Zeichen bekannt gemacht werden, Joh. 1, 31. vielleicht damit die ungläubigen Juden um desto weniger sagen konnten, daß zwischen beyden etwas verabredet worden. Seine Brüder selbst waren, da er schon sein Lehramt führte, noch nicht überzeugt, daß etwas ausserordentliches hinter ihm wäre. Joh. 7, 5. Nun stelle man sich vor, daß nur ein vornehmer und gelehrter Mann fünfzehen bis zwanzig Jahre an einem geringen Orte unter schlechten Leuten leben, sich für einen ihres gleichen ansehen und halten lassen, allerley niederträchtige Arbeit thun, mit geringer Kost und Kleidung vorlieb nehmen, und von seiner hohen Herkunft und Einsicht nichts merken lassen solle, und bedenke, was das für eine Verläugnung seyn würde. Da aber der Sohn GOttes selbst sich um unsertwillen so herunter gelassen, wie soll man solches dankbar genug bewundern? Gewiß, die stille und geringe Lebensart des Menschen JEsus Christus in den ersten Zeiten des lebhaftesten und wirksamsten menschlichen

lichen Alters ist ein erstaunlicher Grad seiner
verdienstlichen Erniedrigung, darzu ihn unsere
verderbte Neigung, zum groß=bekannt=und
berühmt=seyn gebracht hat. Er wollte aber
auch in diesem Zeitlauf durch seinen Arbeitsfleiß
die nach dem Fall unter dem Fluch liegende Arbeit der Menschen im Schweiß ihres Angesichts
versöhnen, seegnen und heiligen. Mehrere schöne Anmerkungen enthält ein zu Wittenberg in
Druck gekommenes Büchlein: **die dreyßig=
jährige Stille unsers Heylandes auf
Erden** genannt. Uebrigens scheinet es, daß
Joseph zu seinen Vätern versammlet worden,
ehe JEsus sein Lehramt angetreten, weil nach
der Zeit dessen Name weiter nicht vorkommt,
und die Juden an obangeführten Orten, da
sie von der Verwandtschaft des Zimmermanns
JEsus reden, nur seiner Mutter Marien, als
einer unter ihnen lebenden Person, gedenken,
welche also hernach mit ihrem Sohn vielleicht
in desto grösserer Dürftigkeit gelebet, oder von
dessen Handarbeit mit erhalten worden seyn
wird. Es geschicht ihrer nicht nur noch bey der
Creutzigung JEsu, Joh. 19, 25. sondern auch
nach seiner Himmelfahrt Erwähnung, da sie
samt seinen indessen auch glaubig gewordenen
Brüdern sich zu der Versammlung und Ge-
beths=Gemeinschaft der Jünger JEsu gehalten, Ap. Gesch. 1, 14. nach welcher Zeit von
ihrer Person und Absterben weiter nichts gemeldet wird.

XXXIII

XXXIII. Capitel.
Von der Taufe JEsu.

Als JEsus das dreyßigste Jahr seines menschlichen Alters erreichet, und die bestimmte Zeit herbeygekommen war, daß er sein Lehramt antreten sollte: so beliebte es der göttlichen Weisheit, ihn darzu auf eine feyerliche Weise einzuweihen. Johannes der Täufer hatte indessen angefangen zu lehren und zu taufen, Luc. 3, 1. 23. und es wurde ihm von GOtt angezeiget, daß der ihm bisanhero von Ansehen noch unbekannte Meßias, JEsus, zu ihm kommen, und der Geist GOttes sich in sichtbarer Gestalt auf ihn herunter lassen, mithin er dessen Person daran erkennen würde. Joh. 1, 33. Bald darauf kam JEsus wirklich zum Johannes, und sprach ihn um die Taufe an. Johannes, welcher von seiner Person sogleich eine besondere innere Anzeigung des Geistes bekam, und wohl wußte, daß dieser unbefleckte Menschen-Sohn keiner Abwaschung von Sünden bedurfte, machte ihm dagegen Einwendungen und stellte ihm vor, daß er als ein Sünder, vielmehr nöthig hätte von ihm getauft zu werden. Als ihm aber JEsus bedeutete, daß die Taufe zu seinem ietzigen Stande und zu der ihm vorgeschriebenen Ordnung seines Amts gehöre, entzog er sich weiter nicht, sondern taufte JEsum wirklich im Jordan. Matth. 3, 13. u. f. Marc. 1, 9. u. f. Luc. 3, 21. u. f. und zwar, wie es aus der Erzählung des Lucas scheinen will, in Beyseyn einer grossen Menge Volks. Hierbey nun that sich da JEsus bethete der Himmel auf, der heilige Geist fuhr in Gestalt einer Taube hernieder und schwebte über JEsu. Es ließ sich auch eine Stimme aus den Wolken hören: **Diß ist mein lieber Sohn, an dem ich Wohlgefallen habe.** Diese Taufe unsers Heilandes ist nun also vornehmlich eine zum Stande seiner Erniedrigung und zu seinem Mittleramte gehörige verdienstliche Handlung. Er war der einige Mensch in Gnaden, Röm. 5, 15. den GOtt statt des ganzen menschlichen Geschlechts angenommen, und für uns zur Sünde gemacht, auf daß wir würden in ihm die Gerechtigkeit, die vor GOtt gilt. 2 Cor. 5, 21. Da er sich nun, wie andere Sünder, mit einer Taufe taufen ließ, welche zur Sinnes-Aenderung und Vergebung der Sünden gereichen sollte: so kam diese gesegnete Handlung nicht sowol ihm, als dem ganzen menschlichen Sünder-Geschlecht, welches er vorstellete, zu gute. Petrus in seinem ersten Brief Cap. 3, 20. 21. vergleicht das Wasser der Taufe mit dem Wasser der Sündfluth, in welchem Noah, der gerechte Stammhalter des ganzen menschlichen Geschlechts, erhalten wurde. Bey der Taufe JEsu nun zeigte sich hievon ein liebliches Gegenbild, da dieser einige Mensch in Gnaden, in welchem das ganze menschliche Geschlecht vor dem ewigen Tod erhalten werden sollte, sich in das Wasserbad begab. Gleichwie nun Noah durch eine Taube ein zuverlässiges Zeichen bekam, daß GOtt dem

Straf-

Strafgericht über den Erdboden Einhalt gethan, und die Oelbäume auf demselben wiederum grünen laſſen wolle: alſo beliebte es dem heiligen Geiſt auch, in der Geſtalt einer Taube bey der Taufe JEſu zu erſcheinen, und damit an den Tag zu legen, daß, wer mit dieſem JEſu in Gemeinſchaft ſtehe, ſich für keinem Strafgericht GOttes mehr zu fürchten habe. An der geheiligten Menſchheit JESU aber ſollte die Taufe Johannis wohl den beſondern Nutzen, wiewohl auch uns zu gute, haben, daß er dabey mit dem heiligen Geiſt und deſſen Amts- und Wundergaben zu ſeinem angehenden Lehramt, mehr als alle andere Knechte und Boten GOttes, geſalbet werden ſollte. Matth. 12, 18. Luc. 4, 18. Pſ. 45, 8. Wie denn auch die Stimme vom Himmel ihm ſowol zu einem Kraft-vollen Zeugniß der Liebe des Vaters auf ſeine allerheiligſte Menſchenſeele, als zu ſeiner Verherrlichung vor dem Johannes und allem Volk gereichen ſollte.

XXXIV. Capitel.

Von der ſatanischen Verſuchung JEſu.

JEſus ſollte nach ſeiner Taufe auch dadurch zu ſeiner Amtsführung vorbereitet werden, daß er, als der einige Menſch in Gnaden, den erſten Gebrauch der ihm geſchenkten Gnaden und Geiſtes-Kräfte wider den Verſucher und

Ver-

Verführer des menschlichen Geschlechts, den Satan, machte. Ein erstaunlicher Grad seiner Erniedrigung war es, daß diesem unseeligen Geist gestattet wurde, sich mit seinen Versuchungen an ihn zu machen, und ihn zu deren Ausführung hin und her zu bringen. Die Geschichte davon ist Matth. 4. Marc. 1. und Luc. 4. beschrieben. JEsus, voll heiligen Geistes, wurde vom Geist GOttes in eine Wüste getrieben, woselbst er vierzig Tage lang keine andere Gesellschaft als wilde Thiere hatte, und weder Speise noch Trank geniessen konnte. Als ihn nun zu hungern anfieng, fand sich der Teufel bey ihm ein, und trat, vermuthlich in einer angenommenen Gestalt, zu ihm. Seine Versuchungen waren dahin gerichtet, JEsum zum Unglauben und Ungehorsam gegen seinen Vater, Fürwitz, fleischlichen Sinn, und einer der schändlichsten Abgöttereyen zu verleiten. Die Ueberredungen, welche er dabey brauchte, giengen dahin, daß JEsus durch Erfüllung seiner Forderungen sich als den Sohn GOttes, dafür er erst kürzlich durch die Stimme vom Himmel erkläret worden, erweislich machen, auch eine ausnehmende Probe der göttlichen Bewahrung durch den Dienst der Engel an den Tag legen könne, wobey er sich sogar auf das geschriebene Wort GOttes, nämlich den 91. Ps. 11. 12. berief, jedoch dabey aussen ließ, daß uns GOtt nur auf allen unsern nöthigen und anbefohlnen Wegen den Schutz seiner Engel angedeyhen lassen wolle. Wider alle diese Versuchunsuchungen wehrte sich JEsus, wie ein anderer glaubiger Knecht GOttes unter den Menschen, blos mit einfältiger Anführung des geschriebenen Worts GOttes, und trieb den Satan bey der letztern unverschämtesten Versuchung mit grossem Ernst von sich. Worauf sich die Engel bey ihm einfanden, ihm sonder Zweifel zu seiner Erquickung Speise brachten, und sonsten ihre Dienstfertigkeit bewiesen. Da der Teufel, nachdem er den lieben Heiland nicht durch falsche Geistlichkeiten verführen können, zuletzt noch denselben durch die Eitelkeit der Welt, wodurch er so viele Menschen ins Verderben führt, zu blenden suchte, sich aber dabey die Ehre der Anbethung ausbedingen wollte: so gerathen viele auf die Gedanken, daß der Teufel mit den ihm anhangenden Engeln eben darum vom Himmel gestürzt worden, weil er sich vor dem ewigen Sohn GOttes, als dem Glanz der Herrlichkeit und dem Ebenbild des göttlichen Wesens, Ebr. 1, 3. nicht beugen, sondern als ein hochbegabter Engel des Lichts sich über ihn setzen wollen: dahero es ihm auch bey der Versuchung JEsu am meisten darum zu thun gewesen wäre, von dem im Fleisch erschienenen Sohn GOttes noch die Ehre der Anbethung zu erhalten. Wiewol es noch glaublicher, daß der Satan, so lange der Stand der Erniedrigung gewähret, nicht einmal recht gewußt, was er aus diesem für einen Sohn Gottes erklärten. Menschen-Sohn eigentlich machen solle und worzu derselbe eigentlich erschienen. Uebrigens

darf

darf man nicht meynen, als wenn von selbiger Zeit an der Satan sich nicht weiter an JEsum gemacht hätte. Lucas sagt ausdrücklich Cap. 4, 13. daß er von ihm gewichen **eine Zeitlang.** JEsus, unser treuer Hohepriester, mußte versucht werden **allenthalben**, wie wir, doch ohne Sünde. Ebr. 4, 15. Es ist daher kein Zweifel, daß der Satan die allerheiligste Menschen-Seele JEsu noch mit mancherley Versuchungen werde angegriffen haben. JEsus aber, an dem der Fürst dieser Welt ein für allemal nichts haben sollte, Joh. 14, 30. hat allezeit gesieget, und sein Sieg kommt allen Gläubigen zu gute, welche versucht werden. Ebr. 2, 18. In seinen Werkzeugen wirkte der Satan unaufhörlich wider JEsum und sein Reich, bis er ihn ans Creutz brachte, und es gelung ihm sogar, sich eines seiner Jünger zu Ausführung seines Vorhabens zu bemächtigen. Joh. 13, 2. 27. Luc. 22, 3. Wie JEsus seine Jünger aussendete zu lehren und Wunder zu thun, sahe er eigentlich, wie sich dieser unsichtbare Geist mit erstaunlicher Geschwindigkeit wider den Seegen des Evangelii aufmachte, Luc. 10, 18. und bey dem letzten Abendessen, welches JEsus mit seinen Jüngern hielt, gab er ihnen Nachricht von den finstern Kräften, womit Satan wider sie, und besonders wider den Petrus wirkte, mit der zärtlichsten Versicherung seiner kräftigen Fürbitte. Luc. 22, 31.

XXXV.

XXXV. Capitel.

Vom Anfang des Lehramtes JEsu und deſſen Führung überhaupt.

Nach dieſen Vorbereitungen hat JEſus ſein Lehramt in groſſer Kraft des Geiſtes Luc. 4, 14. wirklich augetreten, Jünger berufen, Marc. 1, 16. u. f. das Evangelium vom Reich GOttes geprediget, Marc. 1, 14. und Wunder zu thun angefangen, Joh. 2, 1-11. Alle dahin gehörige erſte Begebenheiten ſind in der Landſchaft Galiläa geſchehen, Matth. 4, 12. Marc. 1, 14. Luc. 4, 14. Cap. 23, 5. Joh. 2, 11. und JEſus iſt als ein neuer Lehrer und Wunderthäter in daſigen Gegenden am erſten bekannt worden, Marc. 1, 27. 28. Luc. 4, 14. 15. dahero auch nachgehends ſeine Anhänger nur Galiläer genennet wurden. Joh. 7, 52. Marc. 14, 70. Bald im Anfang ſeines Lehramts gieng er an einem Sabbath in die Schule zu Nazareth, und ließ ſich ein Buch zum Vorleſen reichen, da ihm dann der Prophet Jeſaias gegeben wurde, bey deſſen Aufſchlagen er den Ort Jeſ. 61, 1. fand, worauf er einen nachdrücklichen Vortrag anfieng, und den verſammleten Juden verkündigte, daß das angenehme Jahr des HErrn, von welchem der Prophet Jeſaias geweiſſaget, nunmehro angegangen, und ſie an dieſem Tage denjenigen ſähen und hörten, welcher durch den Geiſt des HErrn geſalbt und geſandt wäre, zu ver-

verkündigen das Evangelium den Armen, zu heilen die zerstössene Herzen, zu predigen den Gefangenen, daß sie los seyn sollten, den Blinden das Gesicht, und den Zerschlagenen, daß sie frey und ledig seyn sollten. Die Zuhörer wurden darüber sehr aufmerksam und wunderten sich, wie der vermeynte Sohn Josephs auf einmal ein so geistreicher Lehrer worden, waren aber vornehmlich darauf begierig, ob er nicht auch bey ihnen dergleichen Wunder thun würde, als er, dem Verlaut nach, zu Capernaum gethan hätte. Als er ihnen aber bezeugte, daß sie sich dessen nicht zu versehen hätten, und es ihm doch zu Nazareth eben so gehen würde, wie allen Propheten in ihrem Vaterlande, da sie niemals in sonderlicher Achtung gestanden, wurden die Leute zu Nazareth darüber so entrüstet, daß sie ihn zur Stadt hinaus stiessen, und von einem Felsen herab stürzen wollten; Luc. 4, 16. u. f. Jedoch entkam JEsus aus ihren Händen, ließ aber der Landschaft Galiläa das verheissene angenehme Jahr des HErrn wirklich angedeyhen, und blieb ein ganzes Jahr in ihren Gränzen, da er denn an verschiedenen umliegenden Orten lehrte, seine Wohnung aber zu Capernaum, einer Stadt am See Genezareth, Matth. 4, 13. Luc. 5, 31. Joh. 2, 12. 13. in einem gemietheten Haus hatte, Marc. 3, 20. Cap. 2, 1. wo sich auch seine Mutter, Brüder und Jünger aufhielten, Joh. 2, 12. Dahero sie auch seine Stadt genennet wird. Matth. 9, 1. Er hat an diesem Ort viele und grosse
Wun-

Wunder gethan, aber wenig Seelen gewinnen können, dahero er demselben auch ein besonderes Gericht verkündigte. Matth. 11, 23. Nach der Zeit ist er im ganzen galiläischen Lande und allen dessen Städten und Märkten umher gezogen, und hat das Evangelium gepredigt, Matth. 4, 23. Cap. 9, 35. Joh. 7, 1. hat aber auch andere Orte des jüdischen Landes besucht, Luc. 4, 43. besonders wenn er nach Jerusalem auf die hohen Feste reisete. Capernaum und Jerusalem sind also die zween Hauptorte, auf welche man bey genauer Beobachtung des Lehramtes und der Reisen JEsu hauptsächlich Achtung geben muß. Ausser der Gränze des jüdischen Landes hat er nicht geprediget, weil sein Lehramt sich nur auf die verlohrnen Schaafe vom Hause Israel erstrekken, Matth. 15, 24. und den Heiden erst durch die Apostel der Weg zum Leben verkündiget werden sollte. Matth. 28, 19. Ap. Gesch. 11, 18. Dahero er auch seine Jünger bey ihrer ersten Aussendung anwieß, nicht auf der Heiden Strase zu gehen, und der Samariter Städte nicht zu besuchen, Matth. 10, 6. ob er wol nicht ohne Seegen blieb, wenn er sich auch den heidnischen Gränzen näherte, Matth. 15, 21. u. f. oder auf der Durchreise bey besonderer Veranlassung in samaritischen Orten einkehrte. Joh. 4, 39. 40. 41. Wo man ihn nicht annehmen wollte, gieng er weiter. Matth. 8, 34. Cap. 9, 1. Luc. 9, 53. 57. Was die Orte anbetrifft, wo er gelehret, waren solche vornehmlich der Tempel zu Jerusalem, Matth. 26, 55.

Marc. 14, 49. Luc. 22, 52. Joh. 7, 14. 37. Cap. 8, 2. Cap. 10, 23. u. f. und die Schulen oder Versammlungshäuser der Juden in den Städten und Flecken des jüdischen Landes, darinnen das Gesetz und die Propheten vorgelesen worden, Matth. 9, 35. Marc. 6, 2. Luc. 4, 44. Joh. 6, 59. und auch Fremde die Erlaubniß hatten, nach der ordentlichen Vorlesung ein Wort der Ermahnung zu reden. Ap. Gesch. 13, 15. Er lehrte aber auch überall, wo sich das Volk zu ihm versammlete; auf Bergen, Matth 5, 1. Cap. 15, 29. 30. in freyem Felde, Luc. 6, 17. in seinem Hause zu Capernaum, Marc. 2, 1. Cap. 3, 20. aus dem Schiff, Marc. 4, 1. Luc. 3, 3. Matth. 13, 2. bey Gastmahlen, Luc. 14, 1. und folg. und wo er konnte, setzte auch darüber gern Essen und Trinken hintan, Marc. 3, 20. Joh. 4, 31=34. Sein Vortrag war so angenehm, als kräftig und herzrührend, Luc. 4, 22. 32. und die Zuhörer merkten dessen grossen Unterschied von den kraft= und saftlosen Predigten der Schriftgelehrten, Matth. 7, 29. Marc. 1, 27. dahero bekam er auch bald grossen Zulauf, Marc. 3, 20. Cap. 10, 1. Luc. 19, 48. Joh. 12, 19. so daß er zuweilen etliche Tage lang vier bis fünf tausend Zuhörer hatte, welche Essen und Trinken bey ihm vergassen. Matth. 14, 13. u. f. Cap. 15, 29. wie er denn auch selbst bisweilen vor dem grossen Zulauf nicht zum Essen kommen konnte, Matth. 3, 20. 21. Cap. 6, 31. Beym Anfang seines Lehramtes und des Johannis Lebzeiten ließ er diejenigen, welche seine Lehre annahmen, durch

seine

seine Jünger taufen. Er selbst aber taufete nicht. Joh. 4, 1. Man findet auch in seiner Geschichte weiter keine Spur von der Taufe, bis er vor seiner Himmelfahrt die Taufe im Namen des Vaters, des Sohnes und des heiligen Geistes eingesetzt hat. Matth. 28, 19.

XXXVI. Capitel.
Von dem Innhalt der Lehren JEsu.

Hatte der Vorläuffer des Meßias JEsus seine Predigt damit angefangen, daß er das fleischliche und sichere jüdische Volk zu einer wahren Sinnes-Aenderung aufgerufen, weil die Zeit nahe herbey gekommen, da GOtt ein neues Gnaden-Reich anfangen wolle: Matth. 3, 2. so setzte JEsus diese Predigt nicht nur fort, Matth. 4, 17. sondern bezeugte zugleich, daß diese in GOttes Gnaden-Rath bestimmte Zeit nunmehro erfüllet sey, Marc. 1, 14. 15. und daß GOtt aus grosser Liebe seinen eingebohrnen Sohn in die Welt gesandt habe, auf daß alle, die an ihn glaubten, nicht verlohren gehen, sondern seelig werden sollten. Joh. 3, 3. Gleichwie nun zur Seeligkeit weiter nichts nöthig wäre: also brauche man hingegen, um verlohren zu gehen, weiter nichts zu thun, als nicht an den Sohn GOttes zu glauben. V. 18. Wer aber den Zug des Vaters an sich kräftig werden lasse, Joh. 6, 37. 44. 65. der käme zu ihm, würde ein Kind GOttes, Joh. 1, 12.

bekäme Kraft und Nahrung für seine Seele, Joh. 6, 35. wahre Gemüthsruhe, Matth. 11, 29. ja ewiges Leben, Joh. 8, 24. Cap. 6, 40. 47. 51. würde hingegen von der Knechtschaft der Sünden Joh. 8, 34. 36. und von dem Wandel in der Finsterniß Joh. 8, 12, frey gemacht, käme nicht ins Gericht, Joh. 5, 24. und würde keinen Tod erfahren, ob er gleich stürbe, Joh. 6, 51. Cap. 8, 51. Cap. 11, 25. 26. würde auch keinen Schaden, sondern eine seelige Belohnung davon haben, wenn er um JEsu willen verfolget und verläumdet würde. Matth. 5, 10. 11. Es könnten aber diese gnadenreiche Lehre nur Sünder annehmen, Matth. 9, 13. Cap. 18, 11. welche mühseelig und beladen, Matth. 11, 28. arm und betrübt wären, Matth. 5, 3. 4. sich keiner guten Werke rühmten, sondern blos um Gnade seufzeten, Luc. 18, 14. bäthen und fleheten, Matth. 7, 7. und darnach hungerten und dürsteten. Matth. 5, 6. Diese wolle er nicht hinaus stossen, Joh. 6, 37. noch darnieder drücken, Matth. 12, 20. sondern erquicken, Matth. 11, 28. und sättigen, Matth. 5, 6. diese könnten ihn auch recht lieb haben, je mehr ihnen vergeben worden. Luc. 7, 47. Hingegen könnten dieser grossen Seeligkeit nicht theilhaftig werden die Weisen und Klugen, Luc. 10, 21. welche nicht umkehren und werden wollten, wie die Kinder, Matth. 18, 3. welche stark wären, und keines Arztes bedürften, Matth. 9, 12. den Willen GOttes nicht thun wollten, Joh. 7, 18. den Gnadenruf GOttes verachteten, Matth. 22, 5. Luc. 14, 24.

14. 24. aus eigenen Kräften seelig werden wollten, Luc. 13, 24. das Herz an irrdische Güter hängeten, Luc. 16, 13. Marc. 10, 24. zeitliche Ehre suchten, Joh. 5, 44. Luc. 16, 15. und sich an seiner Niedrigkeit ärgerten, Matth. 11, 6. mithin sich JEsu und seiner Worte schämeten. Marc. 8, 38. Diese alle würden sterben in ihren Sünden, Joh. 8, 24. und wer sich einen andern Weg zur Seeligkeit erwählen wollte, der würde verlohren gehen. Matth. 16, 25. Alle selbst-wachsende Tugend könne vor GOtt nicht bestehen, Matth. 15, 13. und wenn man die Bekehrung ohne ihn anfienge, käme nicht allein gar nichts, Joh. 15, 5. sondern auch der grössseste Schade heraus. Luc. 11, 23. Auch hülfe eine äusserliche Aenderung nichts, weil die Sünde aus dem Herzen komme, Matth. 12, 35. Cap. 15, 19. und durch böse Lüste auch ohne äusserliche That begangen würde, Matth. 5, 27. 28. und die unlautern Absichten des Herzens auch die besten Werke zur Sünde machten, Matth. 6, 22. 23. wenn gleich der Mensch, der sie thäte, noch darzu ein Wunderthäter wäre. Matth. 7, 22. Dieses waren so seine allgemeinen Haupt- und Grundlehren. Ausserdem hat er auch vieles von dem Sinn, Art, Verhalten und ganzer sowol innerlichen als äusserlichen Beschaffenheit eines Menschen, der dem himmlischen Beruf zum Reich GOttes mit Ernst nachgehen wolle, gelehret. Besonders hat er auch dieses ernstlich bezeuget, daß, wo eine wahre Herzens-Aenderung vorgegangen, der äussere Wandel davon zeugen müsse, Matth. 5, 16.

5, 16. Cap. 7, 18. Cap. 12, 33. 35. Ob er wohl nicht wollte, daß seine Nachfolger in äusserlichen Andachten und Uebungen etwas besonders affectiren, Matth. 6, 1. 6. 17. 18. oder sich auf ihre Treue und Gehorsam in dem Dienst ihres HErrn etwas einbilden sollten. Luc. 17, 10. Wie er denn die Seinigen überhaupt zur Demuth gar nachdrücklich ermahnete, Matth. 23, 11. und sogar die äussern Höflichkeiten im gesellschaftlichen Leben mit andern Menschen daraus hergeleitet haben wollte, Luc. 14, 7-11. auch hiernächst die Liebe gegen die Feinde und Verfolger als ein besonderes Kennzeichen eines Kindes GOttes angab. Matth. 5, 44. 48. Ferner hat JEsus den wahren und geistlichen Verstand des göttlichen Gesetzes wider die falschen Auslegungen damaliger Lehrer gezeiget, Matth. 5, 20. u. f. und den Beweis der Liebe des Nächsten in diesen deutlichen und vollständigen Lehrsatz verfasset: Alles, was ihr wollet, daß euch die Leute thun sollen, das thut ihr ihnen. Matth. 7, 12. Ob er auch wohl in seinen allgemeinen Reden öfters auf seinen verdienstlichen Creutzes-Tod gezielet, z. E. Ich lasse mein Leben für die Schaafe, Joh. 10, 15. Wenn ich erhöhet werde von der Erden, so will ich sie alle zu mir ziehen, Joh. 12, 32. 33. ingleichem auf seine Auferstehung: Matth. 12, 39. 40. So hat er doch von demjenigen, was er eigentlich leiden werde, und von seiner darauf folgenden Auferstehung nur gegen seine Jünger, und zwar

erst

JEsu Christi. 93

erst, gegen die letzte Zeit seines Wandels recht deutlich geredet, Matth. 16, 21. Cap. 17, 21. Marc. 9, 31. Luc. 9, 22. auch daß die Frucht seiner Leiden und seines Todes die Erlösung der Menschen seyn werde, kund gemacht, Matth. 20, 28. dabey aber sie darauf vertröstet, daß, wenn ihnen, nach seinem Hingang zum Vater, der heilige Geist geschenket werden würde, sie seine Reden erst recht würden verstehen können. Joh. 14, 26. Schließlich hatte JEsus keine Disciplinam arcani, oder geheime Lehren, die nur heimlich fortgepflanzt werden dürften, Matth. 10, 26. 27. und seine Feinde konnten keine gefährliche Lehrsätze von ihm auskundschaften, so sehr sie sich auch bemüheten. Luc. 20, 20.

XXXVII. Capitel.

Von der Lehrart JEsu überhaupt.

Dieser grosse Lehrer, von GOtt gekommen, suchte seine heilsame Lehre den Menschen bey allerley Gelegenheiten, und auf allerley Art, wie er nur konnte, beyzubringen. Wenn jemand zu ihm allein kam und Unterricht verlangte: so gab er ihm solchen gründlich und deutlich, wie z. E. dem Nicodemus wiederfahren. Joh. 3, 1. u. f. Wenn er auch unter dem Volk war, und es fragte ihn jemand, so gab er ihm Antwort, z. E. vom Fasten, Marc. 2, 18. von der Vergebung, Matth. 18, 21. von der Zukunft des Reichs GOttes, Luc. 17, 20. von der Vollkommenheit, Matth. 19, 16. u. f. von dem vornehmsten Gebot, Marc. 12, 28. u. f. ob wenige seelig werden würden. Luc. 13, 24. Bisweilen that er an dergleichen Fragende einige Gegenfragen, und brachte sie dahin, daß sie ihre Frage selbst beantworten mußten, wie er z. E. bey dem Schriftgelehrten that, der ihn um den Weg des Lebens, und wer sein Nächster sey, befragte, Luc. 10, 25. u. f. wie er denn auch oft von selbst durch eine Frage Gelegenheit gab, daß die Gefragten eine Antwort ertheilen mußten, dadurch er ihnen eine gewisse Lehre beybringen konnte, z. E. bey dem Pharisäer Simon, von der Sünderschaft und eignen Gerechtigkeit. Luc. 7, 40. u. f. Bisweilen nahm er Gelegenheit aus einer Unterredung mit den Pharisäern zu einer Lehre für alles Volk, z. E. Marc. 7, 14. von der wahren Verunreinigung. Er bezog sich fleißig auf die heilige Schrift, und die Redensart: habt ihr nicht gelesen? kommt oft vor, z. E. Matth. 12, 3. 5. Luc 20, 17. Matth. 19, 4. Cap. 21, 16. 42. Cap. 22, 31. wie er denn auch auf die Schriften Mosis sich besonders berief. Joh. 5, 46. Herr D. Bengel hat in seiner Harmonie an verschiedenen Exempeln gezeiget, daß JEsus zum öftern von den ordentlichen Vorlesungen aus dem Gesetz und den Propheten an gewissen Tagen Anlaß zu seinen Predigten genommen, wie im Register unter dem Wort: Lectionen, zu finden. Er zeigte auch bisweilen, wie die Vorbilder des alten Bundes nunmehro an ihm in ihre Erfüllung gehen sollten. Joh. 3, 14. Matth. 12, 39. 40.

Durch

JEsu Christi.

Durch Forderung eines Trunks Wassers suchte er Gelegenheit mit einem samaritischen Weibe von dem lebendigen Wasser zu reden, womit er die durstigen Seelen erquicken könne. Joh. 4. Bey der Austreibung eines Teufels redete er von den Wirkungen des Satans, Luc. 11, 14. ingleichem V. 18. bey dem Ausruf eines Weibes, von der Seeligkeit derer, die GOttes Wort hören und bewahren. Bey Gelegenheit des Brods, womit er etliche tausend Mann gespeiset hatte, redete er von sich als dem wahren Himmelbrodte, Joh. 6, 26. u. f. und bey Erblickung der Weinstöcke, die er auf dem Wege nach dem Oelberg antraf, von sich als dem rechten Weinstock. Joh. 14, 31. Cap. 13, 1. u. f. Als ihm etwas neues von der kläglichen Hinrichtung einiger Galiläer erzählt wurde, zeigte er, wie man dergleichen Unglücksfälle zur Besserung anzuwenden hätte, Luc. 13, 1. u. f. und da er bey einem Gastmahl sahe, wie die Gäste nach den Oberstellen strebten, nahm er Anlaß von der Demuth, wie auch von recht gesegneten Bewirthungen und dem Abendmahl im Reich GOttes zu reden. Luc. 14, 7. Oft hat er paradoxa, d. i. hart und widersprechend scheinende Redensarten gebraucht, die menschlichen Gemüther desto stärker damit zu rühren, und zum Nachdenken zu bewegen: z. E. Ich bin nicht kommen Friede zu bringen, sondern das Schwerdt, Matth. 10, 34. oder Zwietracht. Luc. 12, 51. Wer sein Leben findet, der wirds verlieren 2c.
Matth.

Matth. 10, 39. Cap. 16, 25. Luc. 17, 33. Ich bin zum Gericht auf diese Welt kommen, auf daß, die da nicht sehen, sehend werden, und die da sehen, blind werden. Joh. 9, 39. Wer nicht hat, von dem wird auch genommen, das er hat. Matth. 13, 12. Die ersten werden die letzten, und die letzten die ersten seyn. Matth. 20, 16. Bisweilen hat er lange Reden an das Volk gehalten, dergleichen die Bergpredigt Matth. 5-7. ist. Ueberaus oft aber hat er seine Lehren in Gleichnisse und Erzählungen eingekleidet, davon folgendes Capitel handeln soll.

XXXVIII. Capitel.
Von der Lehrart JEsu durch Gleichnisse insonderheit.

Die Lehrart durch Gleichnisse war bey den morgenländischen Völkern besonders gewöhnlich und beliebt, und es war in den alten Weissagungen darauf gedeutet, daß der Mesias sich derselben bedienen würde. Matth. 13, 35. Dahero JEsus auch seine meisten und wichtigsten Lehren in Gleichnisse verfasset, und oft lange Zeit nicht anders, als durch Gleichnisse, zu dem Volk geredet, Matth. 13, 35. Marc. 4, 33. auch in Gesprächen mit einzelnen Personen seinen Unterricht durch Gleichnisse erläutert, wie aus der Unterredung mit dem

dem Nicodemus zu ersehen Joh. 3. Er hatte dabey seine besondere Absicht, damit lehrbegierige Seelen möchten gereizet werden, dem rechten Verstand seiner Lehren, nach den sinnlichen Umständen des Gleichnisses, nachzudenken, und mehrern Unterricht zu begehren; Dahingegen die muthwilligen Verächter seiner Person und Lehre sich die Köpfe an der äussern Schaale seines Vortrags zerstossen und in ihrer Blindheit bleiben möchten, Matth. 13, 10. Luc. 8, 10. wiewohl seinen Feinden zuweilen die Deutung seiner Gleichnisse von ihrem bösen Gewissen gar bald gemacht wurde. Matth. 21, 45. Luc. 20, 16. 19. Seinen Jüngern legte er die Gleichnisse, deren er sich bediente, deutlich aus, Marc. 4, 34. wie davon Matth. 13, 18. u. f. ingleichen V. 36. Exempel zu finden, ob er ihnen gleich auch zuweilen einen Verweiß gab, daß sie den wahren Sinn seiner Gleichnis-Reden noch nicht selbst fassen könnten. Matth. 15, 15. 16. Gleichwie nun Gleichnisse nichts anders sind als Vorträge, dabey man sich solcher Dinge und Begebenheiten, die in die Sinne fallen, bedienet, um gewisse Lehrsätze von geistlichen und unsichtbaren Dingen dadurch vorstellig und begreiflich zu machen: also hat der liebe Heiland seine Gleichnisse von den geringsten Sachen und Umständen, welche im menschlichen Leben vorkommen, hergenommen, z. E. von Häuserbauen, Matth. 7, 26. von mancherley Acker, Matth. 13, 3. vom guten Saamen und Unkraut, Matth. 13, 24. vom aufgehenden

Saa-

Saamen und reiffenden Weitzen, Marc. 4, 26. vom Sauerteig, Matth. 13, 33. vom Senfkorn, Matth. 13, 31. von einer köstlichen Perle, Matth. 13, 45. von einem verborgenen Schatz im Acker, Matth. 13, 44. von Fischnetzen, Matth. 13, 47. vom Feigenbaum, Marc. 13, 28. 29. von einem Blinden, der den andern den Weg weisen will, Luc. 6, 39. von Kindern, die auf dem Markte sitzen, Matth. 11, 16. vom Thurmbauen, Luc. 14, 28. von der Kriegsrüstung, Luc. 14, 31. vom verlohrnen Schaafe, Luc. 15, 3. vom verlohrnen Groschen, Luc. 15, 8. von einem gebährenden Weibe. Joh. 16, 21. Bisweilen sind es ganze Geschichts-Erzählungen, darinnen die heilsamen Lehren des lieben Heilandes entweder in allen Umständen, oder in einem einigen Hauptumstand verborgen liegen. Zur ersten Art gehört das Gleichniß vom verlohrnen Sohne, Luc. 15, 11. u. f. worinnen alles, was mit einem sichern, erweckten und begnadigten Sünder vorgehet, ingleichen das Aergerniß stolzer Heiligen an der Seeligkeit begnadigter armen Sünder so lehrreich vorgetragen, daß kein einiger Umstand vergebens angeführt ist. Von der andern Art ist das Gleichnis vom ungerechten Haushalter, Luc. 16, 1. u. f. worinnen die Vorsicht des ungerechten Haushalters, wegen seiner künftigen Versorgung, als ein Muster unserer Vorsorge, mit den zeitlichen Gütern uns Freunde in den ewigen Hütten zu erwerben, aufgestellet wird. Ueberhaupt gehören zu dergleichen Erzählunzählungen noch die Geschichte vom Könige, der mit seinen Knechten rechnen wollte, Matth. 18, 23. von den Arbeitern im Weinberge, Matth. 20, 1. von zween Söhnen, denen der Vater befahl in den Weinberg zu gehen, Matth. 21, 28. von den untreuen Weingärtnern, Matth. 21, 33. von der königlichen Hochzeit, Matth. 22, 1. von den zehen Jungfrauen, Matth. 25, 1. von den anvertrauten Pfunden, Matth. 25, 14. von zween Schuldnern, Luc. 7, 41. vom reichen Landmann, Luc. 12, 16. vom grossen Abendmahl, Luc. 14, 18. vom reichen Mann und armen Lazarus, Luc. 16, 19. vom ungerechten Richter, Luc. 18, 1. vom Pharisäer und Zöllner. Luc. 18, 10. Wenn man alle diese Gleichnisse und Erzählungen betrachtet: so findet man, daß dieselben den Gnadenruf GOttes an die Menschen überhaupt, und das jüdische Volk insonderheit, und die willige Annahme oder muthwillige Verachtung desselben, den rechten Gebrauch des göttlichen Worts, wie auch der zeitlichen und ewigen Güter, die Art und Eigenschaften eines wahren Nachfolgers JEsu, wie nicht weniger die Beschaffenheit und Schicksale der Kirche GOttes bis ans Ende der Welt, und andere dergleichen wichtige Stükke betreffen. Besonders scheinet JEsus in denen mancherley Gleichnissen, Matth. 13. sonderlich vom 24 Vers an bis zum 49. den verschiedenen Zustand seiner neu zu pflanzenden Kirche bis an das Ende aller Dinge abzubilden. Einfältigen und redlichen Liebhabern JEsu schliesset derselbe noch heut zu Tage durch seinen uns in alle Wahrheit leitenden Geist von seinen lehrreichen sowol als prophetischen Gleichnissen so viel auf, als ihnen zu ihrem Unterricht nöthig ist. Dagegen die fleischlichen und geistlosen Gelehrten sich über den rechten Verstand verschiedener Gleichnisse: z. E. des vom Weinberge, zanken, oder durch saft- und kraftlose Auslegungen, leere Wortspiele und abgeschmackte Histörchen verrathen, daß sie weder Christi Geist noch Sinn haben. Zu einer Probe, wie man die Gleichnisse des lieben Heilandes fruchtbarlich auslegen und anwenden könne, will ich den Auszug eines gewissen Vortrags des seel. Herrn Abts Steinmetzens über das Gleichniß vom verborgenen Schatz im Acker hier einschalten, wie mir derselbe, seit dem Jahr 1734. da ich solchen in Leipzig gehöret, annoch in gesegnetem Andenken schwebet. Das Gleichniß heißt Matth. 13, 44. also:

„Abermal ist gleich das Himmelreich einem verborgenen Schatz im Acker, welchen ein Mensch fand und verbarg ihn, und gieng hin vor Freuden über demselbigen, und verkaufte alles, was er hatte, und kaufte den Acker.„

Aus diesem kurzen Gleichniß wurden folgende Sätze gezogen:

1) Die Güter, so in Christo liegen, und uns durch ihn geschenkt werden, sind überaus

wichtige

wichtige Güter. Sie sind ein Himmelreich, ein Schatz, Gerechtigkeit, Friede und Freude im Heiligen Geist, sind das Reich GOttes, und in JEsu liegen verborgen alle Schätze der Weisheit und der Erkänntniß.

2) Dieser Güter können wir alle theilhaftig werden. Ein Mensch fand den Schatz.

3) Doch ists eine freye Gnade, wem sie zu Theil werden. Ein Mensch fand den Schatz, er verdiente und erarbeitete ihn nicht.

4) Wenn wir sie erlangt haben, müssen wir sie wohl bewahren. Der Mensch verbarg den Schatz.

5) Die geistlichen Güter, welche wir bey JEsu erlangen, lassen uns nicht niedergeschlagen bleiben, sondern machen uns frölich. Vor Freuden gieng der Mensch hin.

6) Wenn wir erst gefunden haben, was JEsus uns verdient, wird uns die Verläugnung aller Dinge ganz leicht. Vor Freuden verkaufte der Mensch alles.

7) Wenn wir diesen Schatz gefunden haben, müssen wir nicht eher nachlassen, bis auch der Acker unser eigen wird, Christus selbst, auch ohne Absicht auf seine herrliche GnadenGeschenke, auch wenn er uns die ersten Freuden und Süssigkeiten entzöge oder minderte. Man mag alsdenn kein Heil als nur in JEsu haben, könnte sich auch ausser ihm nicht berechtigt

rechtigt achten, ſich einiger Gnaden-Schätze anzumaaſen. Der Menſch kaufte den Acker. Einige Vortheile zum Verſtändniß der Gleichniſſe JEſu ſind, daß man wohl acht habe, 1) ob nicht eine beſondere Veranlaſſung vorhergegangen, welche den lieben Heiland zu Anführung eines gewiſſen Gleichniſſes bewogen, z. E. Luc. 14, 15. u. f. Matth. 19, 27—30. c. 20, 1. u. f. Matth. 18, 21. u. f. oder ob nicht 2) das Gleichniß in den Gemüthern der Zuhörer eine Wirkung gehabt, von welcher ſich auf deſſen Abſicht ſchlieſſen läßt, z. E. Matth. 21, 45. Luc. 20, 19. ferner 3) was für verblümte Redensarten anderer Schriftorte, deren richtiger Verſtand unſtrittig iſt, mit dem Gleichniß eine Aehnlichkeit haben, z. E. Luc. 20, 9. verglichen mit Pſ. 80, 9. Jeſ. 5, 2. und 4) was doch wol in dem Gleichniß als der Hauptumſtand, oder was als Nebenumſtände anzuſehen, z. E. Marc. 12, 1. u. f. wie nicht weniger 5) ob nicht etwa JEſus die ganze Abſicht des Gleichniſſes durch eine demſelben unmittelbar angehängte Lehre deutlich aufgeſchloſſen habe, z. E. Luc. 10, 36. 37. Matth. 18, 35. Dahingegen läuft wider die Abſicht der Gleichniſſe, wenn man daraus etwas für die Sache, von welcher ſie hergenommen, beweiſen will. So kann man z. E. aus Luc. 14, 31. für die Rechtmäſſigkeit der Kriege ſo wenig einen Beweis führen, als aus Matth. 24, 43. für die Zuläſſigkeit des Diebſtahls, oder aus Luc. 15, 25. für die Zuläſſigkeit weltlicher Luſtbarkeiten und Tänze.

XXXIX

JEsu Christi.

XXXIX. Capitel.
Von den Weissagungen JEsu.

Daß JEsus seine eigene Leiden, seinen Tod und Auferstehung seinen Jüngern vorhergesagt, haben wir bereits angeführet, es ist auch seiner prophetischen Gleichnisse bereits gedacht worden, und daß er seinen Jüngern überhaupt nichts als lauter Schmach und Leiden prophezeyet, ingleichen wie er seinen Verräther zum voraus entdecket, wird an gehörigen Orten vorkommen. Hier aber wollen wir nur noch einige besondere Weissagungen anführen, welche wir in dem menschlichen Lebenslauf dieses grossen Propheten aufgezeichnet finden. Er weissagete einstens, da ihm seine Jünger die Schönheit des Tempels zu Jerusalem zeigten, daß dieses herrliche Gebäude dergestalt in Grund zerstöret werden solle, daß kein Stein auf dem andern bleiben würde. Matth. 24, 1. 2. Seine Jünger waren noch mit dem jüdischen Vorurtheil eingenommen, daß das Volk und der Tempel GOttes nicht eher untergehen würde, bis auch die ganze Welt untergehen müßte. Dahero fragten sie ihn: Sage uns, wann wird das geschehen, und welches wird das Zeichen seyn 1) deiner Zukunft, und 2) der Welt Ende, v. 3. Der liebe Heiland antwortete darauf in einer umständlichen Weissagung von den Begebenheiten bey der Zerstörung des Tempels und der Stadt Jerusalem, mit untermengter Belehrung von den Vorboten des jüngsten Tages, und bedeutete hiernächst seine Jünger:

1) daß

1) daß die damals lebenden Leute nicht absterben würden, bis der Untergang der jüdischen Kirch- und Polizey-Verfaſſung erfolgen würde, Matth. 24, 34. welches auch im siebenzigsten Jahre nach Christi Geburt der gewöhnlichen Jahrzahl nach geschahe, und

2) daß hingegen von dem Tag und der Stunde, wann Himmel und Erden vergehen würde, niemand als der Vater im Himmel wiſſe. v. 36. Er weiſſagte zu gleicher Zeit von der Verkündigung des Evangelii auf dem ganzen Erdboden, Matth. 24, 14. und die Worte des 39. Verſes im 23. Capitel verſtehen viele rechtſchaffene Knechte GOttes, und unter andern auch D. Luther in seiner Kirchen-Poſtill in der Predigt am St. Stephans-Tage, also, daß der Heiland damit so viel ſagen wolle: Er würde, da er nunmehro bald leiden und ſterben wolle, nicht lange mehr unter dem jüdischen Volk zu ſehen ſeyn. Wenn er aber einmal in sichtbarer Geſtalt wieder kommen und sein Volk beſuchen würde: so würde ſich ſolches zu ihm bekehrt haben, und ihn mit dem freudigen Zuruf bewillkommen: Gelobet ſey, der da kommt in dem Namen des HErrn, wovon der Ausruf des Volks bey seinem Einritt zu Jeruſalem, welcher damals schon geschehen war, Matth. 21, 1. nur als ein Vorſpiel anzuſehen. Ferner kommt Matth. 23, 35. vor, daß JEſus dem jüdischen Volk verkündiget, es würde von ihm alles unſchuldig vergoſſene Blut, von dem Blut des gerechten Abels an, bis auf das Blut

Zacha=

Zacharias, Barachiä Sohn, welchen sie getödtet hätten zwischen dem Tempel und Altar, gefordert werden. Die mehresten Ausleger wissen sich hierbey nicht anders zu helfen, als daß sie annehmen, es sey dieses von demjenigen Zacharias gesagt, welcher im Hofe am Hause des HErrn ist getödtet worden, 2 Chron. 24, 21. 22. und müsse dessen Vater, welcher Jojada genennt wird, vermuthlich auch Barachias geheissen haben. Weil aber dieses eine blose willkührliche Vermuthung, weil hiernächst dieser alte Zacharias keinesweges der letzte von den Juden unschuldig ermordete Knecht GOttes gewesen, und auch nur im Vorhof erschlagen worden, weil hingegen der jüdische Geschichtschreiber Josephus eines rechtschaffenen Mannes gedenket, mit Namen Zacharias, ein Sohn Barachiä, welchen die gottlosen Rotten unter denen zu ihrem Untergang reisen Juden bey der letzten Belagerung der Stadt Jerusalem im Tempel selbst getödtet: So halte mit mehrern Liebhabern JEsu obige Rede ebenfalls für eine Weissagung auf den zukünftigen Todtschlag dieses unschuldigen Mannes, dawider nichts thut, daß in der vergangenen Zeit gesagt wird, ihr habt ihn getödtet, und nicht: ihr werdet ihn tödten; weil in prophetischen Redensarten gar nichts ungewöhnliches, die unfehlbare Gewißheit, mit welcher der Prophet seine Weissagungen schon so gut als erfüllet ansiehet, auf solche Weise auszudrücken, wie denn dasjenige, was die Propheten von des lieben Heilandes

des Person, Thaten und Leiden zuvor verkündiget haben, vielfältig als schon geschehen gesagt wird. Daß sich viele Heiden aus allen Welttheilen bekehren, und die grosse Seeligkeit, welche die Juden von sich stiesen, annehmen würden, hat JEsus Matth. 8, 11. 12. Cap. 21, 43. deutlich verkündiget. Die Weissagungen von des Petrus Märtyrer-Tode und von Johannis Bleiben, bis JEsus kommen würde, welche Joh. 21, 18. 22. erzählt werden, gehören eigentlich nicht zu des Heilandes Lehramte im Stande seiner Erniedrigung, sondern schon zum Stande seiner Erhöhung, weil er sie nach seiner Auferstehung ausgesprochen. Was JEsus von Johannes gesagt, gab übrigens Anlaß, daß eine Rede unter den Brüdern ausgieng: Dieser Jünger stirbet nicht; da doch JEsus nur sagte: So ich will, daß er bleibe, bis ich komme, was gehet es dich an? Ich lasse alle Auslegungen dieser prophetischen Worte in ihrem Werth oder Unwerth beruhen, und glaube mit dem Herrn Probst Bengel, daß JEsus mit diesen Worten besonders darauf gesehen, daß Johannes so lange bleiben solle, bis er die hohe Offenbarung für die Gemeinen gehabt, als worinnen vom Heiland oft gesagt wird, daß er komme, und welche sich mit den Worten schliesset: Es spricht der, der solches zeuget: Ja, ich komme bald; Amen ja, komm HErr JEsu. Offenb. 22, 20. Wie denn auch Johannes nicht lange nach dieser

herrli-

herrlichen Offenbarung von seinem lieben Meister, HErrn und Heiland im Friede heimgeholet worden.

XL. Capitel.
Von der Lehrart JEsu in Ansehung seiner Gottheit und Person.

JEsus Christus, ob er wohl in göttlicher Gestalt war, hielt ers nicht für einen Raub, GOtt gleich seyn. Phil. 2, 6. Er prangte nicht mit seiner Gottheit, wie ein Kriegsmann mit seiner Beute, damit er auch nach seinem Gefallen schaltet und waltet. Gar heimlich hielt er seine Gewalt, sagt D. Luther in einem bekannten Liede. Er hat im Stande seiner Erniedrigung niemals frey und öffentlich gesagt: Ich bin GOtt. Vielmehr nahm er keinen Lobspruch an, der GOtt allein gebühret. Matth 19, 17. Er nannte sich jederzeit des Menschen Sohn, wie durch seine ganze Geschichte hindurch vielfältig, und zwar Joh. 1, 51. zum ersten, und Luc. 22, 69. zum letztenmal vorkommt. Gläubige Juden erinnerten sich dabey des Gesichts Daniels, Cap. 7, 13. 14. Und ob er wohl nicht nur in Gleichnißreden darauf deutete, Matth. 21, 33. 37. sondern auch den feindseeligen Juden gerade zu sagte, daß derjenige GOtt, von welchem sie sprächen, er sey ihr GOtt, sein Vater und er mit demselben eins sey; Joh. 10, 30. Cap. 8, 54. Ob er auch wohl

wohl bey seiner letztern Verantwortung folglich in statu confessionis vor dem Hohenpriester deutlich bejahete, daß er GOttes Sohn sey; Matth. 26, 63. 64. Marc. 14, 61. 62. Luc. 22, 70; nicht zu gedenken, daß die Reden, daß er grösser als Salomo, Matth. 12, 42. als Jonas, V. 39. als der Tempel, V. 6. und als der Sabbath, V. 8. ebenfalls auf eine besondere Hoheit seiner Person zielten: so folgte doch daraus nach der jüdischen Theologie noch nicht, daß er selbstständiger wahrer GOtt, und nicht nur so ein Kind GOttes in einem ausnehmenden Grad, wie ein anderer heiliger Mann, Joh. 10, 33 = 36. der Auserwählte GOttes Luc. 23, 35. oder höchstens GOtt gleich sey, Joh. 5, 18. 1 Cor. 8, 4. 5. zumal da er alles, was er redete und thate, der Macht und Vorschrift, die ihm der Vater gegeben hätte, zuschriebe. Joh. 12, 49. 50. Cap. 5, 19. 26. 30. Cap. 7, 16. Cap. 14, 10. auch die von ihm gesund gemachte zur Dankbarkeit gegen GOtt vermahnte Marc. 5. 21. Inzwischen ließ er, durch Antrieb des heiligen Geistes, doch zuweilen einige Redensarten fahren, woraus aufmerksame Gemüther abnehmen konnten, daß er etwas mehr wäre als ein bloser angenommener Sohn GOttes, wenn er z. E. sagte, daß er eher gewesen, als Abraham, Joh. 8, 58. daß er Macht habe die Sünde zu vergeben, Matth. 9, 6. welches nach der jüdischen Lehrart niemand konnte als GOtt Luc. 5, 21. daß er an jenem Gerichtstage etwas grosses zu sagen haben werde de. Matth. 7, 21-23. Daß er der von GOtt verheissene Meßias sey, hat er in seinem Lehramt ebenfalls niemals mit ausdrücklichen Worten öffentlich gelehret, auch nicht einmal gegen die zu ihm abgeschickte Jünger des Johannis geäussert, Matth. 11, 2-6. ob es wohl Joh. 10, 24. 25. nahe darzu kam, er es auch weder gegen den Nathanael, Joh. 1, 49. noch zuletzt gegen den Hohenpriester verläugnete. Matth. 26, 63. Den Teufeln, welche zum öftern aus den Beseßenen ihn als den Meßias, auch wohl als GOttes Sohn anredeten, untersagte er solches ernstlich, Marc. 1, 24. 25. 34. Luc. 4, 41. Marc. 3, 11. 12. Cap. 5, 7. 8. verbot auch seinen Jüngern aufs schärfste, daß sie niemand sagen sollten, daß er der Meßias wäre, bis er erst gelitten haben und auferstanden seyn würde, Matth. 16, 20. Luc. 9, 20. 21. bis dahin sie auch niemand erzählen durften, in was für einer herrlichen Verklärung sie ihn auf dem Berg Thabor gesehen hätten. Matth. 17, 9. Indessen bekannte er sich doch öffentlich für einen Gesandten GOttes an das jüdische Volk, Joh. 7, 28. 29. Cap. 8, 42. Matth. 15, 24. wie die Propheten waren, unter welche er sich sowol beym Anfang seines Lehramts, Luc. 4, 24. als gegen das Ende desselben rechnete. Luc. 13, 33. Er gab dabey zu seiner Legitimation an 1) die Weissagungen des Moses, darinnen er von ihm gezeuget, Joh. 5, 46. 47. ja die ganze heilige Schrift, welche von ihm zeugte; Joh. 5, 39.

2) das

2) das Zeugniß des Johannis, welchen die Juden sehr hoch gehalten, Joh. 5, 33. noch vielmehr aber 3) das Zeugniß seines Vaters, Joh. 5, 37. und 4) die Werke, welche er in seines Vaters Namen thue, Joh. 5, 36. Cap. 10, 25. besonders 5) seine Wunder, Matth. 11, 4. u. f. und 6) seinen unsträflichen Wandel. Joh. 8, 46. Er wieß zugleich auf eine genaue Wahrnehmung der Zeichen seiner Zeit, Luc. 12, 56. und verhielt bey dem allen nicht, daß seine Person erst nach seinem Tode recht ausnehmend legitimirt werden würde. Joh. 8, 28. Doch hat er einer und andern darzu genugsam vorbereiteten guten Seele gleichsam ins Ohr gesagt, daß er der Sohn GOttes und wahre Meßias sey, als der Samariterin, Joh. 4, 25. 26. und dem Blindgebohrnen, Cap. 9, 35. u. f. wie er denn auch seiner guten Freundin, der Martha zu Bethanien, also bekannt gewesen. Joh. 11, 27. Jedoch siehet man aus dem 22 V. daß ihre Erkänntniß noch unvollkommen gewesen, und sie ihn nicht für den wahren selbstständigen GOtt selbst gehalten. Eben so werden auch andere zu einer wahren Känntniß seiner Person gelanget seyn, welche seine heilige Lehre angenommen, und obgedachte göttliche Bestättigungen seines Amts an ihren Herzen kräftig werden lassen. Es hat sich übrigens der liebe Heiland damit, daß er seine Person mit ausdrücklichen Worten sehr sparsam und behutsam kund gethan, sich hingegen in der That und Wahrheit desto kräftiger erweißlich
gemacht,

gemacht, von den falschen Meßiaſſen ſeiner und folgender Zeiten unterſchieden, als deren Haupt-werk es war, ſich überall unter dieſem Namen auszurufen und ausrufen zu laſſen, damit ſie durch einen baldigen und groſſen Anhang die ihnen ſonſt ermangelnde Legitimation erhalten, und ihre eigennützige und ehrſüchtige Abſichten deſto geſchwinder erreichen möchten. Noch eine beſondere Urſache, warum JEſus ſich nicht öffentlich den Meßias genennet, ſiehe oben im neunten Capitel. Bey dem allen aber bezeugte JEſus noch am Ende ſeiner menſchlichen Tage, daß diejenigen, welche allen göttlichen Legitimationen ſeiner niedrigen Perſon nicht glauben wollten, ihn gewiß für dasjenige, was er wäre, würden erkennen müſſen, wann er in den Wolken des Himmels wieder kommen würde. Matth. 26, 64.

XLI. Capitel.

Von den Wundern, welche der Meßias JEſus gethan.

Das jüdiſche Volk war von Alters her ſo geartet, daß es auf Zeichen und Wunder ſahe, und die Glaubwürdigkeit eines auſſerordentlichen Lehrers oder Propheten dadurch bewähret wiſſen wollte; 1 Cor. 1, 22. und ſo war es auch noch zu der Zeit des menſchlichen Wandels JEſu. Wann ſie nicht Zeichen und Wunder ſahen, ſo glaubten ſie nicht. Joh. 4, 48.

48. Damit nun ihres Herzens Härtigkeit auch in diesem Stück berathen würde: so sollte der Meßias JEsus unter diesem Volk auch durch Wunder und Zeichen als ein Mann von GOtt erweißlich gemacht werden; Ap. Gesch. 2, 22. Ebr. 2, 4. Das geschahe nun auch in reicher Maaße. Der wundervollen Begebenheiten bey seiner Geburt und Taufe, bey seinem Tod und bey seiner Auferstehung, wird an gehörigen Orten gedacht. Hier aber ist nur von den Wundern, die er in seinem Lehramt gethan, zu handeln. Er that beym Antritt seines Lehramts sein erstes Wunder, da er auf der Hochzeit zu Cana in Galiläa Wasser in recht guten Wein verwandelte, Joh. 2, 11. und das letzte im Stand seiner Erniedrigung, da er dem Knecht Malchus das Ohr wiederum anheilte, welches ihm Petrus abgehauen hatte. Luc. 22, 51. Er vertrieb das Fieber, Joh. 4, 47. Luc. 4, 38. reinigte Aussätzige, Luc. 5, 12. Cap. 17, 14. heilte Gichtbrüchige oder vom Schlag gerührte, Matth. 8, 5. Cap. 9, 1. trieb böse Geister aus, Marc. 1, 23. Matth. 8, 28. Cap. 9, 32. Cap. 12, 22. Cap. 15, 28. Luc. 9, 37. Cap. 11, 14. heilte langwierige Krankheiten von 12. 18. 38. Jahren, Matth. 9, 20. Luc. 13, 11. Joh. 5, 2. u. f. machte einen Blindgebohrnen Joh. 9, 1. u. f. und andere Blinde sehend, Matth 9, 27. Marc. 8, 22. Matth. 20, 29. heilte eine verdorrte Hand, Matth. 12, 9. u. f. machte einen Tauben und Stummen redend und hörend, Marc. 7, 31. u. f. einen Wassersüchtigen gesund, Luc. 14, 1. u. f.

u. f. und weckte Todte wieder auf, wenn sie gleich schon stinkend waren, Luc. 8, 41. Cap. 7, 11. Joh. 11. Wind und Meer gehorchte ihm, Matth. 8, 27. Cap. 14, 22. Mit wenigen Brodten und Fischen speisete er bald fünf, bald vier tausend Mann, Matth. 14, 13. Cap. 15, 32. Auf sein Wort verdorrete ein Feigenbaum. Matth. 21, 18. Bey seiner letztern Gefangennehmung wichen auf sein Wort: **Ich bins, lasset diese gehen,** die abgeschickten Knechte zurück, fielen zu Boden, und mußten seine Jünger gehen lassen. Joh. 18, 3. u. f. Bisweilen hat er ganze Haufen Kranke geheilet, Matth. 4, 23. Luc. 5, 17. Matth. 9, 35. Cap. 12, 15. Marc. 3, 9. 10. Cap. 6, 5. Matth. 14, 14. 35. Cap. 15, 29=31. Cap. 19, 2. Cap. 21, 14. insonderheit Besessene. Matth. 4, 24. Cap. 8, 16. Marc. 1, 39. Luc. 8, 2. Wie er denn auch sonst noch unzählige Wunder gethan, welche nicht aufgeschrieben worden. Joh. 20, 30. Cap. 21, 25. Es gehöret auch noch unter seine Wunder, daß er auf dem Meere gewandelt, und den Petrus darauf gehen lassen, Matth. 14, 22. u. f. aus den Händen seiner Feinde unvermerkt entkommen, Luc. 4, 30. Marc. 8, 59. und seinen Jüngern die Macht Wunder zu thun gegeben. Matth. 10, 8. Luc. 10, 17. Wenn man die angeführten Wunder des lieben Heilandes nachlieset, so wird man finden, daß er die Kranken, und zwar nicht nur anwesende, sondern auch abwesende, meistentheils nur mit einem Wort, z. E. sey gereinigt, sey sehend, stehe

stehe auf, gehe hin, dein Sohn lebet, und dergleichen, gesund gemacht, und dabey vielfältig gesagt, daß den Geheilten ihr Glaube geholfen habe. Zuweilen aber beliebte es ihm, gewisse äusserliche Geberden und Handlungen dabey zu gebrauchen. Er rührte die Kranken an; Luc. 5, 13. Matth. 9, 29. Cap. 20, 29. Luc. 14, 4. Joh. 11, 43. Luc. 7, 14. Cap. 8, 54. Er legte ihnen die Hand auf; Luc. 13, 13. Marc. 8, 23. 25. Cap. 6, 5. Er bediente sich seines Speichels, und berührte damit die Augen und Ohren der Blinden und Tauben; Joh. 9, 6. Marc. 8, 23. Er bethete und seufzete auch bisweilen bey seinen Wundern. Marc. 7, 34. Joh. 11, 41. Matth. 14, 19. Cap. 15, 36. Wenn jemand, der mit einer Krankheit behaftet war, ihn, oder nur seines Kleides Saum anrührte, wurde er gesund, und er fühlte, daß eine Kraft von ihm ausgieng, Luc. 6, 19. Marc. 3, 10. Matth. 9, 20. Cap. 14, 36. Alle Kranken, die zu ihm kamen, hat er williglich gesund gemacht, wenn sie ihm auch gleich nicht dafür dankten, Luc. 17, 15=18. einigen aber auch zugleich ihre Sünde vergeben, Matth. 9, 2. und ihnen zu wahrer Erkänntniß seiner Person geholfen, wie dem Blindgebohrnen. Joh. 9. Einen hat er gewarnet, nicht mehr zu sündigen, damit ihm nicht etwas ärgeres wiederfahre, Joh. 5, 14. und dieser verrieth hernach seine Gegenwart den Juden, v. 15. Manche Kranke fragte er zuvor: ob sie auch glaubten, daß er ihnen helfen könne, Matth. 9, 28.

half

JEsu Christi.

half aber auch, wenn der Glaube bey einigen noch mit vielem Unglauben vermischt war. Matth. 17, 14-18. Marc. 9, 23. 24. Zuweilen sahe er mehr auf den Glauben derjenigen, die den Kranken zu ihm brachten, oder für ihn bathen, als auf den Glauben des Kranken selbst. Matth. 8, 10. Cap. 9, 2. Matth. 15, 28. Manchmal half er auch, wenn er gleich nicht darum angesprochen wurde, aus eigner mitleidiger Bewegung, wie z. E. bey Erweckung des Jünglings zu Nain, Luc. 7, 13. und bey Gesundmachung des acht und dreyßig-jährigen Kranken am Teich Bethesda, Joh. 5. ingleichen des kranken Weibes, Luc. 13, 11. u. f. geschahe. Diese seine Wunder hatten die Wirkung, daß seine Jünger im Glauben an ihn gestärkt, Joh. 2, 11. und manche ganze Häuser gläubig wurden. Joh. 4, 53. Unter dem grossen Haufen des Volks war der gewöhnliche Erfolg der Wunder JEsu, welcher fast bey jeder Geschichte angeführet wird, die äusserste Verwunderung. Sie entsatzten sich über diese neue Lehre; Marc. 1, 27. Sie bekannten, daß dergleichen in Israel noch nie gesehen worden; Matth. 9, 33. Marc. 2, 12. Sie entsatzten sich über der sich dadurch offenbarenden Herrlichkeit GOttes, Luc. 9, 43. bewunderten JESUM als einen ausserordentlichen Mann, Matth. 8, 27. als einen grossen Propheten, Luc. 7, 16. als den Propheten, der in die Welt kommen sollte, Joh. 6, 14. als Davids Sohn, Matth. 12, 23. ja einstens als GOttes Sohn,

H 2   Matth.

Matth. 14, 33. bekannten, daß er alles wohl mache, Marc. 7, 37. so viel Zeichen thue, als man von dem Meßias gewarten könne, Joh. 7, 31. und preiseten den GOTT Israel, Matth. 15, 31. der solche Macht dem Menschen gegeben habe. Matth. 9, 8. Der Ruf von seinen Wundern breitete sich allenthalben, Luc. 5, 15. auch sogar in die benachbarten heidnischen Lande aus; Matth. 4, 24. Viele aber, ja ganze Orte, glaubten deswegen doch nicht. Joh. 12, 37. Matth. 11, 20. Wie denn auch der liebe Heiland an manchen Orten, wegen des daselbst herrschenden Unglaubens, wenig oder gar keine Wunder that. Matth. 13, 58. Marc. 6, 5. noch thun konnte, weil ihn die Innwohner allzu verächtlich ansahen, als daß sie ihre Kranken zu ihm bringen sollten. Seine Feinde, die Pharisäer und Schriftgelehrten, wurden über seine Wunderthaten ganz unsinnig, Luc. 6, 11. und wußten nicht, wie sie es angreiffen sollten, daß dem allgemeinen Credit dieses grossen Wunderthäters Einhalt gethan würde. Joh. 11, 47. Sie gaben deswegen alle seine Wunder für unzulänglich aus, wenn nicht noch besondere Zeichen vom Himmel zu Bestärkung seiner göttlichen Sendung geschähen, Matth. 16, 1. Marc. 8, 11. Joh. 6, 30. verlästerten seine Wunder als Wirkungen eines Verständnisses mit dem Teufel, Matth. 12, 24. Marc. 3, 22. und suchten diejenigen, an welchen ein besonderes Wunder geschehen war, durch scheinheilige und bedrohliche Vorstellungen von dessen Aus-

breitung

breitung abzuschrecken, und zu einer widrigen
Ausſage zu bewegen, wie davon der umſtänd=
liche Conſiſtorial=Proceß mit dem Blindgebohr=
nen Joh. 9. ein gar merkwürdiges Beyſpiel
abgiebt: Ja weil der Lazarus, welchen JEſus
von den Todten auferwecket hatte, Gelegenheit
zu einem groſſen Zulauf nach Bethanien gab,
ſo ſuchten die Hohenprieſter ihn gar aus dem
Weg zu räumen, Joh. 12, 10. Auch der gemeine
Haufe wollte oft ein Zeichen nach dem andern
ſehen, und blieb doch in ſeinem Unglauben, Luc.
11, 29=32. Da obige Wunder alle frey und
öffentlich vor allem Volk, ja bisweilen vor et=
lichen tauſend Zeugen geſchahen und landkündig
waren: ſo muß es aus einer ganz beſondern
Urſache geſchehen ſeyn, daß JEſus bey etlichen
Wundern verboten, es niemand zu ſagen,
Matth. 8, 4. Cap. 9, 30. Marc. 1, 44. Cap.
5, 43. Cap. 7, 36. Cap. 8, 26. Luc. 5, 12.
Cap. 8, 56. wie es denn z. E. ſeyn kann, daß
JEſus, der in allem ſeinem Thun und Laſſen
ſeine abgemeſſene Zeit hatte, Joh. 7, 6. ſich
nicht lange an den Orten, wo einige dieſer
Wunder geſchehen, aufhalten und ſeine Gegen=
wart nicht ruchtbar werden laſſen wollen, Marc.
7, 24. um dadurch dem gewöhnlichen Anlauf
der Kranken, welcher ihm oft an ſeiner Haupt=
abſicht nur hinderlich war, vorzukommen.* Es

---

* Siehe Steinhofers Reden über das Leben JE=
ſu, p. 223. allwo ſechs wichtige Urſachen ausge=
führt werden.

breiteten aber die Leute, denen dergleichen Verbot geschehen, seine Wunder aller Orten gemeiniglich nur desto mehr aus, Marc. 1, 45. Cap. 7, 36. Ein Besessener, von welchem er eine grosse Menge Teufel ausgetrieben hatte, bath ihn, daß er möchte bey ihm seyn. JEsus aber ließ es ihm nicht zu, sondern sprach zu ihm: gehe hin in dein Haus und zu den Deinen, und verkündige ihnen, wie grosse Wohlthat dir der HErr gethan, und sich deiner erbarmet hat; Marc. 5, 18. 19. Maria Magdalena hingegen, von welcher er sieben Teufel ausgetrieben hatte, folgte ihm, nebst andern von ihm gesund gemachten Weibern, fleißig nach, Luc. 8, 2. stund noch bey seinem Creutz, Joh. 19, 25. und war die erste Zeugin seiner Auferstehung. Joh. 20, 1. und folg.

XLII. Capitel.
Von der Würkung der Lehre und Wunder JEsu.

Die herzrührende Lehre JEsu und die mannigfaltigen Wunderthaten desselben erwekten, wie in vorhergehendem Capitel ausgeführet, eine überaus grosse Bewegung und Verwunderung im Volk, samt vielem Beyfall. Das war aber freylich die ganze Sache nicht, worauf es dabey abgesehen war. Es gieng auch dabey, wie es gemeiniglich bey dergleichen ausserordentlich grossen Erweckungen
zu

zu gehen pfleget, daß nämlich viele angefaßt, aber nur wenige gründlich bekehrt wurden. Johannes hatte schon geweissaget, daß JEsus seine Tenne fegen, und die Spreu von dem Weitzen absondern würde, Matth. 3, 12. und nach der Weissagung Simeons sollten alsdenn erst die wahre Herzens-Gedanken der Menschen offenbar werden, wenn dieser grosse Wunderthäter JEsus seinen schmerzlichen und schmählichen Tod ausstehen würde. Luc. 2, 35. Viele unter denen, die ihm nachzogen, hatten unlautere Absichten, wie denn JEsus Joh. 6, 26. einem grossen Haufen unter die Augen sagt, daß sie ihm um des Brods willen nachgegangen wären, welche auch, so bald er ihnen von dem himmlischen Brod des Lebens predigte, zu murren anfiengen, V. 41. und noch ein besonderes Zeichen forderten, wenn sie ihm glauben sollten. V. 30. Seiner Jünger giengen viele wieder hinter sich, und wandelten fort nicht mehr mit ihm. Joh. 6, 66. Als einstens viele Juden durch seine Predigt im Tempel überzeugt wurden, und JEsus ihnen weiter zeigen wollte, wie sie die erkannte Wahrheit zur wahren Kraft und Frucht an ihren Herzen kommen lassen sollten, wurden sie gleich aufgebracht, und widersprachen JEsu dergestalt, daß er ihnen ins Angesicht sagen mußte, daß sie der Sünden Knechte und Teufels-Kinder wären, worüber sie ihn endlich gar steinigen wollten. Joh. 8, 30=59. Es glaubten auch zwar der Obersten viele an ihn, Joh. 12, 42. und Nicodemus,

codemus, einer aus ihnen, scheinet aus der Schule zu schwatzen, wenn er Joh. 3, 2. sagt: Meister, wir wissen, daß du bist ein Lehrer von GOtt kommen 2c. Sie bekannten sich aber, um bey Ehren zu bleiben, und aus Furcht für dem Bann, nicht öffentlich zu ihm. Joh. 12, 42. 43. Ob nun gleich gegen der grossen Menge des jüdischen Volks diejenigen keinen sonderlichen Haufen ausmachten, welche durch die Predigten und Wunder JEsu zum wahren Glauben an ihn gebracht worden: so waren doch ihrer an und für sich nicht wenige. Denn ausser den Jüngern und Freunden JEsu, wovon die folgende Capitel handeln werden, finden wir, daß bey der Auferstehung JEsu schon mehr als 500 Brüder vorhanden gewesen. 1 Cor. 15, 6. Es war also die Zeit, da JEsus sein Lehramt sichtbarlich geführet, zwar nicht ohne Frucht und Seegen, jedoch eigentlich nur eine Vorbereitungs-Zeit, darinnen JEsus die Schrift an sich erfüllen lassen, und diejenigen Boten des Evangelii zu ihrem Amt einleiten mußte, welche dereinst, wenn er erst durch Leiden, Sterben und Auferstehen das grosse Erlösungswerk ausgeführet, der ganzen Welt verkündigen sollten, daß der JEsus von Nazareth, welcher etliche Jahre im jüdischen Lande herum gezogen, wohlgethan und gesund gemacht, alle, die vom Teufel überwältiget waren, der wahre GOtt und Meßias wäre, und daß um seines vergossenen Bluts willen alle Menschen, auch seine Mörder und Creutziger,

Gnade

Gnade und Vergebung der Sünden haben könnten, welches auch mit so schnellem Seegen geschahe, daß auf die erste Predigt, welche Petrus davon zu Jerusalem hielt, sich dreytausend zu dem JEsu bekehrten, der vor wenig Wochen unter ihnen als ein Uebelthäter aufgehangen worden. Ap. Gesch. 2. Es gleichte also auch in diesem Zeitlauf das Himmelreich dem Ackerbau, dabey nach ausgestreutem Saamen erst das Gras, darnach die Aehren und dann der volle Weitzen wahrzunehmen, Joh. 4, 26. und die Jünger des lieben Heilandes konnten daran denken, wie ihnen derselbe einstens versprochen hatte, daß sie erndten sollten, was sie nicht gesäet hätten, Joh. 4, 35. u. f. wie denn auch das cananäische Weib, Marc. 7, 26. der Hauptmann zu Capernaum, Matth. 8, 5. u. f. und die glaubigen Samariter, Joh. 4, 39. 41. als Erstlinge des Seegens der Lehre JEsu ausser der jüdischen Kirche anzusehen waren.

XLIII. Capitel.

Von den Jüngern JEsu überhaupt.

Jünger heissen in gar vielen Stellen der evangelischen Geschichte, besonders im Evangelio des Johannis, und in der Apostel-Geschichte, alle diejenigen, welche an JEsum glaubten, und zu seiner Gemeine gehörten. Hier aber meynen wir diejenigen vor allen andern also genannte Personen, welche JEsus ausersehen hatte, daß sie Zeugen seiner Worte, Thaten, Wunder und Leiden, seines Todes und seiner Auferstehung seyn, Joh. 15, 27. Ap. Gesch. 1, 8. Cap. 10, 41. Luc. 22, 28. und nach seiner Himmelfahrt das Evangelium in der ganzen Welt predigen sollten. Marc. 16, 15. Gleich zu Anfang seines Lehramtes fieng JEsus an Jünger zu berufen, Matth. 4, 17. 18. u. f. und nachdem er eine Anzahl zusammen hatte, sonderte er vor dem andern Osterfest seines Lehramtes, einst am frühen Morgen, nachdem er die ganze Nacht zuvor gebethet, ihrer Zwölfe davon aus, daß sie immer bey ihm seyn, und Apostel, d. i. Boten oder Gesandte, heissen sollten. Luc. 6, 13. Marc. 3, 14. Ihre Namen werden aus folgendem Capitel zu ersehen seyn. Vor seiner letzten Reise nach Jerusalem Luc. 9, 51. erwählte er noch siebenzig Jünger und sandte sie je zween und zween vor ihm her, in alle Städte und Orte, da er wollte hinkommen, Luc. 10, 1. hatte auch ein recht inniges Vergnügen, da dieselben mit Freuden wieder kamen. Luc. 10, 17. 21. Er berufte lauter solche Leute zur Jüngerschaft, welche seinen Beruf sogleich willig annahmen, und alles das Ihrige darüber stehen und liegen liessen, Matth. 4, 18=22. Cap. 9, 9. Marc. 1, 19. 20. Matth. 19, 27. Wer sein Jünger werden wollte, mußte Vater, Mutter, Weib, Kinder, Brüder, Schwestern, auch darzu sein eigen Leben hintansetzen

ansetzen, allem, das er hatte, absagen, und sich zu lauter Creutz und Leiden entschliessen, Luc. 14, 26. 27. 33. Cap. 9, 23. Matth. 16, 24. Marc. 8, 34. auch sich williglich aussenden lassen, wenn er gleich vor Augen sahe, daß er als ein Lamm unter die Wölfe gesendet würde. Luc. 10, 3. Alle sonst erlaubte gute und nöthige Sachen mußten unterbleiben, wenn sie den geringsten Aufenthalt im Jünger=Beruf machten. Da durfte einer, der dergleichen Ruf bekam, nicht einmal seinen Vater zuvor begraben, und ein anderer bekam keine Erlaubniß, sein Hauswesen zuvor an die Seinigen zu übergeben. Luc. 9, 59. 61. Es ermahnte dahero auch der liebe Heiland diejenigen, welche freywillig seine Jünger werden wollten, treulich, zuvor die Kosten wohl zu überschlagen, damit sie nicht etwas anfiengen, welches sie nicht hinausführen könnten. Luc. 14, 28. u. f. Er rieth auch wol einem und andern, der sich bey ihm angab, von dem armseeligen Jünger=Leben ab, Luc. 9, 57. 58. und hielte für besser, daß mancher Mensch die ihm wiederfahrne Gnade GOttes in seinem Haus und bey den Seinen verkündigte. Marc. 5, 18. 19. Uebrigens waren die Jünger JEsu ungelehrte gemeine Leute. Ap. Gesch. 4, 13. Wenigstens ein Drittheil von denen Aposteln, nämlich Petrus, Andreas, Jacob und Johannes waren Fischer. Matth. 4, 18. 21. Von der Beschaffenheit ihres Verstandes und Hertzens, und wie JEsus, den sie ihren HErrn und Meister nannten, Joh. 13, 13. mit ihnen

umgegan=

umgegangen, wird im 54ſten Capitel gehandelt werden. Die Namen der ſiebenzig Jünger ſind nirgends aufgezeichnet worden, und wenn manche aus der Apoſtel-Geſchicht und Briefen des Paulus dieſelben zuſammen leſen wollen: ſo beruhet die ganze Sammlung auf lauter Ungewißheit. Von den zwölf Apoſteln aber wollen wir nunmehro namentlich handeln.

XLIV. Capitel.
Von den zwölf Apoſteln.

Daß JEſus die zwölfte Zahl nicht von ohngefehr beliebet, ſondern dabey ein geheimes Abſehen auf die zwölf Stämme Iſraels gehabt, wird um daher glaublich, weil er nicht allein Matth. 19, 28. ſaget, daß die Apoſtel dereinſt auf zwölf Stühlen ſitzen, und mit ihm die zwölf Geſchlechte Iſraels richten ſollten, Matth. 19, 28. ſondern auch die Stadt GOttes, welche dem Johannes gezeiget wurde, zwölf Thore, ſo mit den Namen der zwölf Geſchlechte der Kinder Iſrael bezeichnet, und zwölf Gründe hatte mit den Namen der zwölf Apoſtel des Lamms. Offenb. 21, 12. 14. Gleichwie das fleiſchliche Volk Iſrael von zwölf Erzvätern abſtammete: alſo wollte JEſus, daß die zwölf Apoſtel die Erzväter des geiſtlichen Iſraels, welches er durch die Predigt ſeines Evangelii ſammlen wollte, Eph. 2, 11. 12. 13. ſeyn ſollten. Die durch ihren Dienſt erwachſene

JEsu Christi.

ne Gemeine sollte erbauet werden auf den Grund der Apostel und Propheten, daran er selbst der Eckstein ist. Eph. 2, 20. Die Namen derselben sind folgende: Petrus, Andreas, Jacobus, Johannes, Philippus, Bartholomäus, Thomas, Matthäus, Jacobus, Alphäi Sohn, Judas Lebbäus, mit dem Zunamen Thaddäus, Simon von Cana und Judas Ischarioth. Matth. 10, 2. Marc. 3, 16. Ap. Gesch. 1, 13.

Petrus

hieß eigentlich Simon, wurde aber von seinem Meister Petrus, oder nach der syrischen Mundart, Kephas benamet, Marc. 3, 16 Joh. 1, 42. 1 Cor. 3, 22. Gal. 2, 9. das ist, ein Felsenmann, weil durch seinen Dienst die Gemeine des HErrn felsenfest gegründet werden sollte, welches auch geschahe, da er nach der Ausgießung des heiligen Geistes am Pfingsttage die erste evangelische Predigt hielt, dadurch eine Gemeine von 3000 Seelen gesammlet wurde, die hernach immer mehrern Zuwachs bekam. Ap. Gesch. 2. Er war ein Sohn Jonas, Joh. 1, 42. Matth. 16, 17. von Bethsaida gebürtig, Joh. 1, 44. und, seiner Lebensart nach, ein Fischer, Matth. 4, 18. scheinet auch ein Haus zu Capernaum gehabt zu haben. Matth. 8, 14. Marc. 1, 29. Dahero er auch so wohl als JEsus, der daselbst ein Haus im Besitz hatte, den Zinsgroschen gab. Matth. 17, 24. 27. Daß er verheyrathet gewesen, und seine Frau auch in seinem Amte bey sich behalten,

ist

ist gewiß, weil nicht nur Marc 1, 30. seiner Schwiegermutter gedacht wird, sondern auch Paulus 1 Cor. 9, 5. zu erkennen giebt, daß er seine Frau mit umhergeführet. Er wurde mit dem lieben Heiland zuerst durch seinen Bruder Andreas bekannt, Joh. 1, 40. 41. 42. hernach aber von seiner Fischerey zum Jünger berufen, Matth. 4, 18. 19. Luc. 5, 1. u. f. und war einer der Jünger, welche JEsus zu verschiedenen besondern Gelegenheiten zog, als zur Auferweckung der Tochter des Jairus, Marc. 5, 37. zur Verklärung auf dem Berge, Matth. 17, 1. zu dem Todes-Kampf am Oelberg, Matth. 26, 36. und zur Bereitung des Osterlamms. Luc. 22, 8. Er führte gemeiniglich im Namen sämtlicher Jünger das Wort, und fragte JEsum immer vieles, z. E. Matth. 15, 15. Matth. 16, 16. Cap. 17, 4. Cap. 18, 21. Luc. 8, 45. Cap. 12, 41. Joh. 6, 68. Cap. 13, 36. Bey dem letztern Fußwaschen wollte er sich aus Demuth von seinem Meister die Füsse nicht waschen lassen, gab aber nicht nur Füsse, sondern auch Haupt und Hände hin, als er vernahm, daß dadurch seine Gemeinschaft mit JEsu bestätiget werden sollte. Joh. 13, 6. u. f. Seiner Liebe zu seinem Meister traute er so viel zu, daß er versprach, mit ihm in den Tod zu gehen. Matth. 26, 35. Marc. 14, 31. Joh. 13, 37. Er suchte bey dessen Gefangennehmung denselben mit dem Schwerdt zu vertheidigen, Joh. 18, 10. und folgte ihm nach bis in den Pallast des Hohenpriesters,

priesters, Matth. 26, 58. woselbst er jedoch aus Menschenfurcht dreymal mit Fluchen und Schwören betheurete, daß er JEsum nicht kenne, noch demselben angehöre. Matth. 26, 69. u. f. Marc. 14, 66. Luc. 22, 55. Joh. 18, 25. JEsus, der ihm seinen Fall vorausgesagt, Matth. 26, 34. Luc. 22, 31. sahe sich mitten unter seiner Verantwortung nach ihm um, Luc. 22, 61. und zerschmelzete mit diesem Blick sein Herz dergestalt, daß er hinaus gieng, und bitterlich weinte. V. 62. Da JEsus von den Todten auferstanden war, ließ er diese fröliche Botschaft vornehmlich dem Petrus hinterbringen, Marc. 16, 7. Joh. 20, 2. welcher auch gleich zum Grabe lief, und alles beschauete. Joh. 20, 3. 6. 7. JEsus muß ihm auch besonders erschienen seyn, Luc. 24, 34. 1 Cor 15, 5. und da er ihn am Meer bey Tiberias antraf, hielt er ein liebreiches Examen über seine Liebe mit ihm, wobey er ihm zugleich verkündigte, mit welchem Tod er GOtt preisen würde. Joh. 21, 15. Sein Apostelamt hat er sonderlich unter den Juden gebraucht, Gal. 2, 7. wiewohl ihm auch zuerst offenbaret wurde, daß das Evangelium auch den Heiden geprediget werden sollte. Ap.Gesch. 10, 11. Von dem Seegen seines Apostelamts, von seinen Wundern und Leiden ist die ganze Apostel-Geschicht voll, und die zween Sendbriefe an die Gläubigen, welche wir von ihm im neuen Testament haben, sind bekannt. Endlich soll er zu Rom im 64sten Jahre nach des Heilandes Geburt auf Be-

fehl

fehl des Kaysers Nero gecreutzigt worden seyn.

Andreas

war ein Bruder des Petrus und anfänglich ein Jünger des Johannis, Joh. 1, 37. 40. welcher, durch das Zeugniß seines Meisters vom Lamm GOttes, gereitzet wurde, diesem Lamme nachzufolgen. Uebrigens war er ebenfalls ein Fischer. Matth. 4, 18. Seiner wird besonders gedacht Joh. 6, 8. Cap. 20, 22. und seinen Märtyrer-Tod soll er ebenfalls am Creutz erlitten haben.

Jacobus

wird insgemein, zum Unterschied des andern, der grössere genannt. Er war ein Sohn des Zebedäus, und des Johannis Bruder, Marc. 3, 17. welche beyde dahero vielmals die Kinder Zebedäi genennet werden, Matth. 20, 20. und wurde nebst seinem Bruder ebenfalls zu dreyen unter dem Petrus bemerkten besondern Gelegenheiten mitgenommen, nämlich zur Auferweckung der Tochter des Jairus, zur Verklärung auf dem Berge, und zum Kampf am Oelberg. Er bekam auch nebst seinem Bruder von JEsu den Zunamen Bnehargem, d. i. Donnerkinder. Marc. 3, 17. Seine Mutter war eine Nachfolgerin JEsu, Matth. 27, 56. und hat vermuthlich Salome geheissen. Marc. 15, 40. Sie war so dreiste gegen JEsum, daß sie sich einstens von ihm ausbath, ihre Söhne

JEsu Christi.

ne in seinem Reich zu seiner Rechten und Linken sitzen zu lassen, Matth. 20, 20. wodurch sie unter den übrigen Aposteln grossen Unwillen V. 24. erregte, sich selbst aber einen liebreichen Verweis zuzog, V. 22. Endlich wurde dieser Jacobus etwa im 44sten Jahr nach des lieben Heilandes Geburt auf Befehl des Königs Herodes enthauptet. Ap. Gesch. 12, 1. 2. 6.

Von Johannes,
dessen Bruder, soll unter den Evangelisten gehandelt werden.

Philippus
war von Bethsaida gebürtig, des Petrus und Andreas Landesmann. Joh. 1, 44. Der liebe Heiland setzte einst seinen Glauben auf die Probe, als 5000 Mann ohne Vorrath gespeiset werden sollten. Joh. 6, 5. Er meldete JEsu, nebst dem Andreas, daß ihn einige Griechen sehen wollten, Joh. 12, 22. und bath ihn, daß er ihm und den übrigen Jüngern doch seinen Vater zeigen sollte. Joh. 14, 8. Unter demjenigen, was von einem Philippus in der Apostel-Geschicht vorkommt, ist besonders merkwürdig der grosse Seegen des Evangelii unter den Samaritern, Ap. Gesch. 8, 5. und die Taufe des Kämmerers aus Mohrenland. Ap. Gesch. 8, 26. Es ist aber wahrscheinlicher, daß dieses der Allmosen-Pfleger oder Diaconus gewesen, dessen

sen Wahl Ap. Gesch. 6, 5. erzählt wird. Von des Apostels Philippus Märtyrer-Tod findet sich nichts gewisses.

Bartholomäus

soll der redliche Israelit Nathanael gewesen seyn, Joh. 1, 45. 47. weil dessen unter den Aposteln gedacht wird. Joh. 21, 2. Von seinem Tod, und daß er geschunden worden, findet sich ebenfalls nichts zuverläßiges.

Thomas,

sein hebräischer Name heißt auf teutsch Zwilling. Das merkwürdigste, welches von ihm in der evangelischen Geschicht vorkommt, ist dieses, daß er bey dem Anblick der Nägelnarben und des Seitenstichs JEsu nicht nur glauben lernte, daß sein Meister auferstanden, sondern auch, daß er sein HErr und GOtt sey. Joh. 20, 24. Er war ungläubig, daß er nicht glaubte, was er nicht sahe, aber doch lange nicht so unglaubig, als die übrigen Jünger, welche nicht glaubten, was sie sahen. Luc. 24, 37. 41. Matth. 28, 17. Ausserdem kommt er noch besonders bey der Auferweckung des Lazarus vor Joh. 11, 16. ingleichem Joh. 14, 5.

Matthäus

wird unter den Evangelisten seinen Platz finden.

Jacob

Jacob der kleinere.

Er war ein Sohn des Alphäus Matth. 10, 3. Ap. Gesch. 1, 13. und es ist nicht ganz gewiß, ob er eben der Jacob gewesen, der Gal. 1, 19. des HErrn Bruder genennet wird. Siehe Cap. 24. JEsus muß ihm nach seiner Auferstehung besonders erschienen seyn. 1 Cor. 15, 7. Petrus ließ ihm seine Erlösung aus dem Gefängniß zu wissen thun, Ap. Gesch. 12, 17. und auf der Versammlung der Apostel und Aeltesten zu Jerusalem führte er das Wort. Ap. Gesch. 15, 13. Als Paulus zum letztenmal nach Jerusalem kam, besuchte er ihn und die Aeltesten der Gemeine kamen bey ihm zusammen, Ap. Gesch. 21, 18. Josephus meldet, daß er von den Juden, kurz vor der Zerstöhrung Jerusalem, gesteiniget worden, und er ist übrigens der Verfasser des Briefs Jacobi.

Judas Lebbäus

war ein Bruder des vorhergehenden Jacobus, Jud. V. 1. und ob wohl Luc. 6, 16. in der teutschen Bibel steht, Jacobs Sohn, so enthält doch der Grundtext ein mehreres nicht, als Judas Jacobi, nämlich Bruder, eben wie Ap. Gesch. 1, 13. Er hieß auch Thaddäus, Marc. 3, 18. und Lebbäus. Matth. 10, 3. Seiner wird gedacht, da er beym letztern Abendessen seinen Meister fragt: Warum er sich seinen Jüngern, und nicht der Welt, offenbaren wolle. Joh. 14, 22. Wir haben von ihm noch ein besonderes allgemeines Sendschreiben an die Glaubigen, von seinem Tod aber keine gewisse Nachricht.

Simon von Cana

hieß auch Zelotes, oder der Eiferer, Luc. 6. 15. Ap. Gesch. 1, 13. vielleicht von einer besondern Secte der Zeloten, welcher er sonst angehangen.

Judas Ischarioth

verdienet als ein unglückliches Haupt-Werkzeug des letztern Leidens JEsu eine besondere Abhandlung an gehörigem Ort. Siehe das 63ste Capitel.

XLV. Capitel.

Von den Freunden JEsu.

JEsus hatte in den Tagen seines Fleisches manche gute Freunde, welche in ihren Umständen blieben, und ihm nicht, wie die Jünger, immer nachfolgten; dahin gehört nun z. E. derjenige, welcher in seinem Namen Teufel austrieb, und Gutes von ihm redete. Marc. 9, 38. In Bethanien, einem Flecken, welcher eine kleine Stunde von Jerusalem lag, wohnten drey Geschwister, **Martha, Maria und Lazarus,** welche

che JEsus besonders lieb hatte, und in deren Umgang er sich als ein zur Gesellschaft geneigter Mensch zum öftern vergnügte. Joh. 11, 5. Eben daselbst war Simon, mit dem Zunamen der Ausfätzige, bey welchem JEsus mit allen seinen 12 Jüngern speisete, Matth. 26, 6. u. f. da ihn eine seiner Freundinnen salbete. Daß Zachäus, der Ober-Zöllner zu Jericho, ein Freund JEsu geblieben, nachdem JEsus einmal seinem Hause Heil wiederfahren lassen, Luc. 19, 1. u. f. ist wohl nicht zu zweifeln. Die Weiber, welche JEsu auf seiner letztern Reise nach Jerusalem aus Galiläa nachzogen, ihn zum Tode begleiteten, sein Leiden mit ansahen, und ihn den dritten Tag nach seinem Absterben salben wollten, waren lauter Freundinnen JEsu, welche ihm dienten, und ihm Handreichung thaten von ihrer Haabe. Es waren ihrer viel, besonders aber werden benennt Maria Magdalena, Johanna, das Weib Chusa, des Pflegers oder Rentmeisters Herodes, Maria, die Mutter Jacobs, die Mutter der Kinder Zebedäi, Salome. Matth. 27, 55. 56. Marc. 15, 40. Luc. 8, 1-3. Cap. 23, 49. Luc. 23, 27. Schätzen wir nun gleich diese Freundinnen JEsu höchst-glücklich, daß sie Gelegenheit gehabt, mit ihrem zeitlichen Vermögen dem Sohne GOttes zu dienen: so dürfen wir uns doch nicht wünschen, an ihrer Stelle gewesen zu seyn. Denn JEsus hat uns an die Hand gegeben, wie wir gleicher Glückseeligkeit alle Tage theilhaftig werden können, da er sich ein für allemal erkläret hat, bis zum letzten Gerichts-Tag hin, alle Wohlthaten, als ihm selbst geschehen, anzunehmen, welche wir nicht etwa nur grossen Lehrern und Säulen der Kirche, sondern seinen geringsten Brüdern erweisen würden. Matth. 25, 40. Und wir können also an unserer Mildthätigkeit gegen arme Glieder JEsu sicherlich abnehmen, wie mildthätig wir gegen JEsum selbst gewesen seyn würden, wenn wir ihn im Fleisch gesehen, und an ihn geglaubet hätten. Da die Schmach JEsu aufs höchste gekommen, und er als ein Uebelthäter am Creutze hieng, offenbarten sich zween heimliche Freunde desselben auf eine ausnehmende Art. Joseph von Arimathia, ein vornehmes und reiches Mitglied des jüdischen Raths, Matth. 27, 57. Marc. 15, 42. 43. Joh. 19, 38. war bis anhero aus Furcht vor den Juden ein heimlicher Anhänger JEsu gewesen, und hatte sich auch, wenn böse Anschläge wider JEsum geschmiedet worden, zurücke gezogen. Jetzo aber erklärte er sich öffentlich für ihn, bath sich seinen Leichnam von dem Landpfleger aus, und begrub ihn in ein neues Grab, welches er für sich in einen Felsen hatte hauen lassen. Matth. 27, 60. Der

andere

andere war Nicodemus, ein Oberſter unter den Juden, der vormals aus einer an und vor ſich eben nicht ſtrafbaren Vorſicht bey der Nacht zu JEſu kommen war, deſſen eigentlichen Lehrgrund näher zu erforſchen, dabey aber Joh. 3, 2. von dieſem Lehrer, von GOtt kommen, ſo kräftig überzeugt worden, daß er ſeit der Zeit ihm heimlich angehangen. Bey einer Raths-Verſammlung wider JEſum ſuchte er ſeine Collegen mit guter Art wenigſtens dahin zu bewegen, daß ſie von harten Verfügungen nicht den Anfang machen, ſondern legaliter verfahren möchten, mußte aber darüber gleich etwas von der Schmach JEſu erfahren, und wurde auf die hergebrachte Orthodoxie gewieſen. Joh. 7, 50. Endlich aber trieb die völlige Liebe zu JEſu alle Furcht aus. 1 Joh. 4, 18. Er kam, da JEſus vom Creutz abgenommen wurde, öffentlich darzu, brachte eine beträchtliche Menge köſtlicher Specereyen, und half den Leichnam JEſu beſchikken und begraben. Joh. 19, 39. u. f.

der menschliche Wandel

XLVI. Capitel.

Von den Begebenheiten JEsu in seinem Lehramt überhaupt, und deren Beschreibung durch die vier Evangelisten.

Was JEsus in den viertehalb Jahren, darinnen er sein Lehramt geführet hat, gethan und gelehret, Ap. Gesch. 1, 1. solches muß man aus seiner Lebensgeschichte zusammen lesen, wie uns solche Matthäus, Marcus, Lucas und Johannes hinterlassen, welche allerseits in griechischer Sprache geschrieben haben, weil dieses nicht nur die Mutter-Sprache eines grossen heidnischen Volks in Asien, sondern auch unter andern Völkern eben so bekannt und üblich war, als heut zu Tage die Französische. Dahero die Geschichte JEsu in dieser Sprache am weitesten ausgebreitet werden konnte.

Matthäus

hieß auch sonsten Levi, war ein Sohn des Alphäus und ein Zöllner. Matth. 9, 9. Marc. 2, 14. Luc. 5, 27. Der liebe Heiland berief ihn zu zweyen unterschiedenen malen zum Jünger, Matth. 9, 14. und Apostel, Marc. 2, 14. Luc. 5, 27. und er bewirthete denselben mit einem grossen Mahl in Gesellschaft vieler Zöllner. Er nennt sich selbst

selbst Matthäus den Zöllner, Matth. 10, 1. und mag seine Lebens- und Leidens-Geschichte JEsu etwa im 42 Jahr nach des Heilandes Geburt besonders zur Ueberzeugung der Unglaubigen und Bevestigung der glaubigen Juden geschrieben haben, indem kein Evangelist die Weissagungen und Zeugnisse des alten Testaments so fleißig anführet als er. Auch hat kein anderer Evangelist die historische Zeitordnung so genau beobachtet als dieser. Ob

Marcus

eben derselbe sey, dessen Ap. Gesch. 12, 12. Cap. 15, 37. gedacht wird, ist ungewiß. Er hat verschiedenes, was in des Matthäus Evangelio nicht vorkommt, nachgeholet, in den übrigen Geschichten aber sich kürzer gefaßt.

Lucas

ist wahrscheinlicher Weise Lucas der Arzt, dessen Paulus gedenket. Col. 4, 14. Er schrieb nicht nur die Lebens-Geschichte JEsu, sondern auch die Geschichte der Apostel, einem seiner Freunde, Namens Theophilus, zu liebe, welcher ein vornehmer Mann gewesen seyn muß, weil Lucas ihn im Griechischen mit einem Ehrenwort anredet, welches den römischen Landpflegern in der Apostel-Geschicht beygelegt wird. Er bringt noch manchen Umstand bey, welchen die erstern beyden Evangelisten nicht berühret. Endlich hat

Johannes,

der letzte Evangelist, noch vieles, wodurch die Gottheit JEsu bestärkt wird, besonders aber einen rechten Schatz von Gesprächen und Reden des lieben Heilandes, nachgeholet. Er war ein Sohn des Zebedäus und Bruder des Jacobus, seiner Handthierung nach ebenfalls ein Fischer. Matth. 4, 21. Er wurde mit nur gedachtem seinem Bruder zugleich berufen, und unter die zwölf Apostel aufgenommen, Matth. 10, 1. war ein Liebling JEsu, Joh. 13, 23. Cap. 19, 26. Cap. 20, 2. Cap. 21, 20. und wurde von ihm nebst dem Petrus und Jacobus zu verschiedenen besondern Begebenheiten, welche unter diesen letztern beyden Aposteln zu befinden sind, gezogen. Bey dem Creutze JEsu stund er Joh. 19, 25. so lange, bis der Seitenstich geschehen, und er das Blut und Wasser heraus lauffen sehen. Joh. 20, 24. 25. Der sterbende JEsus empfahl ihm seine Mutter, welche er auch von Stund an, nach dem Grundtext, in sein eigenes Hauswesen nahm. Joh. 19, 26. 27. Nach der Auferstehung JEsu war er der erste mit, welcher zum Grabe lief, Joh. 20, 2. und was der auferstandene JEsus nachgehends von ihm gesagt, daß er nämlich bleiben solle, bis er komme, ist oben Capitel 39. unter

ter den Weissagungen JEsu angeführt worden. Er soll von dem Kaiser Domitianus in die Insul Patmos verwiesen worden, Offenb. 1,9. nachhero aber wieder nach Ephesus gekommen und in einem hohen Alter natürlichen Todes gestorben seyn. Wir haben von ihm im neuen Testament noch drey Briefe und die hohe Offenbarung. Wie man sich für letztere nicht zu fürchten, sondern sich durch fleißiges Lesen und demüthiges Nachforschen in derselben der darauf gelegten Seeligkeit Offenb. 1, 3. theilhaftig zu machen habe, davon sind Herrn D. Bengels Reden über dieses Buch in der ersten Rede und sonst nachzulesen. Diese vier Evangelisten allerseits haben ihre Lebensbeschreibungen JEsu noch vor der Zerstöhrung Jerusalem geschrieben, wie unter andern auch daraus abzunehmen, daß selbst Johannes, als der letzte, von Jerusalem als einer noch stehenden Stadt redet, und z. E. Cap. 5, 2. sagt: Es ist aber zu Jerusalem ein Teich 2c. Es dienet dieses mit zu einem Beweis-Grund ihrer Glaubwürdigkeit, daß sie zu einer Zeit geschrieben, da sich noch Leute genug aller Umstände erinnern konnten, welche sie öffentlich hätten Lügen strafen können, wenn sie wider die Wahrheit geschrieben hätten. Wie schon gedacht worden, so haben nicht alle Evangelisten alle Umstände zugleich erzählet. Es

führet

führet auch bey einerley Geschichte immer einer mehrere Umstände an, als der andere. Dahero es eine nützliche und angenehme Bemühung ist, wenn man die Geschichte JEsu aus allen vier Evangelisten in eine Harmonie oder Uebereinstimmung zu bringen sucht. Wobey jedoch das Vorurtheil zu vermeiden, daß ein Evangelist wie der andere die Begebenheiten JEsu nach der eigentlichen Zeitordnung erzähle und keine versetze, wodurch man sich sonst genöthigt siehet anzunehmen, daß einige Begebenheiten mit einerley Umständen mehrmals geschehen. Unter denen hierauf abzielenden grössern Werken ist des Freyherrn von Canstein Harmonie nützlich zu gebrauchen, unter den kleinern aber Sandhagens, Haubers und besonders Bengels Arbeit. Ich habe auch ein altes Büchlein gefunden, unter dem Titel: Harmonie oder Zusammenstimmung der Historien von JEsu Christo, unserm einigen Mittler und Heilande, zusamt der Apostel-Geschichte, für die Schulen im Herzogthum Franken, im Jahr 1634. ohne Benennung des Orts. In diesem Büchlein, welches nachhero nicht wieder aufgelegt worden, ist die Lebensgeschichte JEsu aus allen vier Evangelisten in eine zusammenhangende Erzählung gebracht. Nunmehro ist auch vornehmlich mit Nutzen zu gebrauchen: Geschichte unsers HErrn und Heilandes JEsu Christi

auf

auf Erden, nach des seeligen Bengels Harmonie nebst dessen erbaulichen Anmerkungen, mit einer Vorrede Herrn D. Crusius herausgegeben von C. G. W. Leipz. 1765. ingleichen die Geschichte unsers HErrn und Heilandes JEsu Christi aus den vier Evangelisten zusammengezogen, Barby 1769. Es lassen sich aber die Geschichte des Lehramts JEsu am besten nach den Osterfesten, welche er in selbigen begangen hat, in einen harmonischen Zusammenhang bringen. Das erste ist dasjenige, dessen Johannes gedenket. Cap. 2, 13. 23. Das andere ist das Osterfest, Joh. 6, 4. und das dritte Joh. 12, 1. ist dasjenige, daran das rechte Osterlamm, JEsus der Meßias, am Stamme des Creutzes in heiser Liebe gebraten worden. Denn die gemeine Meynung, daß JEsus in seinem Lehramte vier Osterfeste gefeyert, kann nach den von Herrn D. Bengel angeführten wichtigen Gründen nicht statt finden, und das Fest der Juden Joh. 5, 1. ist das Pfingstfest gewesen, mithin bleiben nur drey Osterfeste. Eine aufs kürzeste zusammengezogene harmonische Ordnung der Geschichte JEsu soll dieser Einleitung beygefüget werden, wie solche ehemals von einem geschickten Schulmann nach der Bengelischen Vorschrift entworfen worden.

XLVII.

XLVII. Capitel.

Allgemeine Anmerkung über die menschlichen Handlungen JEsu.

Der Mensch JEsus Christus sollte der Mittler seyn zwischen GOtt und den Menschen. 1 Tim. 2, 5. Alles also, was zum menschlichen Lauf JEsu gehört, das gehört auch zu seinem Mittleramt, und soll allen Glaubigen zugerechnet werden. Röm. 4, 24. Alle menschliche Eigenschaften und Handlungen JEsu im Stande seiner Erniedrigung sind also verdienstlich, und ein glaubiges Herz findet täglich in Betrachtung des Lebens JEsu mehrere Verdienstlichkeiten zu seiner Glaubens-Nahrung, nicht nur überhaupt, sondern auch oft nach ganz besondern Umständen, je nachdem der heilige Geist nöthig findet, die verdienstliche Menschheit JEsu einem einfältigen und JEsum liebhabenden Herzen zuzueignen. Wir mögen uns also unsern theuresten Erlöser im Stande seiner verdienstlichen Erniedrigung nach allen menschlichen Eigenschaften und Handlungen immer recht menschlich, nur aber ohne Sünde, vorstellen, und nicht vermeynen, als wenn wir mit dem Menschen JEsus Christus umgehen müßten, als mit einem Geist oder Engel: Nein; er war ein

JEsu Christi.

Mensch wie ein anderer Mensch, und an Geberden wie ein Mensch erfunden. Phil. 2, 7. Er mußte allerdings gleich werden seinen Brüdern: Warum aber? Auf daß er barmherzig würde, und ein treuer Hoherpriester vor GOtt zu versöhnen die Sünde des Volks. Ebr. 2, 17. JEsu menschliche Handlungen sind also alle, auch die geringste nicht ausgenommen, verdienstlich. Sie sind aber auch zum andern alle exemplarisch, und dienen denenjenigen, welche ihn als ihren Mittler und Versöhner im Glauben wahrhaftig erkannt und erfahren haben, zur Nachfolge. 1 Joh. 2, 6. Das Vorbild JEsu, 1 Petr. 2, 21. und alles, was dieses unbefleckte GOttes Lamm gethan oder nicht gethan, ist der vollkommenste und untrüglichste Probierstein aller unserer Handlungen, und der sicherste Ausschlag aller überflüssigen Fragen und Zweifel über sogenannte Mitteldinge. Zwar gehören viele Handlungen JEsu in seiner Menschheit zu seinem besondern Beruf und Amt, und sind z. E. prophetische Handlungen, welche nicht ein jeder Christ auf eben diese Art und Weise nachthun kann und darf, dahin unter andern die Austreibung der Käufer und Verkäufer aus dem Tempel, ingleichen die öffentliche Bestrafung der Lehrer im Volk gehöret: aber auch bey dergleichen Handlungen kann uns allemal der darunter vor-
waltens

waltende Sinn JEsu, der schriftmäßige, der lautere, der himmlische, der ernstliche, der keusche, der langmüthige, der liebreiche, der demüthige, der sanftmüthige, der gedultige, der über alles, was die Welt für angenehm, schön und groß hält, erhabene Sinn unsers Königs, Hohenpriesters und Propheten einleuchten und zur Nachfolge in unserm Grad dienen. Ein jeglicher sey nur gesinnet, wie JEsus Christus auch war. Phil. 2, 5. Nach diesem Sinne JEsu können wir denn auch in solchen Verrichtungen und Umständen handeln, worinnen der Mensch JEsus Christus niemals gestanden; z. E. eine obrigkeitliche Person, welche JEsum liebet, findet keine obrigkeitlichen Handlungen von JEsu, als dessen Reich nicht von dieser Welt war, wird aber bey treuer und ernstlicher Begierde vom heiligen Geist Anleitung genug bekommen, Joh. 14, 26. Cap. 16, 13. 1 Joh. 2, 27. auch in ihrem Amte nach dem Sinn JEsu zu handeln; und so wird dieser gute Geist JEsu auch jeden andern Christen unterweisen, nach den verschiedenen Umständen dieses menschlichen Lebens, welche nicht an und vor sich nach klaren Aussprüchen des göttlichen Worts sündlich sind, sondern zum Natur- und Macht-Reich JEsu gehören, und etwa auch bey dem jetzigen grossen Verderben unter göttlicher Gedult stehen, nach dem Fürbild der

heil-

heilsamen Lehre JEsu und nach seinem Sinn zu handeln, mithin alles, was er thut mit Worten oder mit Werken, in dem Namen des HErrn JEsu zu thun. Col. 3, 17.

XLVIII. Capitel.
Von der Erniedrigung JEsu in dem Nichtgebrauch seiner Gottheit.

GOtt lob! wir wissen die Frage zu beantworten, darauf die Pharisäer und Schriftgelehrten verstummen mußten: Wie David den Meßias im Geist einen HErrn nennet, da er doch sein Sohn seyn sollte? Matth 22, 43. Wir wissen, daß Christus von den Vätern, und besonders dem David, herkommt nach dem Fleisch, derselbe aber GOtt sey über alles, hochgelobet in Ewigkeit. Röm. 9, 5. Wir glauben dahero, daß dieser unser GOtt, auch da er im Fleisch offenbaret worden, 1 Tim. 3, 16. wahrhaftiger GOtt gewesen und geblieben, sowol da er in der Krippe zu Bethlehem gelegen, als da er bey Jerusalem am Creutz gehangen, und in allen denenjenigen niedrigen, armseeligen und schmählichen Umständen, darinnen er in diesem ganzen Zeitlauf gestanden. Wir glauben aber auch, daß er

in

in diesem Stande seiner Erniedrigung ein wahrer Mensch gewesen, und allerdings, ohne alle Ausnahme, bis auf die Sünde, seinen Brüdern gleich worden. Ebr. 2, 17. Cap. 4, 15. Wir schmälern die überschwängliche Grösse seiner Herunterlassung und Erniedrigung, wenn wir ihn nicht recht menschlich ansehen, sondern seine menschliche Handlungen vergöttern, oder ihm eine menschliche Schwachheit nicht beylegen wollen, welche er doch um unsert willen so gerne getragen hat. Wenn wir dasjenige, was Paulus Phil. 2, 5=8. von dem menschlichen Wandel JEsu schreibt, nach allen Umständen recht erwägen, und mit seiner Lebens=Geschichte zusammen halten: so wird uns der heilige Geist manche Tiefen der wahren Erkänntniß von JEsu verdienstlicher Menschheit öffnen.

Er sagt:

„JEsus Christus, ob er wohl in göttlicher Gestalt war, hielt ers nicht für einen Raub, GOtt gleich seyn; sondern äusserte sich selbst, und nahm Knechts=Gestalt an, ward gleich wie ein anderer Mensch, und an Geberden als ein Mensch erfunden. Er erniedrigte sich selbst, und ward gehorsam bis zum Tode, ja zum Tode am Creutz."

Ich will versuchen meine geringe Erkänntniß von diesem grossen Geheimniß nach den angeführten Worten des Paulus in einige Säze zu bringen, woran ich, was den Ausdruck betrifft, gerne ändern und bessern will, nur daß mein HErr und mein GOtt in seiner Erniedrigung ein wahrer und kein verstellter, ein ganzer und kein halber Mensch bleibe.

1) Daß JEsus allezeit wahrer GOtt gewesen, der er noch ist, wird nochmals vorausgesetzt. Er blieb ohne alle Veränderung der Glanz der Herrlichkeit GOttes und das Ebenbild seines Wesens, Ebr. 1, 3. und die ganze Fülle der Gottheit wohnte in ihm leibhaftig. Col. 2, 9.

2) Er hat sich aber freywillig selbst erniedriget, und aus seiner unumschränkten souverainen Gottheit in den Stand eines geringen Menschen begeben.

3) Dieser Stand hat sich da angefangen, da er die Knechts-Gestalt in seiner Empfängniß angenommen, und mit seinem Creuzestod und Begräbniß aufgehört.

4) In diesem ganzen Stand ist der liebe Heiland ein wahrer ordentlicher Mensch gewesen, hat auch

5) nicht wechsels-weise, bald als GOtt bald als Mensch, sondern einmal wie das

andere, und in allen Dingen als ein Mensch gehandelt, aber auch

6) allezeit als ein Mensch ohne Sünde, als ein heiliger, GOtt vollkommen wohlgefälliger, und mit dem heiligen Geist in ungewöhnlich reichem Maaß gesalbter Mensch. Dahingegen hat er

7) in diesem ganzen Stand sich seiner souverainen Gottheit nicht gebraucht, sondern sich solcher enthalten und geäussert,

8) auch solche gar heimlich gehalten, und nicht damit gepranget, sondern

9) allezeit als ein Knecht GOttes und aller Menschen angesehen seyn wollen. Was er aber

10) mehr gewußt und gethan als ein anderer gemeiner Mensch, solches hat er nicht gewußt und gethan kraft seiner eigenen göttlichen Allwissenheit und Allmacht, sondern weil es ihm der Vater durch den heiligen Geist offenbaret und ihm darzu die Macht gegeben, dahero er auch alle seine Werke dem Vater allein zugeschrieben. S. das 40 Capitel. Ich will einige dieser Säze noch in etwas erläutern. Der erste, andere und dritte sind ausgemachte theure göttliche Wahrheiten, der vierte und fünfte liegt in Pauli Worten: *Er ward wie ein andrer Mensch*, er stellte sich nicht nur so, und weil er ein wahrer Mensch an Leib und

Seele

JEsu Christi. 149

Seele war, so wurde er auch an Geberden in seinem ganzen Thun und Lassen als ein Mensch erfunden. Was oben von seiner Kindheit und dem allmähligen Wachsthum seiner Weisheit und Erkänntniß gesagt worden, gehört hauptsächlich auch hieher. Seine ganze menschliche Natur, sein Leib und seine Seele wurde müde und matt, und hatte dahero menschliche Nahrung, Erquikkung und Ruhe nöthig. Marc. 6, 31. Gleichwie er sich nun seine leibliche Speise nicht selbst erschuf, sondern solche kaufte und bereitete, und bis solches geschehen konnte, hungerte: also suchte er für sein menschliches Gemüth und Herz durch den Glauben und durchs Gebeth alle nöthige Stärkung zu erlangen. Er setzte sein Vertrauen auf GOtt, Ebr. 2, 13. von seiner Kindheit an, Ps. 22, 10. und mußte sich so gar an seinem Creutz noch damit schmähen lassen, daß er GOtt vertrauet hätte. Matth. 27, 43. Bey der satanischen Versuchung in der Wüsten Matth. 4. hielt er sich als ein glaubiger Knecht GOttes, der sein Vertrauen allein auf GOttes Wort setzte, GOtt seinen HErrn allein anbethen und ihn nicht versuchen wollte. Er brauchte oft eine ausserordentliche Stärkung, z. E. in dem harten Kampf am Oelberg, da auch ein Engel vom Himmel gesandt werden mußte, ihn zu stärken. Luc. 22, 43. In seinem Leiden, da ihm vollends aller göttliche

K 3 Trost

Trost aus seiner Menschen-Seele entzogen werden wollte, Matth. 27, 46. hat er Gebeth und Flehen mit starkem Geschrey und Thränen geopfert, zu dem, der ihm von dem Tode konnte aushelfen, und ist auch erhöret, darum, daß er GOtt in Ehren hatte. Ebr. 5, 7. Er trauete auch lediglich seinem Gebeth zum Vater und nicht seiner göttlichen Allmacht zu, daß er, wenn er wollte, zwölf Legionen Engel zu seinem Beystand erlangen würde. Matth. 26, 53. Seine grösseste Erquickung war von seiner Kindheit an, wenn er den Willen seines himmlischen Vaters erfüllen und in seinem Dienst geschäfftig seyn konnte. Joh. 4, 34. Luc. 2, 49. Der Vater hingegen hatte 6) ein unbeschreibliches Wohlgefallen an diesem seinem Sohne, Matth. 3, 17. Cap. 12, 18. Cap. 17, 5. Luc. 2, 52. dem einigen Menschen in Gnaden, Röm. 5, 15. welcher voll heiligen Geistes, Luc. 4, 1. heilig, unschuldig, unbefleckt und von den Sündern abgesondert war: Ebr. 7, 26 1 Petr. 2, 22. Darum hatte ihn auch GOtt, sein GOtt, mit dem Oele des freudigen, erquickenden, in überschwenglichen Gnaden-und Wunder-Kräften wirkenden Geistes, in einem ungleich reichern Maaß, als alle andere Propheten und Knechte GOttes, gesalbet, Ps. 45, 7. 8. Ebr. 1, 9. und JEsus handelte in seinem Lehramt aus diesen Geistes-Kräften. Luc. 4, 15.

15. Röm. 1, 4. Wie aber 7) es zugegangen, daß JEsus, ohngeacht er von seiner Empfängniß an kein bloser Mensch gewesen, dennoch aber etliche und dreyßig Jahre nicht als ein selbstständiger GOtt, sondern als ein bloser Mensch gehandelt, gedacht und gelitten, und zwar in der That und Wahrheit, ohne alle Verstellung und leeren Schein; dieses grosse Geheimniß seiner Erniedrigung, sage ich, drücket Paulus in Ermanglung hinlänglicher Redensarten mit dem einigen Wort aus: Er äusserte sich selbst, oder nach der Grundsprache: er leerte sich selbst aus. Er enthielt sich seiner Gottheit freywillig, und stellte sie ausser allen Gebrauch, als wenn er sie nicht hätte noch besässe. Ambrosius drücket sich also aus: Er sequestrirte sie. O welch eine Tiefe der Erniedrigung! Ja diese Aeusserung gieng so weit, daß er es in seinem tiefsten Seelen-Leiden in demüthigster Dankbarkeit preisete, daß GOtt nur noch an ihn dächte, Ps. 8, 5. als welcher Ort nach den besten Auslegungen, ja des Apostels Paulus Anführen selbst Ebr. 2, 6. u. s. von dem Meßias handelt. Wie er 8) auch in seinem Lehramt gar sparsam und heimlich mit der Lehre von seiner Gottheit umgegangen, davon haben wir in einem eigenen Capitel gehandelt. Cap. 40. Er hatte nicht Gefallen an ihm selber, Röm. 15, 3. und hielte seine Gottheit nicht für einen

nen Raub, womit er prangen, und so lange seine Erniedrigung währte, nach eigenem Belieben schalten und walten könnte. Wenn er aber zuweilen einen heitern Blick in seine Gottheit und zukünftige glorreiche Erhöhung that: so wurde dadurch seine allerheiligste Menschen-Seele, besonders gegen die Zeit seines Leidens, überschwänglich gestärket. Joh. 13, 3. 31. 32. Er erniedrigte sich aber mitten unter dergleichen prächtigen Aussichten aufs tiefste, Joh. 13, 3. 4. und handelte also 9) in diesem ganzen Stand lediglich als ein Knecht, der Gehorsam lernet. Ebr. 5, 8. Er war ein weiser Knecht GOttes, Jes. 42, 1. Cap. 52, 13. und demüthigte sich unter den Vater, Joh. 14, 28. als ohne welchen er nichts thun könnte, Joh. 5, 19. dessen Willen er lediglich suchte, v. 30. um welches willen er lebte, Joh. 6, 57. und nach dessen Anweisung er redete, Joh. 8, 28. Cap. 12. 50. und thäte, v. 49. Cap. 8, 29. wie denn er ihn auch gesandt habe, Joh. 8, 43. und er alle seine Ehre von ihm bekomme. v. 54. Ja der Vater selbst, der in ihm wohnte, thäte durch ihn alles, was er thäte. Joh. 14, 10. Er machte sich über dieses auch zu aller Menschen Knecht, und bezeugte, daß er nicht gekommen sey sich dienen zu lassen, sondern daß er den Menschen so gar mit seinem Blute dienen wolle. Matth. 20, 28. Seine vielen Wunder hat er nun 10) ebenfalls als

JEsu Christi.

als ein Knecht GOttes gethan, und wie die alten Propheten, sonderlich Elias und Elisa, die Wahrhaftigkeit seiner göttlichen Sendung damit bestärket. GOtt that sie durch ihn, der ihn darzu salbte mit dem heiligen Geist und Kraft, um ihn damit erweißlich zu machen, als einen Mann von GOtt. Ap. Gesch. 2, 22. Cap. 10, 38. Luc. 4, 18. Er schrieb das grosse Wunder der Erweckung des Lazarus der Erhörung seines Gebeths, Joh. 11, 41. die Austreibung der Teufel dem Finger oder Geist GOttes, Luc. 11, 20. Matth. 12, 28. und die Verdorrung des von ihm verwünschten Feigenbaums dem Glauben zu, Marc. 11, 21. 22. und bezeugte, daß seine Glaubigen eben die Werke thun würden, die er thue, ja noch grössere, Joh. 14, 12. welches auch nach dem Zeugniß der Apostel-Geschicht würklich geschehen. Hatten nun die alten Propheten ihren Jüngern die Macht, Wunder in ihrem Namen zu thun, ertheilen können, 2 Kön. 4, 29. konnten hernach die Apostel durch Auflegung ihrer Hände den heiligen Geist mittheilen: Ap. Gesch. 8, 17. so mußte der Mensch JEsus Christus, als der grösseste Prophet, noch vielmehr seinen Jüngern die Kraft Wunder zu thun mittheilen können. Matth. 10, 10. Hatte auch der Geist GOttes den alten Propheten vieles offenbaret, was sie nicht sahen und weit von

K 5 ihnen

ihnen geschahe, z. E. 2 Kön. 5, 26. 6, 9. 32. 33. So konnte JEsus, ob er sich gleich seiner eigenen göttlichen Allwissenheit geäussert hatte, durch den in seiner Menschheit wohnenden Geist GOttes ebenfalls vieles wissen, z. E. daß Nathanael unter dem Feigenbaum gestanden, Joh. 1, 47. 48. was im Menschen war, Cap. 2, 25. was das samaritische Weib gethan hatte, Cap. 4, 29. daß Lazarus gestorben, Joh. 11, 14. des Judas Verrätherey, Cap. 13, 8. Petri Verläugnung, Cap. 13, 38. daß die Eigenthumsherren die Eselin, welche zu Bethphage angebunden stehen würde, abfolgen lassen würden Matth. 21, 1. 2. 3. daß die Jünger einem Menschen mit einem Wasserkrug begegnen würden, Luc. 22, 10. 11. und anderes mehr, (Siehe das Capitel von seinen Weissagungen) besonders auch seiner Jünger Luc. 9, 47. und seiner Feinde Gedanken, Matth. 9, 3. als welches an sehr vielen Orten vorkommt, Marc. 2, 8. aber sehr nachdrücklich also ausgedruckt wird, daß JEsus es in seinem Geist erkennet. Ein andermal hingegen, wenn es ihm nicht offenbaret wurde, wußte er nicht, wer ihn angerühret, Luc. 8, 45. daß an dem Feigenbaum keine Früchte wären, Marc. 11, 13. und wann der jüngste Tag kommen werde, Marc. 13, 32. welches alles ich für eine wahre Unwissenheit, und für keine Verstellung halte.

Eben

Eben daher wunderte ſich auch JEſus über manche unverſehene Dinge z. E. Luc. 7, 9. Marc. 6, 9. Es wird mir aber dadurch, und durch alle dieſe Sätze, die Gottheit meines theuerſten Erlöſers nicht geringe, wohl aber deſſen tiefſte Erniedrigung und eine kleine Zeitlang Ebr. 2, 7. freywillig geſchehene Aeuſſerung ſeiner Gottheit recht unausſprechlich groß und Anbethungs-würdig, zumal wenn ich mir ihn am Oelberg zitternd und zagend, von aller Kraft ausgeleeret, als einen Wurm, Pſ. 22, 7. 16. und am Creutz vorſtelle, wie er nur darum, daß ich möchte troſtreich prangen, ohne allen Troſt gehangen, welches nicht hätte geſchehen können, wenn er den Gebrauch ſeiner Gottheit gehabt hätte. Lutherus ſchreibt von dieſer Materie gar ſchön in ſeiner Kirchen-Poſtill, am Ende der Predigt auf den Sonntag nach dem Chriſttag, und in der Predigt auf den 12 Sonntag nach Trinitatis ſagt er: „Denn man muß Chriſto, unſerm HErrn und GOtt, diß auch zulaſſen, wie alle andere menſchliche Art, die Sünde ausgenommen, daß er nicht allezeit gleich geſinnet, gleich geſchickt, oder gleich brünſtig ſey geweſen, ſondern hats mancherley gehabt, eben wie die andern Heiligen. Darum wie ſein Herz und Gedanken jetzt etwas ſonderliches geweßt ſind: alſo führet er auch ſonderliche Geberden, daß man ſehen muß, wie er ein wahrhafter Menſch geweſen

gewesen sey an Leib und Seel, der nicht allezeit gleich gesinnet gewesen ist, wie ihn auch nicht zugleich allezeit gehungert und geschläfert hat, sondern wie sich solches mit dem Menschen ändert, so hat es sich auch mit ihm geändert, wie S. Paulus sagt: Phil. 2, 7. Er nahm eines Knechts Gestalt an, und ward gleich wie ein anderer Mensch, und an Geberden erfunden als ein anderer Mensch. Und diß muß man verstehen nicht allein äusserlich, sondern auch an der Seel und Gedanken seines Herzens, daß er jetzt ist brünstig gewesen, eine anderer Zeit noch brünstiger." Im ersten Theil der Haus=Postill schreibt Lutherus: „Die Menschheit Christi hat eben wie ein anderer heiliger natürlicher Mensch nicht allezeit alle Dinge gedacht, geredt, gewollt, gemerket, wie etliche einen allmächtigen Menschen aus ihm machen, mengen die zwo Naturen und Werke unweißlich unter einander. Wie er nicht allezeit alle Dinge gesehen, gehört und gefühlt hat; so hat er auch nicht alle Dinge mit dem Herzen allezeit angesehen, sondern wie ihn GOtt geführet und ihm die Sachen fürgebracht." So weit Lutherus, welcher auch an einem andern Ort überhaupt saget: „Wir können Christum nicht so tief in die Natur und Fleisch ziehen, es ist uns noch tröstlicher." Hall. Samml. der Schriften Lutheri, 2 Th. p. 170.

XLIX.

XLIX. Capitel.

Von den menschlichen Gemüths-bewegungen JEsu.

Der Zusammenhang der Sache und die angeführten Zeugnisse des Lutherus von den menschlichen Eigenschaften des lieben Heilandes leiten uns auf eine kurze Abhandlung von den menschlichen Gemüthsbewegungen JEsu. Dieser wahre Menschen-Sohn mußte alle Eigenschaften der menschlichen Seele und des menschlichen Leibes durch seine unbefleckte Menschheit versöhnen und heiligen, Ebr. 2, 11. 17. Da nun durch die Empfindungen unserer Sinne, und durch die Gedanken unsers Verstandes, in unserm Geblüte und den Trieben unsers Herzens angenehme oder unangenehme Bewegungen entstehen: so mußte JEsus auch darinnen seinen Brüdern gleich werden. Nur sind bey uns, durch den Fall Adams, Sinne, Verstand, Geblüt und Herz, ins sündliche Verderben gerathen. Alle Menschen sind hierinnen einander gleich, und was vom Fleisch gebohren wird, ist Fleisch. Joh. 3, 6. Ob auch wol bey Kindern GOttes das Herz durch den Glauben gereinigt wird, Ap. Gesch. 15. so bleibet doch die Sünde im Fleisch, Röm. 7, 18. so lange wir den gegenwärtigen Leib der Demüthigung (Phil. 3, 21. im Grundtext) tragen

tragen müssen. Dahingegen bey JEsu, in welchem keine Sünde war, 1 Joh. 5, 3. ja der von keiner Sünde wußte, 2 Cor. 5, 21. auch alle seine Gemüthsbewegungen von aller Befleckung der Sünde frey waren. Bey uns Menschen entstehen aus der verschiedenen Beschaffenheit unsers Gebluͤts und Coͤrpers auch verschiedene Gemuͤthsarten, und nach deren Mannigfaltigkeit pflegen sich auch die verschiedenen Gemuͤthsbewegungen bey uns oͤfter oder seltener, haͤufiger oder schwaͤcher zu aͤussern. Die Gelehrten haben dahero die bekannten vier Haupteintheilungen der Gemuͤthsarten oder Temperamenten gemacht, und solche wieder in verschiedene Mischungen eingetheilet. Wenn sie nun die Anwendung ihrer Lehrsaͤtze und Erfahrungen an einem Menschen machen: so kann man schon einige Aufmerksamkeit darauf wenden, um zu sehen, wie weit es der natuͤrliche Verstand auch in diesem Stuͤck bringen koͤnne. Wenn sich aber Theologen finden, welche das menschliche Temperament unsers lieben Heilandes nach welt-weisen Gruͤnden in oͤffentlichen Schriften beurtheilen, und nach vielen Untersuchungen endlich fuͤr das wahrscheinlichste halten wollen, daß JEsus ein Cholericus gewesen: so sehe dieses fuͤr eine Suͤnde wider des Menschen Sohn an, und wuͤnsche, daß dergleichen Lehrer das Aergerniß, welches sie damit angerichtet, erkennen,

nen, weil es noch Zeit ist, auch über dergleichen Sünden Vergebung zu erlangen. Matth. 12, 32. Nachstehende Sätze mögen hierbey Gelegenheit zu weiterm Nachdenken geben:

1) Was in allen nur möglichen Gemüthsarten und Gemüthsbewegungen nothwendig zur Menschlichkeit gehört, und zu Erreichung göttlicher Absichten gebraucht oder geheiligt werden kann, das ist alles in JEsu anzutreffen gewesen. Denn er war ein **wahrer und ganzer Mensch**, mußte allenthalben seinen Brüdern ähnlich werden, und alles, was menschlich ist, versöhnen und heiligen, gleichwie an uns alles verdorben und mit der Sünde befleckt ist.

2) Was hingegen in allen nur möglichen Gemüthsarten und Gemüthsbewegungen nicht zur ursprünglich-erschaffenen menschlichen Natur, sondern an und vor sich zum Fall Adams gehört, und zu Erfüllung des göttlichen Willens nicht dienen kann, sondern vielmehr demselben zuwider ist, davon ist des lieben Heilandes menschlichem Gemüthe und Geblüte nicht das geringste angehangen. Denn er war ein **unsündlicher Mensch**.

3) Alle nur mögliche Versuchungen zur Sünde sind auf des lieben Heilandes menschliches Gemüth gedrungen. Denn er mußte

te versucht werden allenthalben, (κατὰ πάντα) nach allen Stücken, wie wir. Ebr. 4, 15. Von einer eignen Lust, von einer Temperaments-Sünde konnte der liebe Heiland nicht versucht werden, wie wir, Jac. 2, 14. denn es war keine Sünde in ihm. Also mußte der Satan und dessen Werkzeuge dergleichen Versuchungen von aussen her an ihn zu bringen suchen.

4) Er ist aber dabey allezeit ohne Sünde geblieben. Die Versuchungen sind niemals bey ihm bis zur Lust gekommen, mithin konnte auch die Lust nicht empfangen und die Sünde gebähren. Jac. 1, 15. Es war dem lieben Heiland bey den Versuchungen an seiner Seele, wie es ihm äusserlich war, wenn ihm ein Feuerfunke auf die Hand sprang. Er hatte eine unangenehme Empfindung davon und schüttelte es ab, ohne daß es schaden konnte.

Nun wollen wir noch einige besondere Umstände betrachten, welche wir von des lieben Heilandes Gemüthsbewegungen aufgezeichnet finden. Eine zu seinem hohenpriesterlichen Amt gehörige Haupteigenschaft war, daß er barmherzig und mitleidig wäre. Ebr. 2, 17. Cap 4, 15. Cap. 5, 2. Wir finden dahero auch in seiner Lebensbeschreibung, daß durch allerley Noth der Menschen gar bald ein zärtliches Mitleiden in seiner heiligen

ligen Menschen-Seele erreget worden. Hauptsächlich äusserte sich solches, wenn arme Sünder zu ihm kamen. Matth. 9, 12. 13. Cap. 12, 20. Es jammerte ihn des grossen Volks, wenn es ihm nachzog, und er dasselbe ansahe als eine Heerde Schaafe, die bey der grund-verderbten Beschaffenheit seiner Lehrer keinen Hirten hatte, Marc. 6, 34. Matth. 14, 14. oder wenn es lange bey ihm blieb, und nichts zu essen hatte. Matth. 15, 32. Marc. 8, 2. Es jammerte ihn der armen Kranken, welche Hülfe bey ihm suchten, Marc. 1, 41. der betrübten Wittwe zu Nain; welche ihren verstorbenen einigen Sohn beweinte, Luc. 7, 12. und der grossen Stadt Jerusalem, welche nicht bedachte, was zu ihrem Frieden diente. Luc. 19, 41. Er fühlte hiernächst eine besondere Betrübniß in seiner Seele über den verstockten Unglauben seiner Feinde, welche ihm auch tiefe Seufzer auspressete. Marc. 8, 12. Cap. 3, 5. auch wol über den Unglauben seiner Jünger. Matth. 17, 17-20. Ueber sein bevorstehendes Leiden hat er manche schmerzhafte Empfindung in seiner Seele gehabt, und sich darüber ausgedrückt, daß ihm deßwegen bange, Luc. 12, 50. und seine Seele betrübt sey. Joh. 12, 27. Er betrübte sich besonders darüber, daß ihn einer von seinen Jüngern verrathen würde. Joh. 13, 21. Bey dem harten Kampf am Oelberg war seine Seele

L betrübt

betrübt bis zum Tod, Matth. 26, 37. er zitterte und zagte, Marc. 14, 33. rang mit dem Tode, Luc. 22, 44. und bethete mit der grösten Heftigkeit, Luc. 22, 44. daß, so es möglich wäre, der Vater ihn dieser unbeschreiblichen Seelen-Angst bald überheben möchte, wobey er doch alles in dessen Willen stellte. Marc. 14, 35. 36. Luc. 22, 42. Sein Geblüt kam bey dieser Arbeit seiner Seele Es. 53, 11. in eine so heftige Bewegung, daß es durch seine Schweißlöcher drang, und Tropfen-weis auf die Erde fiel. Luc. 22, 44. Wenn bisweilen mehr als eine Gemüthsbewegung zusammenkam, z. E. Zorn und Betrübniß, Marc. 3, 5. und bey der Erweckung des Lazarus, Liebe, Mitleiden, Betrübniß und Zorn: so fühlte er in seiner Natur eine recht gewaltsame Erschütterung. Joh. 11, 33. 38. Thut gleich sonst der menschliche Zorn nicht, was vor GOtt recht ist: Jac. 1, 20. so hatte doch JEsus keinen Zorn, als über solche Werke, die der Ehre seines Vaters zuwider waren, Joh. 2, 17. und, wie vorher gedacht, über die Macht des Satans in den Kindern des Unglaubens. Eph. 2, 2. Besonders war er überaus empfindlich gegen allen fleischlichen Sinn, wenn derselbe seinem Creutzessinn in Weg treten wollte, wie solches sogar sein lieber Petrus gleich auf das Matth. 16, 16. abgelegte herrliche Bekänntniß erfahren mußte, wovon im 54 Capitel des mehrern vorkommen wird. Es empfand aber JEsus auch mannichmal in seiner heiligen Menschen-Seele eine besonders innige Freude, dergleichen er z. E. über der glücklichen Verrichtung der ausgesendeten Jünger hatte, als er sich dadurch gedrungen fand, den Vater im Himmel öffentlich zu preisen, daß es ihm gefällig sey, die Geheimnisse seines Reichs nicht den Weisen und Klugen, sondern schlechten und vor der Welt nicht für voll angesehenen Leuten anzuvertrauen. Luc. 10, 21. Bildet sich bey uns Menschen die Gestalt unsers Gemüths in den Zügen unsers Gesichts ab: so ist nicht zu zweifeln, daß in JEsu menschlichem Angesicht die Bewegungen seines Gemüths ebenfalls zu lesen gewesen. Er ließ sogar Thränen aus den Augen fallen, wenn sein Herz durch Betrübniß angegriffen war, Ebr. 5, 7. dergleichen z. E. an obangeführten Orten bey seiner Betrübniß über Jerusalem, und über die, bey des Lazarus Erweckung, ihm zu Herzen dringenden Umstände bemerket ist. Es wird zwar insgemein gesagt und geschrieben, daß er niemals gelacht habe, und es ist auch nicht zu läugnen, daß er über sündliche, eitle und weltliche Dinge auf die unter Menschen gewöhnliche ausgelassene Art nicht gelacht haben könne, in soferne aber das Lachen, oder nach Sirachs Unterschied Sir. 21, 29. das Lächeln

cheln eine Mine des menschlichen Angesichts ist, daraus ein besonderes Vergnügen, eine Zärtlichkeit und Zuneigung abzunehmen: so ist glaublich, daß dergleichen Mine an JEsu gar oft wahrzunehmen gewesen, und man würde seiner liebenswürdigsten mit dem Oel der Freuden gesalbten Menschheit schlechte Ehre anthun, wenn man vorgeben wollte, daß eine sauertöpfische Mine, welche er selbst Matth. 6, 16. als ein Kennzeichen der Heuchler angiebt, seine ordentliche Gesichts-Gestalt gewesen; wenigstens wird man doch nicht behaupten, daß er eben die Mine gemacht, da er die Kinder geküsset, Marc. 10, 16. oder den reichen Werkheiligen liebreich angesehen, v. 21. als da er die Käufer und Verkäufer aus dem Tempel getrieben, oder den Pharisäern Strafpredigten gehalten. Was bisanhero gesagt worden, ist alles aus Schriftstellen genommen, wo der Affect des lieben Heilandes mit deutlichen Worten bemerket ist. Es lassen sich aber bey sorgfältiger Betrachtung seiner Lebens-Geschichte noch gar viele Anmerkungen über seine Gemüthsbewegungen machen, wo die Evangelisten davon nichts ausdrückliches gedenken. Wie sich denn z. E. bey der Empfehlung seiner Mutter in des Johannis Vorsorge Joh. 19, 26. bey dem einigen Wort: Maria! Joh. 20, 16. bey seinem Stillschweigen vor ungerechten Richtern, Matth.

JEsu Christi.

Matth. 26, 63. Cap. 27, 14. Luc. 23, 9. leichtlich erachten läßt, was in seiner Seele vorgegangen, und aus seinen Minen oder Worten abzunehmen gewesen. Ich habe einmal bey einem evangelischen Lehrer die Worte des Matthäus:

Und JEsus schwieg stille,

mit grossen Buchstaben an der Wand geschrieben gefunden, und nicht gleich verstanden, worauf damit gezielet sey: seit der Zeit aber habe vielfältig Gelegenheit gehabt, aus JEsu Stillschweigen mehrern Unterricht zu ziehen, als aus vielem Geschwätz solcher Leute, die JEsu Sprache nicht kennen. Joh. 8, 43.

L. Capitel.
Vom Gebeth JEsu.

Der Mensch JEsus stärkte seinen Glauben und unterhielt die Gemeinschaft mit seinem Vater durchs Gebeth. Seine Gebethe waren lauter Opfer, die er als unser treuer von GOtt eingesetzter Hoherpriester, uns zu gut, vor den Thron GOttes brachte; Ebr. 5, 5. 7. dahero sie auch allezeit angenehm waren, und erhört wurden. Joh. 11, 41. 42. Er bethete bey seiner Taufe, und der Himmel that sich dabey auf Luc. 3, 21. auch geschahe unter seinem Gebeth

L 3 Die

die herrliche Verklärung auf dem Berge. Luc. 9, 29. Bisweilen that er bey gewissen Gelegenheiten kurze Seufzer und Stoßgebethe an seinen himmlischen Vater, vor seinen Jüngern und andern anwesenden Leuten, z. E. Matth. 11, 25. Joh. 12, 27. Cap. 11, 41. 42. Er heiligte die Speisen, welche er dem Volk vorlegte, durchs Gebeth, Luc. 9, 16. Matth: 15, 36. Marc. 8, 6. Joh. 6, 11. und bethete bisweilen, wenn er Wunder thun wollte. Siehe das 41ste Capitel. Wenn er mit seinen Jüngern aß, geschahe es ebenfalls mit Gebeth und Danksagung, Luc. 22, 17. 19. 20. auch noch nach seiner Auferstehung. Luc. 24, 30. Sein hohespriesterliches ungemein gesalbtes und kräftiges Gebeth Joh. 17, 1. legte er vor seinem letzten Ausgang in den Oelgarten auch in Beyseyn seiner Jünger ab, und wir danken es seiner liebreichen Vorsorge, daß wir aus dieser unvergleichlichen Probe abnehmen können, wie herzlich, zärtlich, zuversichtlich und durchdringend die Gebethe dieses lieben Sohnes zu seinem himmlischen Vater gewesen. Er schloß darein nicht nur seine Jünger, sondern auch alle diejenigen ein, welche durch ihr Wort glauben würden, und folglich darf ein jeder glaubiger Christ sich dieser Vorbitte so zuversichtlich getrösten, als wenn sie namentlich für ihn geschehen wäre. Wenn ausser dergleichen besondern Gelegenheiten JE-
sus

sus mit seinem Vater recht ausreden wollte, erwählte er dazu eben diejenige Einsamkeit und Verborgenheit, welche er seinen Jüngern anbefahl. Matth. 6, 6. Er bethete auf Bergen, Matth. 14, 23. Luc. 6, 12. und in der Wüste, Marc. 1, 35. Luc. 5, 16. Luc. 11, 1. blieb auch wohl ganze Nächte im Gebeth, besonders wenn er etwas wichtiges vor sich hatte, z. E. die Auswahl der zwölf Apostel, Luc. 6, 12. 13. besonders hat er einen Theil der letzten Nacht seines menschlichen Lebens in einem ungemein heftigen Gebeth auf den Knien zugebracht. Luc. 22, 39. u. f. Er bath sich damals bey seinem himmlischen Vater eine Linderung der ihn überfallenden unbeschreiblich- und tödtlichen Seelen-Angst aus, stellte aber alles in dessen Willen. Als er ans Creutz geschlagen wurde, war sein erstes Wort ein Gebeth für seine Creutziger; Vater, vergib ihnen, denn sie wissen nicht, was sie thun. Luc. 23, 34. Weil nun JEsu Gebethe allezeit erhöret worden, wie oben angeführet: so muß auch dieses nicht vergeblich geschehen seyn. Und wenn auch diejenigen, die ihn gecreutziget, sich nicht bekehret und Vergebung aller Sünden erlangt haben: so ist ihnen doch gewiß diese Sünde nicht behalten worden. Ap. Gesch. 7, 59. Als er am Creutze hieng, und unter der fürchterlichen Finsterniß über das ganze Land ein unaussprechliches Seelen-Leiden auszustehen hatte,

hatte, rief er: Mein GOtt, mein GOtt, warum haſt du mich verlaſſen? Matth. 27, 46. und als er ſeinen Geiſt aufgeben wollte, geſchah es mit dem Abſchiedsſeufzer: Vater, ich befehle meinen Geiſt in deine Hände. Luc. 23, 46. Als er einſtens vom Gebeth aufſtund, bathen ihn ſeine Jünger, daß er ſie doch möchte bethen lehren, wie Johannes ſeine Jünger bethen gelehret. Worauf er ihnen dasjenige Gebeth an die Hand gab, welches wir das Vater Unſer nennen, Luc. 11, 1. damit ſie aus dieſem Muſter ſähen, um was ſie vornehmlich zu bitten hätten, und wie zuverſichtlich und einfältig ſie bethen ſollten, nicht aber, daß es ein Formular werden ſollte, über deſſen vieles Herplappern der wahre Gebrauch faſt ganz verſchwindet. Nach den guten Gedanken eines evangeliſchen Lehrers werden wir im Himmel das Vater Unſer alſo bethen: Unſer Vater im Himmel. Nun heiligen wir deinen Namen, dein Reich iſt kommen, dein Wille iſt geſchehen, du haſt uns unſere Sünde vergeben, du haſt uns aus aller Verſuchung geholfen, und von dem Argen (dem Satan) erlöſet. Dein iſt das Reich, und die Kraft, und die Herrlichkeit, in Ewigkeit, Amen! Die vierdte Bitte hat er vielleicht darum auſſen gelaſſen, weil ſie nach der gemeinen Meynung blos aufs leibliche Brod gehet, welches wir im ewigen Leben

ben nicht mehr nöthig haben werden. Gleichwie aber der Vater im Himmel gewiß keinem seiner Kinder übel nehmen wird, wenn es bey dieser Bitte mehr an JEsum, das wahre Brod des Lebens, das vom Himmel kommen ist, Joh. 6, 32. u. f. it. v. 48=57. als an das leibliche Brod, welches ihme ohnedem zufallen soll, Matth. 6, 31. 32. gedenket: also werden auch die vollendeten Gerechten gewiß im ewigen Leben dem himmlischen Vater ewiglich danken, daß er ihnen allewege solch Brod gegeben, Joh. 6, 34. an dem sie sich nun in alle Ewigkeit nähren können.

LI. Capitel.

Von JEsu Lebensart im Essen Trinken, und andern Umständen des menschlichen Lebens.

Daß JEsus sich in allen Umständen dieses armen Lebens wie ein anderer ordentlicher Mensch verhalten, giebt Paulus Phil. 2, 7. in den wenigen Worten zu erkennen.

Er ward wie ein anderer Mensch, und an Geberden, (nach dem Grundtext, in seiner ganzen Figur) in seinem ganzen Betragen, als ein Mensch erfunden.

JEsus bezeuget von sich selbst, daß er keine so strenge und ungewöhnliche Lebensart führe, als Johannes der Täufer, sondern Wein trinke, und esse, was andere Menschen ässen. Matth. 11, 18. 19. Er gieng auf eine Hochzeit, und that eher ein Wunder, als daß er die armen Brautleute durch Abgang des Weins beschämet werden ließ, Joh. 2. speisete auch oft bey den Pharisäern, die ihn zu Gaste bathen. Luc. 7, 36. Cap. 11, 37. Cap. 14, 1. Es rechtfertiget aber solches die üppigen Gastmahle der Weltkinder keinesweges, vielweniger ist um deßwillen zu behaupten, daß Kinder GOttes sich derselben nicht, so viel möglich, zu äussern hätten. JEsus war ein Prophet, der alle Gelegenheiten ergrif, Freunden und Feinden mit seiner Lehre beyzukommen. Dergleichen Mahlzeiten mußten ihm also darzu dienen, daß er seinen scheinheiligen Feinden manches Zeugniß der Wahrheit ans Herz und Gewissen legen konnte. Man darf nur die angeführten Orte nachschlagen: so wird man finden, daß er seinen Wirthen um eines Munds voll Speise und eines Trunks Weins willen ganz und gar nicht geheuchelt und geschmeichelt, sondern ihnen die bittersten Wahrheiten über Tisch unter die Augen gesagt. Wer darzu Beruf und Trieb hat, kann es auf diesen Schlag nachthun. JEsu Handlungen waren auch allezeit von ohnfehlbarem Nutzen,

und

und seine heilige Seele war ausser aller Gefahr der Verführung und Vereitelung, dessen sich kein Kind GOttes rühmen kann. Er verwarf hiernächst die Beobachtung der äussern Höflichkeiten und Ehrenbezeugungen gar nicht, wenn sie aus dem lautern Grund eines demüthigen und liebreichen Herzens herkamen. Dahero wußte er dem Pharisäer Simon gar artig zu Gemüthe zu führen, daß es ihm hieran fehle, und er deßwegen auch die landüblichen Ehrenbezeugungen gegen ihn, als seinen Gast, unterlassen hätte: Luc. 7, 44. wie er denn auch zur andern Zeit den Gästen ihren eitlen Rangstreit verwieß. Luc. 14, 7. In seiner Kleidung trug er sich wie ein anderer Jude. Es war den Israeliten geboten, an ihren Kleidern gewisse Schnürlein, Läpplein und Franzen zur Erinnerung des Gesetzes zu tragen, 4 Mos. 15, 38. 5 Mos. 22, 12. und wir haben oben bey Beschreibung der Pharisäer angemerket, daß dieses eben die Säume oder Bordirungen gewesen, welche die Pharisäer von ungewöhnlicher Grösse führten. Weil nun in der Lebensbeschreibung JEsu auch eines Saums an seinem Kleide gedacht wird: so schliesset Lund in seinen jüdischen Heiligthümern, pag. 797. daß JEsus auch in diesem Stück sich nach der jüdischen Kleidertracht gerichtet. Die Kleider JEsu müssen auch, so schlecht sie seyn mochten,

ten, dennoch reinlich und gut gewesen seyn, weil die römischen Soldaten bey seiner Hinrichtung sie für würdig achteten, sich darein zu theilen, den ungenäheten und aus dem Ganzen gewirkten Rock hingegen ganz liessen und verlooseten. Joh. 19, 23. 24. Uebrigens war er sehr arm, und hatte nicht, da er sein Haupt hinlegen konnte, Luc. 9, 58. bloß damit er uns durch seine Armuth reich machte. 2 Cor. 8, 9. Er lebte von der milden Beysteuer einiger gutthätigen Freundinnen, Luc. 8, 2. 3. und hatte bisweilen nicht einmal einen Stater oder halben Thaler in Vermögen. Matth. 17, 27. Auf seinen Reisen nahm er Brod mit sich, Marc. 8, 14. oder schickte in die umliegende Städte Speise einzukaufen. Joh. 4, 8. Bey seiner kleinen Haushaltung war doch alles ordentlich eingerichtet. Einer seiner Jünger, der untreue Judas, hatte die Casse der milden Beysteuern, Joh. 12, 6. und schaffte an, was nöthig war, mußte auch bey aller eignen Armuth seines HErrn und Meisters den Armen etwas geben. Joh. 13, 29. Was von Speisen übrig blieb, mußte aufgehoben werden, damit nichts vergeblich umkäme. Joh. 6, 12. Wenn JEsus, sonderlich zuletzt, zu Jerusalem war, gieng er des Abends hinaus und blieb über Nacht am Oelberg, Luc. 21, 37. Cap. 22, 39. vielleicht unter einem Baum oder in einer Gartenhütte.

Bis

JEsu Christi.

Bisweilen blieb er auch wohl bey seinen guten Freunden in Bethanien, Marc. 11, 11. woselbst er einstens der Martha zu erkennen gab, daß sie nicht Ursach hätte, sich seiner Bewirthung halber so viele Mühe zu machen. Luc. 10, 40. Ob es ihm gleich ordentlicher Weise ein Vergnügen war, wenn viel Volks zu ihm kam, ihn zu hören: Marc. 10, 1. so war er doch auch zu manchen Zeiten gern allein und in der Stille, Marc. 6, 31. Joh. 5, 13. Cap. 6, 15. wollte auch an einigen Orten seine Gegenwart nicht kund werden lassen. Marc. 7, 14. Cap. 9, 30. Ob schließlich JEsus schön oder häßlich ausgesehen, wird wohl vergeblich gefraget. Die Häßlichkeit seiner Gestalt, welche Jes. 53. angeführet wird, ist offenbar von seiner Leidensgestalt zu verstehen, darinnen er freylich den Augen der fleischlichen und eitlen Welt überaus häßlich vorkam, ob er gleich in dieser Gestalt seiner Braut am schönsten ist. Hohel. 5, 10. u. f. So viel ist wohl gewiß, daß an JEsu keine Ungestalt und Gebrechlichkeit seyn können, weil dergleichen Verunzierungen des Bildes GOttes bey den Menschen von der Sünde herkommen, und das Vorbild dieses GOttes-Lammes, das jüdische Osterlamm, ohne allen Fehl seyn mußte. 2 Mos. 12, 5. Wir dürfen uns also den Menschen JEsus Christus sicherlich als einen wohlgestalten

und

und wohlgebildeten Menschen einbilden, in weiterere sinnliche Vorstellungen seines äussern Ansehens aber uns nicht einlassen, weil wir ihn auch ohne dergleichen ungewisse Bilder lieb haben können, 1 Petr. 1, 8. 2 Cor. 5, 16. und uns dereinst nur desto mehr freuen werden, wenn er sichtbarlich erscheinen wird, wie er gen Himmel gefahren ist. Ap. Gesch. 1, 11. So sehr ich mich auf diesen Anblick freue: so lieb ist mir, daß ich ihn nicht in seiner geringen Menschengestalt gesehen habe, weil ich mich daran vielleicht eben so wie viele tausend andere Menschen geärgert hätte. Selig sind, die nicht sehen, und doch glauben. Joh. 20, 29.

LII. Capitel.

Von dem Verhalten JEsu in Ansehung der Religion und Lehrer.

Wie verdorben die jüdische Kirche sowol in der Lehre als in der Ausübung der gottesdienstlichen und Lebenspflichten zur Zeit der Zukunft des Meßias gewesen, davon ist zu Anfang dieser Einleitung ausführlich gehandelt worden. Um desto mehr aber ist das langmüthige, ernsthafte, herunterlassende und liebreiche Verhalten JEsu in derselben zu bewundern, und um desto tröstlicher und lehrreicher ist solches für alle diejenigen,

nigen, welche in einer verfallenen Kirchverfassung leben. Die von GOtt bestimmte Endschaft des jüdischen Gottesdienstes war nahe, aber noch nicht völlig herbeygekommen. Da nun derselbe zur Zeit des menschlichen Wandels JEsu auf Erden noch unter göttlicher Gedult stund: so bemerken wir in dem Verhalten JEsu gegen die jüdische Religion und ihrer Lehrer hauptsächlich folgende Umstände:

1) Alles, was in derselben dem göttlichen Gesetz noch gemäß war, und durch einen guten Gebrauch geheiliget werden konnte, darinnen hat sich JEsus als ein ernstlicher Religionsverwandter bewiesen, und alles Aergerniß vermieden. Dahingegen hat er 2) sich durch dasjenige, was in dieselbe durch unnütze, irrige und schädliche Menschen-Satzungen eingeführet war, nicht binden lassen, noch seine Jünger darzu angehalten, auch sich an kein daran genommenes Aergerniß gekehret. Die öffentliche Lehrer hat er 3) in Verwaltung ihres Amts ungekränkt gelassen, wider ihre Verführung und Aergernisse hingegen ernstlich geeifert, hierzu aber 4) vermöge seines prophetischen Amts an die jüdische Kirche, welches hauptsächlich auch auf die Läuterung der Kinder Levi gieng, Mal. 3, 4. einen besondern Beruf gehabt. Wie in seiner Kindheit alles mit ihm vorgenommen worden, worzu das Gesetz des Moses

Moses die Juden in Ansehung ihrer Kinder verpflichtete, davon ist gehörigen Orts gehandelt worden. Hier aber richten wir unser Augenmerk nur auf das Verhalten JEsu in seinen männlichen Jahren, und bey öffentlicher Verwaltung seines Lehramts. Er war ein gebohrner Jude, und bekennete sich zur jüdischen Kirche, behauptete auch gegen irrige Religionsverwandte, daß die Juden allein die wahre Erkänntniß GOttes hätten. Als er sich einstens mit einem samaritischen Weibe in ein Gespräch einließ, und dieses ihn für einen Juden ansahe, verläugnete er solches gar nicht, und sagte dem Weibe, welches von dem Unterschied des jüdischen und samaritischen Gottesdienstes zu reden anfieng, frey heraus: Ihr Samariter wisset nicht, was ihr anbethet, wir Juden aber wissen, was wir anbethen, denn das Heil kommt von den Juden; wobey er die Samariterin jedoch zugleich belehrte, daß man sich mit einem fleischlichen und unlautern Herzen nicht auf den äussern Gottesdienst steifen dürfe, weil der unsichtbare GOtt nur im Geist und in der Wahrheit recht verehret würde. Joh. 4, 21 = 24. Er konnte also keine blinde Sectirerey und lieblose Religions-Partheylichkeit leiden, sondern benahm den Juden bey allen Gelegenheiten das Vorurtheil, daß sie darum seelig werden müßten, weil sie in
der

JEsu Christi. 177

der wahren jüdischen Kirche gebohren, und Abrahams Saamen wären, Joh. 8, 33. u. f. und bezeugte ihnen unverhohlen, daß eine grosse Anzahl Juden verdammt werden, und hingegen eine grosse Anzahl anderer Menschen zum Genuß der ewigen Herrlichkeit mit den jüdischen Erzvätern gelangen würden, Matth. 8, 11. ingleichen, daß einer, der sich nur zur jüdischen Religion ohne wahre Herzens-Bekehrung wendete, ein zwiefältiges Teufelskind würde. Matth. 23, 15. Er lobte die guten Eigenschaften und die Spuren göttlicher Gnadenwirkungen, die er an andern Religionsverwandten fand, öffentlich. Die Juden mußten sich gefallen lassen, daß er dem heidnischen Hauptmann zu Capernaum einen Glauben beylegte, dergleichen er in Israel nicht gefunden hätte. Matth. 8, 10. Er bewunderte den Glauben des griechischen Weibes aus Syrophönice. Marc. 7, 26. Matth. 15, 21. In dem Gleichniß von dem Menschen, der unter die Mörder gefallen war, schrieb er einem samaritischen Ketzer mehr Menschenliebe zu, als einem rechtglaubigen Priester und Leviten. Luc. 10, 30. Er lobte den Samariter, welcher unter zehen gesund gemachten Aussätzigen allein umkehrte, und GOtt für seine Genesung dankte. Luc. 17, 11. u. f. Er glaubte nicht, daß er als ein rechtschaffener Jude eher verdursten müßte, als daß er ein samaritisches Weib um einen Trunk Wasser ansprechen dürfte. Joh. 4, 7. 9. Als er ein lehrbegieriges Herz an diesem Weibe fand, ließ er sich immer weiter

ter mit ihr ein, und sagte ihr zuletzt ganz gerade heraus, daß er der Meßias sey. Ja da sie ihm Gelegenheit machte, auch den übrigen Samaritern in dem Flecken Sichar das Evangelium zu verkündigen, blieb er zween Tage unter diesen Ketzern. Joh. 4, 40. Wie er auch allen armen Kranken ohne Absicht auf ihre Religion geholfen, davon werden wir unten bey Anführung seiner allgemeinen Menschenliebe Cap. 57, noch etwas gedenken. Der Tempel zu Jerusalem war zur Zeit JEsu schon zur Mördergrube worden, Matth. 21, 13. und sollte nach wenig Jahren in einen Steinhaufen verwandelt werden, Matth. 24, 1. 2. Nichts desto weniger sahe JEsus schon in seiner Kindheit die Unterredungen, welche er im Tempel mit den Schriftgelehrten über das göttliche Gesetz und die Propheten anstellen konnte, für seines himmlischen Vaters Sache an. Luc. 2, 49. Er schrieb dem Tempel eine Heiligkeit zu, und erklärte ihn für eine Wohnung GOttes, Matth. 23, 17. 21. seines Vaters. Joh. 2, 16. Er wollte, daß er ein Bethhaus bleiben, und kein Kaufhaus daraus gemacht werden sollte. Joh. 2, 14. Luc. 19, 46. Dahero er auch zweymal mit einer besonders darzu verfertigten Peitsche Joh. 2, 15. die Käufer und Verkäufer aus demselben ausjagte, einmal beym Anfang seines Lehramtes, Joh. 2, 14=22. und einmal vor dem Beschluß desselben, Matth. 21, 12. Marc. 11, 15. Luc. 19, 45. fünf Tage oder Sonntags vor dem Osterfest, in welchem prophetischen

schen Eiffer ihm jemand so wenig Einhalt thun durfte als ehemals dem Elias, als er die Baals-Pfaffen schlachtete. Ueberhaupt ließ er sich, wenn er zu Jerusalem war, oft im Tempel antreffen. Es war in den Vorhöfen desselben beständig eine grosse Menge Israeliten zu finden, welche betheten, opferten, den gottesdienstlichen Verrichtungen zusahen, oder andere Absichten hatten: dahero JEsus im Tempel die schönste Gelegenheit fand, seine Lehren auszustreuen. Er besahe alles, was im Tempel vorgieng, Marc. 11, 11. und wird vielleicht von den öffentlichen Vorlesungen des Gesetzes, von den priesterlichen Verrichtungen, und verschiedenen gottesdienstlichen Ceremonien, vielfältig Anlaß genommen haben, die anwesenden Juden auf die wahre innwendige Religion des Herzens Röm. 2, 28. 29. und die Absicht seiner göttlichen Sendung zu leiten, wovon oben das 37ste Capitel von JEsu Lehramt ein mehrers enthält, wie wir denn lesen, daß er sich einstens gegen den GOtteskasten gesetzt, und zugesehen, wie das Volk Geld einlegte, da er dann über das gutherzige, obwol kleine Almosen einer armen Wittwe eine lehrreiche Anmerkung machte! Marc. 12, 41. Luc. 21, 1. u. f. So gar nach seiner Auferstehung gefiel es ihm, sich dem Paulus im Tempel zu offenbaren, Ap. Gesch. 22, 17. Mußte ein jeder Israelit zu Unterhaltung des Tempels jährlich einen halben Seckel oder ohngefähr sechs Groschen unsers Geldes geben: 2 Mos. 30, 13=16.

13*16. so entzog sich JEsus dieser Abgabe nicht, blos damit er die Juden nicht ärgerte, ob er gleich, als ein Sohn des HErrn, von diesem heiligen Hause billig hätte frey seyn sollen. Matth. 17, 24. u. f. Die drey hohen Feste, da ein jeder Israelit vor dem HErrn erscheinen, 2 Mos. 23, 14*17. mithin zur Zeit des Tempels nach Jerusalem kommen mußte, nämlich das Oster-Pfingst-und Lauberhüttenfest, wartete er sehr fleißig ab, und wenn man ihn nicht gleich unter den zuerst ankommenden Festgästen wahrnahm: so fragte das Volk gleich: Wo ist der? Was dünket euch, daß er nicht kommt auf das Fest? Joh. 7, 11. Cap. 11, 56. ja er besuchte auch das Kirchweyhfest, Joh. 10, 22. ob solches gleich nicht von GOtt selbst, sondern von der jüdischen Kirche zum Andenken der von dem Judas Maccabäus gehaltnen Tempelweyhe 1 Macc. 4, 44. u. f. eingesetzt worden. Besonders waren seine Jünger schon an ihm gewohnt, daß er das Osterlamm nach jüdischer Weise mit ihnen zu speisen pflegte. Dahero sie ihn, wenn die Vorbereitungstage angiengen, bey Zeiten fragten, wo sie darauf zuschicken sollten. Matth. 26, 17. Beym Essen des Osterlamms seegnete er als Hausvater den ersten Trunk nach jüdischer Weise, und gab ihn über Tische herum, Luc. 22, 17. und nach dem Essen sprach er mit seinen Jüngern den Lobgesang oder das grosse Hallelujah, nämlich den 113den und folgende Psalmen, bis zum 118den, wiewohl eigentlich die beyden erstern

erstern vor, die vier übrigen aber nach dem Essen gesprochen oder gesungen wurden. Matth. 26, 30. Es scheinet jedoch, daß damals verschiedne der ersten Einsetzung gemäße Ceremonien beym Genuß des Osterlamms nicht mehr im Gebrauch gewesen, z. E. daß es stehend mit Stäben in der Hand genossen werden sollte. 2 Mos. 12, 12. Eine lehrreiche Anmerkung für Kinder GOttes in jetziger Kirchverfassung. Ausser Jerusalem besuchte er sonderlich an den Sabbathen die Versammlungen der Juden in den Schulen. Luc. 4, 16. Wie er sich auch in der Kleidung nach den Sitten der Israeliten gerichtet, und nach vieler Wahrscheinlichkeit die im Gesetz Mosis vorgeschriebene Gedenk-Läpplein an seinen Kleidern getragen, ob er gleich das Gesetz GOttes in seinem Herzen hatte, Ps. 40, 8. und solcher äusserlichen Erinnerungen nicht bedurfte, davon ist in vorhergehendem Capitel gehandelt worden. Was das Gesetz des Moses und die prophetischen Schriften des alten Testaments anbetrifft: so ist schon in mehrern Capiteln dieser Einleitung vorkommen, daß JEsus die Juden darauf gewiesen. Er bezeugte ein für allemal, daß er gekommen, nicht das Gesetz und die Propheten aufzulösen, sondern zu erfüllen. Matth. 5, 17. Er zeigte aber in vielen Exempeln den rechten geistlichen Verstand des Gesetzes, Matth. 5, 20. 48. dessen wahre Erfüllung nicht blos auf eine Pünctlichkeit in äussern Pflichten, sondern hauptsächlich auf eine erleuchtete, liebreiche

reiche und aufrichtige Herzens-Beschaffenheit ankäme, Matth. 23, 23. und aus einer vollkommenen und herzlichen Liebe GOttes und des Nächsten herfliessen müsse: Matth. 22, 37:40. Marc. 12, 33. dahero auch GOtt an Barmherzigkeit mehr Lust habe als an Opfern, Matth. 9, 13. und ihm kein angenehmes Opfer im Tempel mit einem gegen den Nächsten erbitterten Herzen gebracht werden könne; Matth. 5, 23. Wie denn auch Moses manches um der Härtigkeit der jüdischen Herzen willen nachgelassen habe, welches sonst dem ursprünglichen Willen GOttes nicht gemäß sey. Marc. 10, 5. u. f. Er ließ sich also an die Aufsätze der Aeltesten, welche der wahren Absicht des göttlichen Gesetzes zuwider waren, nicht binden, hielt auch seine Jünger nicht zu deren Beobachtung an. So verwarf er z. E. die abergläubische Sabbathsfeyer, Luc. 6, 7. u. f. Cap. 13, 14. u. f. Cap. 14, 5. u. f. Matth. 12, 1. u. f. die selbst-erfundenen Reinigungen und Verunreinigungen, Matth. 15, 1. u. f. Marc. 7, 1. u. f. und das pharisäische Fasten, Marc. 2, 18. Luc. 5, 33. die Pharisäer und Schriftgelehrten mochten sich daran ärgern, wie sie wollten. Matth. 15, 13. u. f. Die öffentlichen Lehrer ließ er in ihren Aemtern ungekränkt. Ob er gleich gewiß wußte, daß die von ihm gesund gemachte Aussätzigen rein wären: so wieß er sie doch zu den Priestern, um sich für rein erklären zu lassen, und die Gabe zu opfern, die Moses im Gesetz geboten hatte. Matth. 8, 4. Luc. 17, 14.

Er

JEsu Christi. **183**

Er wieß seine Zuhörer auf den Gehorsam gegen dasjenige, was die Pharisäer und Schriftgelehrten ihnen auf des Moses Stuhl aus dem göttlichen Gesetz lehrten, warnte aber für der Nachfolge ihrer Werke, Matth. 23, 3. und für ihren selbst-erfundenen heuchlerischen Lehren, welche als ein Sauerteig den ganzen Teig ihres Lehrgebäudes durchsäuerten. Luc. 12, 1. Matth. 16, 6. 12. Dahero auch alle diejenigen, welche sich ihrer Seelsorge und Seelenführung überliessen, eben so ankommen würden, als ein Blinder, der einen andern seines gleichen zum Leiter erwählte. Matth. 15, 14. Wie er diesen Lehrern im Volk sonst ihre Blösse aufgedeckt, werden wir in dem 59sten Capitel von dem Verhalten gegen seine Feinde mit mehrern vernehmen. Und so war unser JEsus kein eigensinniger Sonderling, sondern vielmehr ein unsträflicher und exemplarischer Religionsverwandter, zugleich aber ein ernstlicher und scharfer Prophet in der jüdischen Kirche, jedoch bey dem allen kein sectirischer, abergläubischer und heuchlerischer Religionseiferer. Seine mit dem heiligen Geist gesalbte Boten und Jünger haben hierinnen dem Vorgang ihres HErrn und Meisters treulich nachgefolget, so lange die jüdische Kirche noch in ihrer Verfassung geblieben ist, wie man davon durch die ganze Apostel-Geschicht hindurch sehr lehrreiche Nachrichten findet.

LIII. Capitel.
Von dem Verhalten JEsu gegen die Obrigkeit.

Nach der zu Anfang dieser Einleitung gegebenen Nachricht von dem politischen Zustand der Juden zur Zeit des menschlichen Wandels JEsu auf Erden, waren damals dreyerley Obrigkeiten im jüdischen Lande, und besonders auch in der Landschaft Galiläa.

1) Der Landpfleger des römischen Kaisers, als der höchsten Landes-Obrigkeit.

2) Der von dem Kaiser eingesetzte Vierfürst in Galiläa, oder sogenannte König Herodes, und

3) Der aus dem Hohenpriester, Häuptern der Priesterordnungen, Schriftgelehrten, Aeltesten und andern Beysitzern bestehende grosse Rath zu Jerusalem. Marc. 15, 1.

Dem römischen Landpfleger hat der liebe Heiland keine Gelegenheit gegeben, sich gegen ihn zu regen, obwol seine Feinde alle Mühe anwendeten etwas wider ihn aufzubringen, dadurch der Landpfleger bewogen würde sich seiner Person zu versichern. Luc. 20, 20. Bey den Streitigkeiten, welche die Juden unter sich über ihre Lehrsätze und Gebräuche hatten, waren die römischen Landpfleger und andere

JEsu Christi.

dere heidnische Obrigkeiten überhaupt ganz gleichgültig, wenn gleich darüber manchmal grosse Bewegungen entstunden. Ap.Gesch. 18,12=16. Cap. 23,29. Cap.25,18.19. Weil nun an den Landpfleger Pontius Pilatus bey dem allen, was zwischen JEsu und den Pharisäern und Schriftgelehrten öffentlich vorgieng, niemals etwas gelangte, das die kaiserlichen Gerechtsame und die Störung der gemeinen Ruhe anbetraf: so findet man auch in der Lebensgeschichte JEsu nicht das geringste, daß JEsus von ihm wäre zur Verantwortung gezogen worden, bis ihn die Hohenpriester und Schriftgelehrten als einen der nach dem jüdischen Gesetz des Todes schuldig wäre, vor den Landpfleger brachten, wovon an seinem Ort (Cap. 69.) das mehrere vorkommen wird. Einstmals vermeynten die Feinde JEsu ihn mit der Frage: Ob es recht sey, daß man dem Kaiser Zins gebe oder nicht, dergestalt in die Enge zu treiben, daß er entweder bey dem Landpfleger oder bey dem Volk verstosen müßte. JEsus aber ließ sich die damalen im Lande gangbare Münze zeigen, und als dieselbe mit des Kaisers Bildniß gepräget war, fertigte er seine Widersacher mit der weisen Antwort, daß sie dem Kaiser geben sollten, was des Kaisers, und GOtte, was GOttes wäre, dergestalt ab, daß sie sich selbst darüber verwundern mußten. Matth. 22, 18. Marc. 12,13. u. f. Luc. 20, 20. u. f. Als auch einstens von einer Grausamkeit geredet wurde, welche der Landpfleger Pilatus an einigen Galiläern verübt hatte, ließ sich JEsus darauf weiter nicht ein, als daß er die Umstehenden ermahnte, sich dergleichen klägliche Exempel zur Besserung dienen zu lassen. Luc. 13, 1. Weil JEsus die meiste Zeit seines Lehramtes in Galiläa zubrachte: so konnten die über diesen neuen Lehrer, und dessen Wunder entstandenen Bewegungen, dem Vierfürsten in Galiläa Herodes nicht verborgen bleiben. Matth. 14, 1. Weil nun derselbe wußte, daß das jüdische Volk auf einen Meßias hoffte, der aus dem Stamm Davids herkommen, und ein König über Israel seyn sollte; weil ihm vielleicht auch dasjenige wieder erinnerlich wurde, was zu seines Vaters Zeiten mit den Weisen aus Morgenland vorgegangen war: so erweckte ihm der Ruf von JEsu Thaten schon mehrere Aufmerksamkeit und Besorgniß, Luc. 9, 7·9. wobey er jedoch auf die Gedanken kam, ob JEsus nicht vielleicht Johannes der Täufer wäre, welcher von den Todten auferstanden, Matth. 14, 2. dahero er ihn gerne gesehen hätte, Luc. 9, 9. Cap. 23, 8. daß er ihn aber wirklich zu tödten gesucht, läßt sich aus Luc. 13, 31. nicht gewiß behaupten, weil daselbst nur erzählt wird, daß die Pharisäer zu JEsu gesagt: Er solle sich aus selbiger Gegend begeben, weil Herodes ihn zu tödten suche. Man kann den Pharisäern als Todfeinden JEsu keine treuherzige wohlgemeynte Warnung zutrauen. Mithin ist glaublich, daß sie dadurch entweder aus eignem Antrieb oder auf geheimes Anstiften des Herodes ihn

nur

nur bewegen wollen, sich aus den galiläischen Orten, wo er so viele Wunder that, hinweg zu begeben. Das letztere, und daß eine Hinterlist dahinter verborgen gewesen, wird um desto glaublicher, weil JEsus darauf den Herodes als einen listigen Fuchs abmahlet, und den Pharisäern in den Mund leget, daß sie ihm sagen sollten: Er würde sich durch ihn nicht irren lassen, die zu seinem Lehramt bestimmte annoch kurze Zeit zu vollenden, und den armen Menschen, die seiner Hülfe brauchten, gutes zu erweisen. So viel aber ist gewiß, daß des Herodes Diener oder Anhänger sich mit den Pharisäern vereinigt, JEsum umzubringen, Marc. 3, 6. Die Pharisäer und Schriftgelehrten, in so ferne sie als eine Obrigkeit zu betrachten, ließ der liebe Heiland, eben sowol, als in Ansehung ihres öffentlichen Lehramtes an und für sich in ihren Würden, Matth. 23, 2. 3. und überhaupt war in allen seinen Lehren nichts, so den obrigkeitlichen Ansehen nachtheilig seyn konnte, zu befinden. Er ließ als eine ausgemachte Verfassung in der gegenwärtigen Welt stehen, daß gewisse Regenten wären, die wiederum ihre nachgesetzte Unterobrigkeiten hätten, welchen ihre Untergebene alle Ehre zu erweisen schuldig wären, Luc. 22, 25. 26. Matth. 20, 25. Marc. 10, 42. und daß treue Diener ihre Herren zu vertheidigen suchten, Joh. 18, 36. daß richterliche Personen wären, welche ihre Gerichtsdiener und Stockmeister hätten, und denenjenigen, so sich über Unrecht beklagten,

Hülfe

Hülfe schafften, Matth. 5, 25. Luc. 12, 58. auch diejenigen, welche Gewalt verübten, mit dem Schwerdt bestraften. Matth. 26, 52. Dahingegen band er seinen Jüngern ernstlich ein, daß sie unter sich in ihrer brüderlichen Gesellschaft allen Schein einer weltlichen Unterwürfigkeit meiden sollten. Luc. 22, 26. Matth. 20, 26. Marc. 10, 43. Wie er denn auch einem jeden, an den sein Nächster einen Anspruch hätte, treulich rieth, lieber in Güte nachzugeben, als sich erst durch Gerichtszwang darzu anhalten zu lassen, Matth. 5, 25. Luc. 12, 58. auch wohl etwas über sich zu nehmen, das mit Recht nicht gefordert werden könnte. Matth. 5, 39=41. Als einstens ein gewisser Mann, welcher seinen Bruder nicht zur Erbtheilung bringen konnte, auf den Einfall kam, sich hinter JEsum zu stecken, und denselben bath, seinem Bruder zuzureden, gab ihm JEsus mit grossem Ernst zu erkennen, daß er sich in dergleichen leibliche Händel nicht zu mengen, noch einen Schiedsrichter abzugeben gesonnen sey, Luc. 12, 13. und als die Schriftgelehrten und Pharisäer sein Urtheil über eine Ehebrecherin vernehmen wollten, wieß er sie auf die Prüfung ihres eigenen Gewissens, und ließ die arme Verbrecherin gehen. Joh. 8. Ueberhaupt bezeugte JEsus nicht nur mit solchem Nachdruck, daß sein Reich nicht von dieser Welt sey, und er der Obrigkeit keinen Eintrag thäte, daß auch der heidnische Landpfleger Pontius Pilatus von seiner Unschuld überzeugt wurde,

Joh.

Joh. 18, 36. 38. ſondern er entwich in aller Geſchwindigkeit, und verbarg ſich ſorgfältig, als einſtmals eine groſſe Menge Volks, welches er wunderbarlich geſpeiſt hatte, ihn zum König ausrufen wollte. Joh. 6, 15. Seine letzte Handlungen vor den unterſchiednen Obrigkeiten werden uns an ihrem Ort Cap. 68. 69. noch ein und anderes von ſeinem Verhalten gegen die Obrigkeit zu bemerken Anlaß geben.

LIV. Capitel.
Von dem Verhalten JEſu gegen ſeine Jünger.

JEſus erwählte zu Apoſteln und Jüngern die ſchlechteſten Leute, damit die überſchwängliche Kraft, welche ſich durch ihren Dienſt an vieler tauſend Menſchen Herzen beweiſen ſollte, lediglich GOtt und nicht den Werkzeugen zugeſchrieben werden könnte, 2 Cor. 4, 7. und daß unſer Glaube nicht auf Menſchen Weisheit, ſondern auf GOttes Kraft beſtehen möchte. 1 Cor. 2, 5. Die wahre Kirche Chriſti ſollte in ihren erſten Gliedern ſeyn, was ſie noch iſt und bleiben wird, bis ans Ende der Tage, nämlich nach des ſeeligen D. Antons Ausdruck, coetus miſerabilium perſonarum, eine Sammlung elender aber begnadigter Leute. Wir haben ſchon oben in der Abhandlung von den Jüngern JEſu und Apoſteln überhaupt geſehen, daß ſie nach ihrer Herkunft ungelehrt einfältige

Per=

Personen von dem niedrigsten Stande gewesen. Hier aber werden wir sie zu betrachten haben als Leute, die mit mancherley grossen Mängeln des Verstandes und Willens behaftet waren, und doch von ihrem HErrn und Meister mit der grössten Freundlichkeit und Langmuth getragen, unterrichtet und behandelt, zuweilen aber auch mit nöthigem und wohlgemeyntem Ernst bestrafet und zurecht gewiesen wurden. In dem kraftvollen Gebeth, welches JEsus vor seinem Ausgang von seiner letzten Mahlzeit an den Oelberg that, Joh. 17, 1. eröffnete er gegen seinem himmlischen Vater sein ganzes Herz über das kleine Seminarium der zwölf Apostel. Er bittet für sie als für Leute die dem Vater gehörten, die er aber ihm geschenkt habe, damit er ihnen ewiges Leben geben solle. Aus dergleichen überaus wichtigen Betrachtung, floß also das ganze Betragen JEsu gegen seine Jünger. Bekamen sie gleich die Zeit über, da er mit ihnen wandelte, keine vollkommene Erkänntniß seiner Gottheit und seines Mittleramtes: so war JEsus doch damit zufrieden, daß sie sein Wort annahmen und von seiner göttlichen Sendung überzeugt wurden, Joh. 17, 8. auch in seinem mühseeligen Lauf mit ihm aushielten, Luc. 22, 28. zumal er derjenigen Zeit mit Vergnügen entgegen sahe, da der Heilige Geist den guten Saamen, den er in ihre Seelen gelegt hatte, zur vollen Reife bringen, Joh. 14, 26. Cap. 16, 13. und sie zu unerschrockenen Zeugen des Evangelii machen würde. Joh. 15, 26. 27.

Er

JEsu Christi.

Er trug also indessen ihre Schwachheit mit Liebe und Gedult, und sagte ihnen nicht mehr als sie tragen konnten. Joh. 16, 12. Wie er nach und nach sie immer deutlicher und ausführlicher von den nöthigsten Wahrheiten unterrichtet, lässet sich bey aneinander hangender Betrachtung seines Lebenslaufs besser, als aus Anführung vieler einzelnen Stellen wahrnehmen. Im Umgange mit ihm nennten sie ihn Meister und HErr, Joh. 13, 13. und bekannten auf sein Befragen, wofür sie ihn hielten, daß er Christus des lebendigen GOttes Sohn sey, und sie ihn mit völliger Ueberzeugung dafür hielten. Matth. 16, 17. Joh. 6, 69. Er aber hieß sie Kinder, Marc. 10, 24. Joh. 21, 5. Kindlein, Joh. 13, 33. Freunde, Joh. 15, 15. ja nach seiner Auferstehung, Brüder. Matth. 28, 10. Joh. 20, 17. Er machte ihnen ihren Beruf wichtig, weil sie ein Licht der Welt und Salz der Erden seyn sollten, Matth. 5, 13. 14. und weil sie das Glück hätten zu sehen und zu hören, was viele Propheten und Könige vergeblich gewünschet hatten zu erleben. Luc. 10, 23. 24. Er bezeugte vor allem Volk, daß er sie so zärtlich liebe, als wenn sie seine Mutter und seine Brüder wären, Matth. 12, 49. und sahe alles, was ihnen Gutes oder Böses geschahe, so an, als wenn es ihm selbst wiederfahren wäre. Matth. 10, 40. Luc. 10, 16. Marc. 9, 41. Uebrigens versprach er ihnen in dieser Welt keine guten Tage, sondern sagte ihnen aufrichtig und umständlich, daß sie wie Schaafe unter den Wölfen sen seyn, gehasset, verfolget, vor Obrigkeiten und Gerichte gezogen, in den Bann gethan, gegeisselt und getödtet werden würden, und zwar noch darzu in majorem Deo gloriam, als Ketzer, durch deren Vertilgung man GOtt einen Dienst zu thun vermeynte. Matth. 10, 16. u. f. Joh. 15, 18. u. f. Cap. 16, 2. Doch ermunterte er sie getrost und unerschrocken zu seyn, 1) weil ihnen ihre Verantwortung durch den Geist GOttes in den Mund geleget werden solle. Matth. 10, 19. 20. 2) Weil es ihm selbst nicht besser gegangen. V. 24. 25. Joh. 15, 18=20. 3) Weil ohne den Willen des himmlischen Vaters ihnen kein Haar gekrümmet werden könne, Matth. 10, 29. 4) Weil der Haß der Welt, ein Zeugniß ihrer Erwählung von der Welt wäre, Joh. 15, 19. 5) Weil sie dadurch den alten Propheten gleich würden. Matth. 5, 12. Luc. 6, 23. 6) Weil er ihnen seinen Frieden in ihre Herzen geben wolle, Joh. 14, 27. und weil endlich 7) sie für ihre Treue in seinem und des Vaters Dienst eine überaus herrliche und reichliche Belohnung im ewigen Leben zu gewarten haben sollten. Matth. 5, 12. Cap. 19, 27. u. f. Luc. 22, 29. 30. Luc. 6, 22. 23. Er sandte sie ein und andermal aus, und zwar je zween und zween, Marc. 6, 7. Luc. 10, 1. in den umliegenden jüdischen Städten und Dörfern die Leute zur Bekehrung zu ermahnen, wobey er ihnen nicht nur gemessenste Vorschriften ihres Verhaltens, sondern auch die Macht Wunder zu thun, gab. Matth. 10, 1. u. f.

Luc.

Luc. 9, 1. u. f. Cap. 10, 1. u. f. Durch diese kleine Missiones sollten die Jünger aufgemuntert und beherzt gemacht, in ihrem Glauben gestärket, und zu künftigen wichtigern Botschaften allmählig vorbereitet werden. Als einstens die siebenzig Jünger wieder kamen und mit Freuden rühmten, daß ihnen auch die Teufel in JEsu Namen unterthan gewesen, belehrte sie JEsus, daß sie sich nicht sowol über dergleichen Wundergaben, als über ihre Gnadenwahl zu freuen hätten. Luc. 10, 20. Ein andermal konnten die zwölf Jünger einen Teufel nicht austreiben, welcher einen jungen Menschen erbärmlich plagte. Da sie nun ihren Meister fragten: Warum sie ihn nicht austreiben könnten? Gab ihnen JEsus in seiner Antwort zu erkennen, daß es ihnen am Glauben fehle. Matth. 17, 19. 20. Wenn sie aber über Schwachheit des Glaubens klagten, bezeugte er ihnen, daß sie nur einen wahren nicht aber einen starken Glauben nöthig hätten, um die größten Wunder zu thun. Luc. 17, 6. Bisweilen stellte der liebe Heiland ihren Glauben auf die Probe, z. E. da er ihnen befahl 5000 Mann aus ihrem kleinen Vorrath zu speisen, Marc. 6, 37. Joh. 6, 6. und wenn sie bey anscheinenden Gefahren gleich verzagen wollten, bestrafte sie JEsus, daß sie nicht mehrern Glauben hätten. Marc. 4, 40. Luc. 8, 25. Er suchte sie für der Lohnsucht zu bewahren, Luc. 17, 7.10. und gab dem Petrus als er ihn fragte: Was ihnen denn dafür würde, daß sie um seiner Nachfolge ge willen alles verlassen hätten? zwar zu, daß ihnen dafür eine herrliche Belohnung zu Theil werden würde, brachte aber auch so fort ein Gleichniß vor, woraus die Jünger abnehmen konnten, daß es ein Gnadenlohn sey, und mancher der nicht viel in des HErrn Dienst gethan, aber doch darzu willig gewesen, eben so belohnet werden würde, als ein anderer, der es sich sehr sauer werden lassen. Matth. 19, 27. Cap. 20, 1. u. f. Marc. 10, 28. Sagte gleich JEsus: **Wer nicht mit mir ist, der ist wider mich.** Luc. 11, 23. So litte er doch nicht, daß seine Jünger solches auf eine sectirische Art mißdeuten und einem gewissen redlichen Mann, der nicht mit JEsu und seinen Jüngern in äusserlicher Gemeinschaft stund, wehren durften, im Namen JEsu Teufel auszutreiben, wobey er ihnen eine andere Wahrheit lehrte, welche bey der vorher angeführten ganz wohl bestehen konnte, nämlich: **Wer nicht wider uns ist, der ist für uns.** Luc. 9, 49. 50. Wie er ihnen seine Gleichnisse deutlich erkläret, ist oben in dem 38 Capitel von der Lehrart JEsu durch Gleichnisse bemerket worden. Wenn ihnen aber manchmal eine etwas nachdenkliche Rede JEsu als ein Gleichniß oder verblümte Redensart vorkam, und sie die wahre Bedeutung gerne wissen wollten: so bekamen sie, nebst der Erklärung, einen kleinen Verweis, Matth. 15, 16. wurden auch wohl sehr ernstlich angelassen, wenn sie offenbar geistliche Reden JEsu in einem allzu ungeschickten leiblichen Verstande nahmen. So gieng es ihnen z. E. als JEsus sie für den Sauerteig der Pharisäer warnte, sie aber solches für eine Erinnerung ihrer Unachtsamkeit hielten, daß sie nicht Brod mitgenommen hatten. Marc. 8, 15. u. f. Die Fragen die sie an JEsum thaten, beantwortete er ihnen mit größter Langmuth und Freundlichkeit, ob auch gleich nicht allezeit auf den Schlag wie sie solche nach ihren Begriffen gemeynt hatten. Dahin gehört z. E. die Frage des Petrus: HErr, wie oft muß ich meinem Bruder, der an mir sündiget, vergeben? Matth. 18, 21. Die Frage vom Elias, Matth. 17, 10. von der Stadt Jerusalem und der ganzen Welt Ende, Matth. 24, 3. von der Sünde des Blindgebohrnen oder seiner Eltern, Joh. 9, 2. davon der Grund oben Capitel 5. bey Beschreibung der Pharisäer angeführt. Oefters zogen dieselben aus den Reden JEsu allzu ausschweifende Sätze oder locos communes, da sie dann der liebe Heiland gemeiniglich mit wenigen Worten zu rechte wieß, als z. E. JEsus von der Unzertrennlichkeit des Ehestandes geredet hatte, machten die Jünger daraus den Schluß: daß es also nicht gut sey ehelich zu werden. Worauf JEsus sie belehrte, daß dieses Wort nicht jedermann faßte, noch daraus eine allgemeine Lehre zu machen. Zu einer andern Zeit bezeugte JEsus, wie schwer es sey, daß ein Reicher, und einer der sein Vertrauen auf Reichthum setzte, ins Reich GOttes kommen könnte. Woraus die Jünger mit Erstaunen folgerten, daß also wohl bald unmöglich sey seelig zu werden: JEsus aber sagte darzu nichts weiter als dieses: Bey den Menschen ists unmöglich, aber nicht bey GOtt. Denn alle Dinge sind möglich bey GOtt. Marc. 10, 26. Als einstens die Samariter JEsu die Herberge versagten, wurden Jacobus und Johannes so entrüstet darüber, daß sie eine Anfrage bey JEsu thaten, ob sie nicht auf diese Leute Feuer vom Himmel fallen lassen sollten, wie doch gleichwohl Elias durch den Geist GOttes auch gethan habe. Worauf sie JEsus hart anfuhr, und ihnen zu erkennen gab, daß der Geist, welcher dieses durch den Elias nach der Absicht seiner Sendung gewirket, vorjetzo auf eine ganz andere Art nach dem Zweck, warum er in die Welt gekommen, wirke, und um seinet willen kein Mensch sein Leben einbüssen solle. Luc. 9, 54. Das jüdische Vorurtheil, daß der Meßias das verfallene jüdische Königreich wieder aufrichten werde, war den Jüngern JEsu sehr tief eingeprägt. Weil sie nun JEsum für den wahren Meßias hielten: Joh. 6, 69. so meynten sie, ohngeacht sie nichts als Armuth und Niedrigkeit an ihm sahen, doch immer, er würde, ehe sie sichs versähen, diese angenommene Gestalt ablegen, sich für einen König von Israel erklären, und eine Einrichtung seines Reichs machen. Luc. 19, 11. Aus diesem Grunde flossen bey Lebzeiten JEsu diese beyde Hauptumstände: 1) daß seine Jünger beständig mit einander darüber stritten, wer unter ihnen der grösseste wäre, und folglich die gegründeteste An-

JEsu Christi.

wartschaft auf die vorzüglichsten Reichsbedienungen hätte; und 2) daß sie sich ganz und gar nicht in dasjenige finden konnten, was JEsus ihnen von seinem Leiden sagte. Von beyden Umständen wollen wir besonders handeln. Nicht nur einmal, sondern mehrmals geriethen die Jünger darüber in Wortwechsel untereinander, welcher unter ihnen der grösseste wäre. Matth. 18, 1. Luc. 9, 46. Einstmals stritten sie darüber auf dem ganzen Wege nach Capernaum und schämten sich, als der Heiland zu Hause nachfragte, worüber sie unterwegens mit einander so stark geredet hätten. Marc. 9, 33. So gar noch in der letzten Nacht, die sie mit JEsu zubrachten, hatten sie darüber eine heftige Unterredung. Luc. 22, 24. JEsus beschämte sie bey dergleichen Gelegenheiten und unterrichtete sie eines bessern, da er ein Kind mitten unter sie stellte und ihnen bezeugte, daß sie gar keinen Theil am Reiche GOttes haben würden, wenn sie nicht würden wie ein solches Kind, welches von dergleichen hohen Gedanken gar nichts wüßte. Matth. 18, 1. Luc. 9, 46. Er belehrte sie, daß unter ihnen gar keine Subordination oder Vorzug eines grösern vor einem kleinern statt habe, sondern sie einander alle gleich Luc. 22, 26. Matth. 23, 11. und Brüder wären. Matth. 23, 8. Wie er ihnen denn auch durch seine Erniedrigung beym letzten Fußwaschen ein Beyspiel gab, wie sie sich gegen einander erniedrigen sollten. Joh. 13, 14. 15. Bey dem allen hieng denen armen Jüngern die Einbildung

bildung von einer leiblichen Erlösung des Volks Israels so veste an, daß sie nach JEsu Creuzestod schmerzlich bedauerten, sich darinnen geirrt zu haben, Luc. 24, 21. und daß sie JEsum vor seiner Himmelfahrt noch einmal fragten: Wann er das Reich Israel aufrichten würde; worauf er sich aber weiter nicht einließ, sondern ihnen nur befahl, bis zur Ausgießung des heiligen Geistes zu Jerusalem zu bleiben, und alsdenn auszugehen, wohin sie weiter gesandt werden würden. Ap. Gesch. 1, 6. u. f. Von seinem Leiden und von seiner Auferstehung fieng JEsus erst kurze Zeit vor seiner letzten Reise nach Jerusalem an, mit seinen Jüngern recht deutlich zu reden. Matth. 16, 21. Cap. 17, 22. Cap. 20, 18. Beym ersten Vortrag nahm Petrus JEsum auf die Seite und redete ihn deßwegen ernstlich an, daß er nämlich sein selbst schonen, und sich in dergleichen gefährliche Umstände nicht begeben sollte; worüber er von JEsu sehr hart angelassen wurde. Matth. 16, 23. Ueberhaupt aber verstunden alle Jünger nicht was JEsus damit sagen wollte, daß er leiden, sterben und wieder auferstehen würde. Sie unterstunden sich auch nicht deßwegen weitern Unterricht zu begehren. Luc. 9, 45. Marc. 9, 10. 32. JEsus hatte indessen hierinnen Gedult mit ihnen, und erinnerte sie nach seiner Auferstehung an dasjenige, was er ihnen oft gesagt hatte, und nun alles geschehen wäre. Luc. 24, 44. Sie lerneten auch alsdenn noch manche verblümte Reden, die er von seinem

nem Sterben und Auferstehen gegen andere Leute geführt hatte, erst recht verstehen. Joh. 3, 19. 22. Uebrigens hatten sie ihren HErrn und Meister, von welchem sie Worte des Lebens hörten, Joh. 6, 68. und in dessen Dienst sie auch im Leiblichen nie Mangel gehabt hatten Luc. 22, 35. lieb, und wollten nicht von ihm weggehen, Joh. 6, 68. trauten auch ihrer Liebe so viel zu, daß sie bey ihm bis in den Tod aushalten wollten. Matth. 26, 35. Als nun die bestimmte Zeit herbey kam, da JEsus sein Leiden antreten wollte, war sein Herz voll lauter Liebe gegen seine Jünger. Joh. 13, 1. Er hielt mit ihnen noch eine Abendmahlzeit, bey welcher er das heilige Abendmahl einsetzte. Matth. 26, 26. Er wusch ihnen die Füsse, wovon unten Cap. 65. das mehrere gesagt werden wird, Joh. 13. und redete mit ihnen bis zum Ausgang aus dem Speise-Hause, wie auch hernach auf dem Wege nach dem Oelberg aufs herzlichste, wie uns solches Johannes von angeführtem 13den bis zum 18den Capitel ausführlich beschrieben hat. Er versicherte sie seiner Liebe und Vorsorge, ermahnte sie zu einer herzlichen Liebe untereinander, und vertröstete sie auf die Mittheilung des heiligen Geistes, welcher ihnen alles reichlich ersetzen würde, was ihnen durch seinen Hingang zu entgehen schien. Er sagte ihnen aber auch voraus, daß sie in dieser Nacht sich alle an ihm ärgern würden, Matth. 26, 31. und that endlich über sie noch zum Beschluß das Eingangs angeführte gesalbte Gebeth.

200 der menschliche Wandel

Joh. 17. Am Oelberg hätte er herzlich gerne gesehen, wenn sie mit ihm gewacht hätten. Er konnte sie aber nicht aus dem Schlafe bringen, Matth. 26, 40. u. f. und als er darauf von seinen Feinden gefangen genommen wurde, verliessen ihn alle Jünger und flohen. Matth. 26, 56. Ueber seinen Creutzestod waren sie in grosser Verlegenheit. Sie hielten ihn wohl noch für einen grossen Propheten, meynten aber doch, daß sie sich vergeblich zu ihm versehen hätten, er würde Israel erlösen. Luc. 24, 19. u. f. Die ersten Nachrichten von seiner Auferstehung achteten sie für Mährlein, Luc. 24, 11. und hielten sich aus Furcht für den Juden ganz eingezogen und verschlossen. Joh. 20, 19. Das weitere was zwischen ihnen und JEsu von seiner Auferstehung an bis zu seiner Himmelfahrt vorgegangen, wird im 78sten und 79sten Capitel folgen.

LV. Capitel.
Von dem Verhalten JEsu gegen seine Anverwandten und Freunde.

Der Mutter und übrigen Anverwandten JEsu wird in seiner Lebensbeschreibung von der Zeit an, da er sein Lehramt angetreten, gar selten gedacht. Da er sein erstes Wunder auf der Hochzeit zu Cana in Galiläa that, war seine Mutter

ter dabey, Joh. 2, 1. und erinnerte ihren Sohn in geheim, daß kein Wein mehr da wäre, vielleicht, damit er nebst seinen Jüngern aufstehen möchte, ehe der Mangel offenbar und das neue Ehepaar beschämet würde. JEsus aber antwortete ihr: Weib, was habe ich mit dir zu schaffen, meine Stunde ist noch nicht kommen. Diese Antwort klinget in unsern Ohren etwas hart. Erstlich scheinet es, als wenn das Wort: Weib, nicht ehrerbietig genug wäre. Allein wir dürfen nur denken, als wenn Dr. Luther das griechische Wort durch **Frau** übersetzt hätte, welches ihm ganz wohl frey gestanden: so wird der vermeynte Uebelklang schon in etwas gemildert seyn. Hiernächst müssen wir nicht meynen, daß unsere heutige Arten, Eltern und dergleichen Personen zu ehren, besser seyen, als die einfältigern und natürlichern Manieren der Alten. Ferner dürfen wir in dem Wort Frau, um destoweniger einen Unwillen suchen, da JEsus seine liebe Mutter, da, als er sie am zärtlichsten ansahe, nämlich am Creutz, eben so genennet hat, Joh. 19, 26. und endlich können wir die Worte der Grundsprache auch so verstehen: Frau, was gehet das mich und dich an? In welcher Stellung sie vollends nichts unehrerbietiges enthalten, zumal in dem Munde eines prophetischen und priesterlichen Mannes, der in seinem Amte weder Vater noch Mutter kennen durfte. 5 Mos. 33, 9. Und eben so müssen wir ihn ansehen, wenn wir finden, daß ihm einstens seine Mutter und Brüder

der ihre Ankunft melden laſſen, und mit ihm
ſprechen wollten, wegen des vielen Volks aber,
ſo ihm eben zuhörte, nicht zu ihm kommen können, JEſus hingegen ſich dadurch nicht irre
machen laſſen, ſondern vielmehr geſagt, daß
diejenigen, welche GOttes Wort hörten und
thäten, ſeine rechte Mutter, Brüder und
Schweſtern wären. Marc. 4, 31. Luc. 8, 19.
Da ſeine Brüder beym Anfang ſeines Lehramts noch keine Ueberzeugung von ſeiner Perſon und Amt hatten, kehrte er ſich an dasjenige nicht, was ſie ihm zuweilen einreden und
anrathen wollten. Sie redeten z. E. ihm einſtens zu, ſich doch in Judäa durch ſonderbare
Werke öffentlich als denjenigen, dafür er ſich
ausgäbe, erweißlich zu machen, und in ſolcher
Abſicht nach Jeruſalem auf das Lauberhütten-
feſt zu gehen. Worauf ihnen aber JEſus zur
Antwort gab: daß ſie für ihre Perſonen lediglich nach ihrem Gutdünken handelten, er aber in
allen ſeinen Verrichtungen eine gewiſſe abgemeſſene Zeit beobachte. Sie wären in ihrer
Handelweiſe der Welt anſtändig und gefällig.
Er hingegen könne der Welt nicht angenehm
ſeyn, weil er ihre Sünde ſtrafte. Joh. 7, 1.
u. f. Als er gecreutzigt wurde, ſtunden alle
ſeine Anverwandte oder vielmehr nach dem
Grundtext ſeine Bekannte von ferne, und ſahen ſein Leiden und Sterben mit an. Luc. 23,
49. Seine Mutter aber ſtund nebſt dem Jünger Johannes nahe bey dem Creutz, da ſie nun
JEſus ſahe, ſprach er zum Johannes: Das
iſt

ist deine Mutter, und zur Maria: Weib, siehe, das ist dein Sohn, und von Stund an, nahm Johannes die Maria in seine Versorgung. Joh. 19, 25. u. f. Er bekam zuweilen viele Freunde und Anhänger, ließ sich aber nicht mit ihnen vertraulich ein, weil er ein unlauteres Herz an ihnen erkannte. Joh. 2, 23. 24. Seinen wahren Freunden war er zuweilen ernstlich, wenn sie ihm etwas zumutheten, das weder wohl überlegt, noch seinem jetzigen Stande gemäß war, wie z. E. der Mutter der Kinder Zebedäus geschahe, als sie sich für ihre Kinder besondere Ehrenstellen in JEsu zukünftigem Reiche ausbath. Mtth. 20, 20. u. f. Wie herzlich und gesegnet hingegen der ordentliche Umgang JEsu mit seinen Freunden gewesen, davon finden wir in der Geschichte der drey Geschwister zu Bethanien, Marthen, Marien und Lazarus verschiedene angenehme Spuren. Besonders hat er einmal der Marthen ihre viele Geschäfftigkeit bey seiner Bewirthung gar liebreich verwiesen und zu erkennen gegeben, wie ihm viel lieber sey, wenn seine guten Freunde sich seine Gegenwart zu Erbauung ihrer Seelen zu Nutze machten, als wenn sie sich seinethalber in mancherley unnöthige Bemühung zerstreueten. Luc. 10, 38. u. f. Als Lazarus krank wurde, schickten die Schwestern zu JEsu, welcher auch wiewohl nach einer kleinen Verweilung kam, der Martha, welche ihm gleichsam verwieß, daß er ihren Bruder sterben lassen, aufs freundlichste zuredte, über der Betrübniß,

die

die er an Martha, Maria und ihrer Gesellschaft wahrnahm, selbst betrübt wurde, und endlich den Lazarus vom Tod erweckte. Joh. 11. Von der Sünderin, die JEsum kurz vor seinem Leiden salbte, Marc. 14, 3. werden wir bald bey anderer Gelegenheit (Cap. 61.) ausführlicher zu reden haben. Hier aber bemerken wir an ihrem Exempel nur diesen Umstand, von JEsu Bezeigen gegen seine Freunde, daß er jederzeit mehr auf ihre gute Absichten, als auf die Beschaffenheit ihrer Liebesdienste gesehen, und dahero sich diese Salbung vornehmlich aus dem Grunde wohlgefallen lassen, weil diese seine Freundin *that, was sie konnte.* Marc. 14, 8.

LVI. Capitel.
Von der Liebe JEsu gegen die Kinder.

JEsus ist ein besonderer Kinderfreund gewesen. Einstens brachten viele Mütter ihre kleine Kinder zu ihm getragen, und wünschten, daß dieser grosse Prophet und Wunderthäter sie anrühren möchte. Die Jünger JEsu wurden darüber unwillig, und fuhren die Weiber an, daß sie ihren Meister mit ihren kleinen Kindern behelligen wollten. JEsus aber gab ihnen darüber einen harten Verweiß, nahm die Kinder auf seinen Schooß, und legte ihnen die Hände auf, küssete sie, und seegnete sie, Marc. 10, 15.

Matth.

Matth 19, 13. Luc. 18, 15. wobey er bezeugte, daß solcher kleinen Kinder das Reich GOttes sey, und wer dieses erlangen wollte, ihnen gleich werden müsse. Es ist sicher zu glauben, daß diese Kinder auch gewiß geseegnet und begnadigt geblieben, weil JEsus nicht nur wunsch- sondern mittheilungsweise geseegnet. Bisweilen nahm er ein Kind, stellte es unter seine Jünger und predigte ihnen dabey vor 1) von dem einfältigen und demüthigen Kindersinn, ohne welchen niemand ins Himmelreich kommen könne, wie auch 2) von dem entsetzlichen Gericht, welches diejenigen zu gewarten hätten, die ein Kind ärgerten, oder verächtlich hielten. Matth. 18, 1. u. f. Luc. 9, 47. u. f. Als bey dem letzten Einritt JEsu in die Stadt Jerusalem eine grosse Bewegung entstund, wandelte auch die Kinder ein besonderer Trieb an, daß sie im Tempel schrien: Hosanna dem Sohne David! Die jüdische Clerisey wurde darüber heftig entrüstet. Jesus aber bedeutete sie, daß der Meßias nach der Weissagung Davids besonders von Kindern gepreiset werden müßte. Matth 21, 15. u. f. Wenn JEsus die bevorstehenden schrecklichen Gerichte des jüdischen Volks verkündigte: so bedauerte er dabey nur die Kinder im Mutterleibe und an der Brust ihrer Mutter, Matth. 24, 19. und da ihn die jüdischen Weiber beym Ausgang zum Tode beweinten und beklagten, gab er ihnen zu erkennen, daß sie vielmehr Ursache hätten den Jammer zu beweinen, welchen sie besonders an ih-

ren

ren armen Kindern bey den hereinbrechenden schrecklichen Gerichten erleben würden, indem nunmehro eine Zeit käme, da sich viele Menschen gerne unter die Erde verkriechen würden, wenn sie nur könnten, weil sie sich vorstellten, daß, da GOtt sein Volk so hart strafte, es andern Völkern noch härter ergehen würde, und da man diejenigen Leute für glücklich schätzen würde, welche keine Kinder hätten. Luc. 23, 28. HErr JEsu, dergleichen Zeiten kommen wieder! Erbarme dich unser und unserer Kinder!

LVII. Capitel.
Von dem Verhalten JEsu gegen alle andere Menschen insgemein.

Finden wir gleich in dem Leben JEsu nicht gar zu viel besondere Umstände aufgezeichnet, darinnen er eine allgemeine Liebe gegen alle Menschen bewiesen: so übertrifft doch eines Theils der einige Beweiß, daß er sein Leben für alle Menschen in den Tod gegeben, Röm. 5, 18. alles andere was sonst von seiner allgemeinen Menschenliebe gesagt werden könnte Andern Theils sind uns diejenigen edlen Eigenschaften seines Herzens, woraus sein Bezeigen gegen alle Menschen ohne Unterschied herfloß, von ihm selbst genugsam vor Augen gelegt,

legt, wenn er sagt, daß er sanftmüthig und von Herzen demüthig sey, Matth. 11, 29. Daß er nicht gekommen sich dienen zu lassen, sondern daß er diene, Matth. 20, 28. und daß er noch vielweniger gekommen sey der Menschen Seelen zu verderben, anstatt sie zu erhalten. Luc. 9, 56. Er heilete alle Kranken die zu ihm gebracht wurden, ohne Unterschied, Luc. 5, 17. und wir haben oben in dem 41sten Capitel von seinen Wundern gesehen, daß er die leibliche Hülfe niemand versagt, er mochte ein Jude, Heide oder Samariter seyn, wenn er auch ihm wegen seiner innern Beschaffenheit nicht zugleich an seiner Seele helfen konnte. Er lehrte auch durch das Gleichniß vom Samariter Luc. 10. daß man sich eines jeden verlassenen Menschen anzunehmen hätte, wenn er gleich unbekannt und von ungleicher Religion wäre. Was er Gutes auch an unbekehrten Menschen fand, lobte er, und gab einmal einem feinen vernünftigen Schriftgelehrten das öffentliche Zeugniß, daß er nicht ferne vom Reich GOttes sey. Marc. 12, 34. Wie er denn auch dem werkheiligen Capitalisten, welcher kein armer Sünder seyn, sondern gerne bald vollkommen werden wollte, mit sonderbarer Freundlichkeit begegnete. Marc. 10, 21. Wenn er von den grossen und allgemeinen Gerichten redete, welche das jüdische Volk betreffen würden: so bewieß er, da er auch keine Abwendung versprechen konnte, doch darinnen seine allgemeine Menschenliebe, daß er den Juden verschiednen guten Rath gab, wie sie

durch

durch Gebeth und kluge Vorsicht sich die bevorstehende grossen Gerichte erträglicher machen könnten. Matth. 24, 15. u. f. Gleichwie er endlich die Liebe dererjenigen, die uns Böses bewiesen, als eine Haupteigenschaft der allgemeinen und vollkommenen Liebe denen Seinigen einschärfte: Matth. 5, 44. 48. also hat er sich auch darinnen zum vollkommensten Muster dargestellet, und bey seiner Marter dieses die erste Angelegenheit seines liebreichen Herzens seyn lassen, den Vater zu bitten, daß er dasjenige, was die römischen Soldaten aus Unwissenheit an ihm verübten, an ihnen nicht ahnden möchte. Luc. 23, 34.

LVIII. Capitel.
Von den Verfolgungen und Leiden JEsu in seinem Lehramt.

JEsus kam in sein Eigenthum, und die Seinen nahmen ihn nicht auf. Joh. 1, 11. Der größte Haufe der verlohrnen Schaafe vom Hause Israel wollte nicht nur die Stimme dieses zu ihnen gesandten guten Hirten nicht kennen, sondern gesellte sich auch gar zu den Wölfen, welche JEsum zu verschlingen suchten. Gleich bey seiner ersten Predigt in der Schule zu Nazareth, wollten ihn seine Landsleute von dem Berg, darauf ihre Stadt gebauet war, herabstürzen. Luc. 4, 29. Diejenigen, so das öffentliche Lehramt unter dem
jüdi=

jüdischen Volk führten, waren von Anfang seines prophetischen Lehramtes an, seine ärgste Feinde. Jemehr sich seine Lehre und der Ruf von seinen Wundern ausbreitete, desto ernstlicher waren sie bedacht, ihm Einhalt zu thun, ja gar ihn aus dem Weg zu räumen. Matth. 12, 14. Marc. 11, 18. Luc. 19, 47. Joh. 5, 18. Sie bedienten sich verschiedener Mittel, diesen ihren Zweck zu erreichen. Vornehmlich legten sie ihm allerhand verfängliche Fragen vor, und hofften es dahin zu bringen, daß JEsus, er möchte auch antworten wie er wollte, sich verstosen, oder aber seine Unwissenheit bekennen und verstummen müßte. Matth. 19, 3. u. f. Marc. 12, 13. Luc. 11, 53. 54. Wenn er die Pharisäer abgefertigt hatte, machten sich die Sadducäer an ihn, und wenn er mit diesen fertig war, so suchten ihn die Pharisäer aufs neue in die Enge zu treiben. Matth. 22, 15. u. f. Bisweilen schickten sie Laurer an ihn, welche sich stellen mußten, als wenn sie eine aufrichtige Absicht hätten, und ihn für einen rechtgläubigen Lehrer hielten, unter diesem guten Schein aber ihm Fragen vorbrachten, die blos darum ausgesonnen waren, damit JEsus sich in seiner Antwort wider die Gerechtsame der hohen Landesobrigkeit vergehen, und dem Landpfleger in die Hände fallen möchte. Luc. 20, 20. u. f. Weil aber dieser göttliche Lehrer durch vorsichtige und gründliche Antworten den Fallstricken allezeit zu entgehen wußte: so wurden die Pharisäer und Schriftgelehrten auf die letze

O ganz

ganz verlegen, und wußten nicht wie sie es sonst angreiffen sollten, zumal JEsus die Wahrheit seiner göttlichen Sendung mit so vielen unläugbaren Wundern bestätigte, daß er von dem Volk für einen grossen Propheten gehalten wurde, und die Clerisey, aus Besorgniß eines Aufruhrs, sich nicht unterstehen durfte, ohne einen sehr wichtigen und dem gemeinen Volk einleuchtenden Vorwand etwas gewaltthätiges wider JEsum zu unternehmen. Joh. 11, 47. Cap. 12, 19. Luc. 19, 48. Cap. 20, 19. Matth. 21, 46. Marc. 12, 12. Cap. 11, 18. Auch diejenigen unter dem Volk, welche den Pharisäern anhiengen, durften sich nicht an JEsu vergreiffen, weil ihnen gleich von andern widersprochen wurde, wenn sie nachtheilige Reden von JEsu führten. Joh. 7, 13. 40=44. Einstens hatten die Hohenpriester und Pharisäer ihre Gerichtsknechte ausgeschickt, JEsum zu fangen. Da sie ihn aber reden hörten, unterstunden sie sich nicht, Hand an ihn zu legen, weil noch nie kein Mensch also geredet wie dieser. Worüber sie von ihren Herren ziemlich heftig angelassen wurden. Joh. 7, 32. 44. u. f. Bisweilen kam es bey scharfen Wortwechseln ganz nahe darzu, daß die Feinde JEsu sich mit ihren mörderischen Händen an ihm vergreiffen wollten. Er entgieng ihnen aber, wenn sie ihn am gewissesten zu haben vermeynten. Luc. 4, 30. Joh. 8, 59. Cap. 10, 39. vermuthlich weil diese blutgierige Menschen mit Blindheit geschlagen wurden, wie ehemals die Leute zu Sodom, 1 Mos. 19, 11. und die Syrer, welche den Elisa fangen woll-

wollten. 2 Kön. 6, 18. Er entwich auch zuweilen aus gewissen Gegenden, wo man ihm nach dem Leben trachtete. Joh. 7, 1. Marc. 3, 6. 7. Ob nun wohl alle Nachstellungen der Feinde JEsu so lange ganz vergebens waren, als seine Stunde oder die zu seinem Leiden bestimmte Zeit noch nicht gekommen war, Joh. 7, 30. Cap. 8, 20. so daß auch das Volk darüber stutzig wurde, warum ihn die Obersten nichts anhaben könnten, da er doch frey und öffentlich lehrte: Joh. 7, 25. 26. So thaten sie doch in ihrer Wuth, was sie nur konnten, um ihn überall verhaßt zu machen. Sie nennten ihn einen Samariter, der den Teufel hätte, Joh. 8, 48. einen Beelzebub, Matth. 10, 25. einen Weinsäuffer, Zöllner und Sündergesellen. Matth. 11, 19. Den Namen Verführer, welchen sie ihm nach seinem Tode beylegten, Matth. 27, 63. werden sie ihm sonder Zweifel auch bey seinem Leben gegeben haben. s. Joh. 7, 12. Sie nannten diejenigen, die sich seiner im geringsten annahmen, Galiläer. Joh. 7, 52. Sie machten einen Collegial-Schluß, daß alle diejenigen, welche ihn für den Meßias halten würden, in den Bann gethan, Joh. 9, 22. von aller Religionsgemeinschaft ausgeschlossen, und dem Satan übergeben werden sollten, wodurch auch wirklich viele abgeschreckt wurden, ein öffentliches Bekänntniß ihrer Ueberzeugung von ihm abzulegen. Joh. 7, 13. Cap. 12, 42. Sie gaben ihn für einen Menschen aus, von dem niemand wisse wo er herkommen, Joh. 9, 29.

und dem kein rechtschaffener Mann, sondern nur unwissendes verfluchtes Volk anhienge. Joh. 7, 47. 48. Sie verlästerten seine Wunder als Teufels Werke, s. das Capitel von seinen Wundern, und stiessen den von JEsu sehend gemachten Blindgebohrnen aus ihrer Versammlung, als sie ihn nicht dahin bringen konnten, daß er JEsum für einen Sünder erkennte. Joh. 9, 34. 24. Zuletzt machten sie JEsum gar Vogelfrey, Joh. 11, 57. und der gute Heiland mußte allenthalben wie ein gejagtes Wild seyn, Ps. 22, 7. fiel aber doch nicht eher in seiner Feinde Hände bis seine Zeit aus war, und er selbst sagte: Diß ist eure Stunde und die Macht der Finsterniß. Luc. 22, 53.

LIX. Capitel.

Von JEsu Verhalten gegen seine Feinde.

Feinde JEsu bey seinem menschlichen Wandel auf Erden, waren erstlich überhaupt alle ungläubige Juden, welche die Finsterniß mehr liebten, als das Licht. Joh. 3, 19. Dann auch, wie im vorhergehenden Capitel schon bemerket, vornehmlich die Pharisäer und Schriftgelehrten: denn diese waren eigentlich die Bauleute, welche den köstlichen Eckstein verwarfen, Ap. Gesch. 4, 11. und die Weingärtner, welche den HErrn des Weinbergs der jüdischen Kirche um alle Nutzung brachten und sich an seinem Sohn vergriffen. Matth.

Matth. 21, 33-42. Es war nicht genug, daß sie selbst für ihre Person keinen Theil an dem Gnadenreich GOttes nahmen, wozu JEsus jedermann einladete, sondern sie suchten auch mit List und Gewalt so viel an ihnen war zu hindern, daß andere nicht darzu gelangen möchten. Matth. 23, 13. Haßten nun JEsum seine Feinde ohne Ursach: Joh. 15, 24. so bewieß er hingegen seine Liebe gegen sie damit, daß er ihnen die Wahrheit sagte, Joh. 8, 40. dadurch sie entweder erleuchtet und errettet, oder doch ausser Stand gesetzt wurden, ihm einige Schuld an ihrem Gericht beyzumessen, Joh. 15, 22. damit dieses die einzige Ursache ihrer Verdammniß bliebe, weil sie nicht gewollt hatten. Matth. 23, 37. Diejenigen welche durch die Kraft seines Worts gerühret wurden, sich aber dadurch nicht von ihren fleischlichen Vorurtheilen und Absichten bekehren liessen, wurden gemeiniglich seine bittersten Feinde. Die eifrigen Gespräche mit den feindseeligen Juden Joh. 6. und 8. sind ein Beweiß davon, und zugleich eine Probe, was für gesalzene und scharfgewürzte Wahrheiten JEsus dergleichen Feinden aufs Herz und Gewissen geleget. Denn Joh. 6. redet JEsus mit Leuten, die bey der wunderbaren Speisung einer grossen Menge Volks mitgesättiget, und durch dieses herrliche Wunder in Erstaunen gesetzt, auch deßwegen ihm nachgezogen waren, v. 24-26. u. f. und Joh. 8. mit Juden die durch seine Predigt beym GOtteskasten überzeugt worden, v. 30.

v. 30. Er bezeugte ihnen, daß die leibliche Speise die Sache nicht sey, welche sie bey ihm suchen müßten, sondern sie müßten ihn selbst geniessen. Auch wäre es nicht genug, daß sie von seiner Rede überzeugt worden, wenn sie dieselbe nicht an sich zur Kraft kommen, und sich durch ihn von der Knechtschaft der Sünde frey machen liessen, sondern auf ihrem stolzen Sinn und fleischlichen Vertrauen auf ihre Abkunft von Abraham verharreten, dabey aber Knechte der Sünden und Teufelskinder blieben, welche in ihren Sünden sterben und verderben würden. Wie er denn auch zur andern Zeit den unglaubigen Juden Luc. 11, 29. verkündigte, daß sie an jenem Tag von Heyden, welche dem an sie ergangenen Ruf GOttes williger gefolgt, verdammt werden und ein viel schwereres Gericht auszustehen haben würden, als die ihnen benachbarte heidnische Orte. Matth. 11, 22. Mit seinen Hauptfeinden, den Pharisäern, Sadducäern und Schriftgelehrten, gieng JEsus nicht um als ein gemeiner Jude, der diese öffentliche Lehrer im Volk mit Gedult tragen, und nur nach ihren schriftmäßigen Worten, nicht aber nach ihren Werken thun mußte, Matth. 23, 23. sondern nach seinem besondern prophetischen Beruf als der größte und letzte Gesandte GOttes an sein Volk, Ebr. 1, 1. Cap. 3, 1. welcher wie das Feuer des Goldschmidts und die Seife der Wäscherin seyn, und die Kinder Levi läutern sollte. Mal. 3, 3.

4. Er bestrafte sie mit grossem Ernst über ihre

re Heuchelen, und deckte vor allen Menschen auf, was für ein Greuel des Hochmuths, des Geitzes und der Ungerechtigkeit unter ihren scheinheiligsten Werken stecke, wie durch ihre verführerische Lehren GOttes Gesetz ganz aufgehoben, und wie jedermann, der sich ihrer Seelsorge überliesse, ins Verderben gestürzt würde. Dahero er sie auch Narren, Schlangen, Ottergezüchte, Heuchler, Blinde und blinde Leiter, Diebe, Mörder und Miedlinge nennte, wie davon diejenigen Orte zeugen, aus welchen die im 5 Capitel enthaltene Beschreibung der jüdischen Lehrer genommen ist, ingleichen Joh. 10, 8. Er verhielt ihnen dabey nicht, wie er eher von Hurern und Ehebrechern hoffen könne, daß sie sich bekehren und seelig werden würden, als von ihnen, weil sie sich für besser und gerechter als alle andere Leute ansähen, Luc. 18, 11. und ihre geistliche Blindheit nicht erkennen wollten. Joh. 9, 41. Dahero er auch über sie, als über verlohrne und verdammte Leute, das Wehe ausrief. Matth. 23, 13. 14. 15. 16. 23. 25. 27. 29. Ja weil viele unter ihnen sich nicht etwa nur an seiner niedrigen Person ärgerten, sondern auch so gar der innern Ueberzeugung des heiligen Geistes von der Wahrheit seiner göttlichen Sendung muthwillig widerstrebten, und was sie für unleugbare Werke GOttes in ihren Herzen erkennen mußten, mit lästerlichen Worten dem Teufel zuschrieben: so sagte JEsus diesen unglückseeligen Leuten voraus, daß für sie in Zeit und Ewigkeit keine Hülfe und

Rettung mehr übrig sey. Matth. 12, 38. Marc. 3, 28. 29. 30. Wenn sie ihm einige spitzige Fragen vorlegten, entweder nur die Stärke seiner Einsicht zu erforschen, oder eine Antwort von JEsu heraus zu locken, damit sie ihn in Gefahr bringen könnten, ingleichen, wenn sie ein Aergerniß an gewissen Handlungen JEsu merken liessen: so begegnete ihnen JEsus auf verschiedene Weise. Vornehmlich führte er sie auf die heilige Schrift, und zeigte, wie sie eine gewisse Stelle im Gesetz, Psalmen oder Propheten auf den damals gegenwärtigen Fall deuten sollten. Dergleichen that er z. E. bey der Frage von Rechtmäßigkeit der Ehescheidung, Matth. 19, 3. und bey dem Aergerniß über die im Tempel frohlockende Kinder. Matth. 21, 16. Als auch die Sadducäer einstens eine Frage vorbrachten, welche darauf angefangen war, die Auferstehung der Todten lächerlich zu machen: so gab ihnen JEsus eine scharfe Antwort, und bewieß aus der heiligen Schrift, daß die Unsterblichkeit der menschlichen Seelen und die zukünftige Auferstehung der Todten eine unumstößliche Lehre sey. Weil aber die Sadducäer keine andere biblische Bücher zum Beweiß in Glaubenssachen gelten liessen, als die fünf Bücher des Moses: so ließ der liebe Heiland diese ihre vorgefaßte Meynung einstweilen unberührt, und nahm keinen hellen und klaren Spruch aus den Propheten und Psalmen, sondern führte seinen Beweiß durch einen Schluß aus der Benennung GOttes im Gesetz Mosis, nach welcher

sie

sie zugeben mußten, daß entweder GOtt sich nach leeren Namen solcher Personen, die in ein Nichts verwandelt wären, nenne, oder, daß die Erzväter Abraham, Isaac und Jacob sich der Seele nach, noch in einem lebendigen Zustand befänden, darinnen sie GOtt lieben und ihnen wohlthun, mithin ihr GOtt seyn könnte, Matth. 22, 23. welcher wohlgeführte und zumal nach der jüdischen Denkungsart vollkommen bündige Beweis von verschiedenen Schriftgelehrten, welche vermuthlich von der pharisäischen Secte waren, gar sehr gebilliget wurde. Luc. 20, 37. 38. 39. War die Frage, welche JEsu vorgelegt wurde, an sich wichtig: so gab JEsus eine sehr lehrreiche Antwort darauf, obgleich seine Versucher in einem ganz andern Sinn gefraget haben mochten, z. E. da das geschriebene jüdische Gesetz eine grosse Anzahl göttlicher Verordnungen enthielt, nämlich 248 Gebote und 365 Verbote, die Aufsätze der Aeltesten aber derer noch mehrere in sich faßten: so war eine der wichtigsten Fragen unter den jüdischen Schriftgelehrten: Welches Gebot unter einer so grossen Anzahl gesetzlicher Satzungen das größte wäre? Wenn dieselbe darüber unter sich disputirten: so mochte einer auf dieses, der andere auf jenes fallen. Als aber diese Frage an JEsum gebracht wurde, zeigte er in seiner Antwort, daß nicht nur das vornehmste und größte Gebot, sondern auch der Grund von allen übrigen Geboten des Gesetzes und der Propheten, in dem Gebot der wahren

Liebe

Liebe GOttes und des Nächsten zu suchen sey. Matth. 22, 34. Bey verfänglichen Fragen wußte er eine so weise Antwort zu geben, daß dieselbe ganz und gar keiner Mißdeutung unterworfen war, wie wir in dem 53sten Capitel ein Exempel an der Frage von Rechtmäsigkeit des kaiserlichen Zinßgroschens gesehen haben. Wenn hingegen JEsus bisweilen seinen Gegnern eine Frage vorlegte: so wurden sie dadurch dergestalt in die Enge getrieben, daß sie ihm die Antwort gänzlich schuldig blieben, weil sie solche nicht dergestalt einzukleiden wußten, daß sie bey der Wahrheit blieben, und doch nicht wider sich selbst reden mußten. Dahin gehört die Frage vom Meßias, Matth. 22,45. von Werken die am Sabbath erlaubt, Luc.6,9. von des Johannis Taufe, Marc. 11,29. welche letztere eine Gegenfrage JEsu war, da er gefragt wurde: Aus welcher Macht er seine Thaten thue? Bisweilen wußte er dasjenige, was er den Pharisäern und Schriftgelehrten zu ihrer Belehrung auf eine gewisse Frage, oder wegen eines gewissen Aergernisses beybringen wollte, in eine artige Geschichts-Erzählung einzukleiden, und aus derselben einen Umstand heraus zu nehmen, worüber er seines Gegentheils Antwort verlangte, welche dann nothwendig zugleich den Ausschlag der ganzen Sache enthalten mußte. So verfuhr er z.E. mit dem Schriftgelehrten, der aus übergrosser Klugheit wissen wollte, wer sein Nächster wäre, Luc. 10,29. und mit dem Pharisäer Simon, welcher

JEsu Christi. 219

cher sich an den Liebesbezeigungen, die ihm eine
Sünderin bewieß, ärgerte. Luc. 7, 40. u. f.
Einstens mußten sich JEsu Feinde auf diese Art
das Urtheil selbst sprechen, welches sie wegen
Verwerfung des Meßias verdient hatten, Matth.
21, 33. u. f. wohin auch die Frage Matth. 21,
28. gehört. Endlich wußte er auch seine Feinde wegen ihrer Beschuldigungen und Aergernisse dergestalt zu beschämen, daß sie ihm entweder recht geben, oder durch fernern Widerspruch sich selbst prostituiren mußten, wenn er
z. E. ihnen erwieß, daß nach ihren Lästerungen,
der Satan wider sich selbst handeln müßte,
Matth. 11, 17. u. f. Marc. 3, 23. daß nach ihren selbst erfundenen Lehren von der Sabbaths-
Feyer, man zwar am Sabbath nicht alleine
gottesdienstliche Verrichtungen im Tempel thun,
und den Menschen beschneiden, sondern auch
ein Vieh, wenn es in einen Brunnen gefallen,
heraus ziehen oder zur Tränke führen, keinesweges aber einen todtkranken Menschen gesund
machen, und sein Bette aufheben lassen könnte.
Matth. 12, 2. 11. 12. Joh. 7, 23. Luc. 13, 15.
Cap. 14, 5. Wie JEsus zu seinen Feinden zu
Gaste gegangen, ihnen aber auch bey dergleichen Gelegenheiten nichts geschenket, wie er sie
zwar in unschuldigen Dingen nicht gerne geärgert, sich aber auch in andern Gelegenheiten,
z. E. wenn er bey einem Sünder einkehrte, Luc.
19, 7. an ihre unbillige Aergernisse nicht gekehret, haben wir schon in vorhergehenden Capiteln berühret. Der Ausschlag aller vorerzähl-
ten

ten Handelweisen JEsu, war nun allezeit dieser, daß seine Feinde sich schämeten, Luc. 13, 17. und verwunderten, Matth. 22, 22. auch sich so leicht nicht wieder an ihn wagten, Marc. 12, 34. aber auch immer mehr darauf dachten, wie sie ihn aus dem Weg räumen möchten. Matth. 12, 14. Marc. 12, 12. Als es ihnen nun endlich gelung, verhielt sich JEsus unter seinen Feinden so gedultig wie ein Lamm das zur Schlachtbank geführet wird, und wie ein Schaaf das verstummet vor seinem Scherer. Jes. 53, 7. Das erstaunlichste aber ist, daß JEsus noch nach seiner Himmelfahrt allen seinen Feinden eine allgemeine Vergessenheit alles desjenigen, was sie mit ihm vorgenommen, durch die Apostel antragen lassen, mit dem gnädigen Erbieten, alles also, als wenn es aus Unwissenheit geschehen wäre, anzunehmen, ihnen alles durch seinen Tod und Auferstehung erworbene Heil angedeyhen zu lassen, und alle, ihren Vätern geschehene, Verheissungen an ihnen zu erfüllen. Ap. Gesch. 2, 3. Wir beschliessen also hiermit das Verhalten JEsu gegen seine Feinde, und kommen nunmehro auch auf den Beschluß seines Lehramtes und menschlichen Wandels in Knechtsgestalt durch sein Leiden und Sterben.

LX.

LX. Capitel.
Von der Vorbereitung JEsu zu seinem letzten Leiden.

JEsus fiel nicht unversehens und wie von ohngefähr in seiner Feinde Hände; sondern die eigentliche Zeit und Stunde darzu war im Rathschluß GOttes, welchem der Mensch JEsus Christus bis zum Tode des Creutzes gehorsam ward, genau bestimmet, und JEsus wußte sie, Luc. 9, 51. Joh. 13, 1. Cap. 18, 4. schickte sich auch darzu mit gutem Vorbedacht an, und bestellte sein Haus. Das liebste, ja einige, was er in dieser Welt verließ, waren seine Jünger. Joh. 17, 11. Diese hatten bis anhero treulich bey ihm ausgehalten, und sich dabey die angenehme Hoffnung gemacht, daß JEsus, ehe sie sich es versähen, sein neues Reich unter dem jüdischen Volk aufrichten würde. Luc. 19, 11. JEsus hatte auch anfänglich mit der bittern Lehre von seinem schmählichen Creutzestod gegen sie etwas zurücke gehalten, bis es so zu sagen die höchste Zeit war, ihnen davon deutliche Eröffnung zu thun. Bis es dazu kam, gieng seine Hauptbemühung an ihnen dahin, daß er sie von seiner Person und göttlichen Sendung gründlich überzeugen möchte. Als er nun auf seiner letzten Reise nach Jerusalem, dahin er den geradesten Weg gieng, Luc. 9, 51. begriffen war, und bey der Stadt Cäsarea Philippi seine Jünger befragte: Was denn die Leute von ihm sagten?
und

und was denn ſie von ihm hielten? Petrus aber darauf in ihrer aller Namen das herrliche Bekänntniß ablegte, daß er Chriſtus des lebendigen GOttes Sohn ſey: So beſtätigte JEſus, daß ihm dieſes nicht Fleiſch und Blut, ſondern der Vater im Himmel offenbaret hätte. Matth. 16, 13‑17. Es wurde alſo mit dieſem Examen der erſte Haupttheil ſeines Unterrichts beſchloſſen, und ſogleich der andere angefangen. Denn von der Zeit an fieng JEſus an und zeigte ſeinen Jüngern, wie er müßte hin gen Jeruſalem gehen, und viel leiden von den Aelteſten, und Hohenprieſtern und Schriftgelehrten, und getödtet werden, und am dritten Tage auferſtehen. Matth. 16, 21. Nach ſeiner Verklärung auf dem Berg Thabor, deutete er ſchon wieder auf ſein Leiden und ſeine Auferſtehung von den Todten, Matth. 17, 9. 12. und mitten unter der groſſen Verwunderung über ſeine herrliche Thaten fieng er wieder an davon zu reden. Luc. 9, 43‑45. Da er näher gen Jeruſalem kam, eröffnete er ſeinen Jüngern noch mehrere Umſtände, und daß er verſpottet, verſpeyet, gegeiſſelt und gecreutzigt werden würde, Matth. 20, 17. 18. 19. Marc. 10, 32‑34. Luc. 18, 33. wiederhohlte auch zween Tage vor ſeinem Leiden die Verkündigung ſeines Creutzestodes nochmals. Matth. 26, 1. In Jeruſalem hatte er ſich mit ſeinen Jüngern kaum zu Tiſche geſetzt, als er ihnen bekannt machte, daß dieſes die letzte Mahlzeit vor ſeinem Leiden ſeyn würde, Luc. 22, 14. 15. und die teſtamentlichen Handlungen des heiligen

Abendmahls und Fußwaschens, samt denen herrlichen Abschiedsreden, welche Johannes im 14. 15. 16. und 17 Capitel beschreibt, waren lauter Vorbereitungen zu seinem Ende. Ausser obangeführten deutlichen Verkündigungen seines Leidens, zielte JEsus in der letzten Zeit seines menschlichen Wandels bey allen Gelegenheiten auf seinen nahe bevorstehenden gewaltsamen Tod. Er sagte, z. E. daß ehe das Feuer, welches er auf Erden anzuzünden, gekommen wäre, in vollen Brand gerathen könnte, er mit einer Taufe getauft werden müsse, über deren Vollendung ihm ganz bange sey. Luc. 12, 49. 50. Gegen die Kinder des Zebedäus gedachte er dieser Taufe ebenfalls, Marc. 10, 38. und gegen seine Feinde ließ er sich heraus, daß sie ihn schon besser kennen lernen sollten, wenn sie ihn erst erhöhet haben würden. Joh. 8, 28. Cap. 12, 32. Als ihn eine Sünderin, Namens Maria zu Bethanien, mit köstlichem Wasser salbete, offenbarte er ebenfalls seine Todesgedanken, und lobte solches als ein gutes Werk, weil er dadurch zu seinem Begräbniß einbalsamiret worden. Joh. 12, 7. Vielleicht war auch dieses eine besondere Ursache, daß ihm auf seiner letzten Reise nach Jerusalem so viele gute Seelen aus Galiläa nachgezogen waren, Marc. 15, 41. Luc. 23, 55. weil er von ihnen Abschied genommen, und ihnen vorher gesagt hatte, daß er nicht wieder nach Galiläa kommen würde.

LXI.

LXI. Capitel.
Von etlichen sonderbaren Begebenheiten JEsu vor seinem letzten Leiden.

Sechs bis acht Tage darnach, nachdem JEsus seinen Jüngern die erste deutliche Eröffnung von seinem Leiden gethan hatte, nahm er den Petrus, Johannes und Jacobus mit sich auf einen hohen Berg zu bethen. Daß es der Berg Thabor gewesen, welcher von Cäsarea Philippi, wo JEsus von seinem Leiden geredet, an die zwanzig Meilen weit entfernt gelegen, gründet sich nicht auf den Buchstaben der Schrift, sondern auf eine gemeine Meynung der alten Kirchväter. Indem er nun auf diesem Berge bethete, veränderte sich seine ganze Gestalt vor den Augen der Jünger. Sein Angesicht wurde erleuchtet, wie die Sonne, und seine Kleider wurden helle wie ein Licht, und so weiß, daß sie kein Färber auf Erden so weiß machen kann. Die Jünger überfiel dabey ein tiefer Schlaf, da sie aber aufwachten, sahen sie JEsum in Gesellschaft zweyer ebenfalls in grosser Klarheit erschienenen Männer, welche sie sogleich für den Moses und Elias hielten. Die beyde wichtige Knechte GOttes aus der alten jüdischen Kirche redeten mit JEsu, und Lucas bemerket eigentlich, daß ihr Gespräch von JEsu bevorstehendem Creutzestod gehandelt. Von dem Elias wissen wir, daß er lebendig

bendig gen Himmel gefahren. 2 Kön. 2. Von dem Moses hingegen meldet die heilige Schrift ein mehrers nicht, als daß GOtt seinen Leichnam selbst begraben. 5 Mos. 34, 6. Es scheinet aber, daß GOtt indessen ihn aus dem Grabe erwecket, und auch dem Leibe nach in sein himmlisches Reich aufgenommen. Die Jünger waren über diesen Anblick ganz betäubt, und Petrus sprach halb voll Schlafs: Meister hie ist gut seyn, lasset uns drey Hütten bauen; dir eine, Mosi eine, und Elias eine. Plötzlich aber kam eine Wolke und überschattete sie, wobey eine Stimme gehört wurde: **Das ist mein lieber Sohn, den sollt ihr hören.** Als sich nun die Jünger in ihrer Bestürzung ein wenig wieder faßten, sahen sie niemand mehr als JEsum alleine, welcher ihnen verbot, dieses Gesicht vor seiner Auferstehung niemand zu sagen. Matth. 17, 1. Marc. 9, 2. Luc. 9, 28. JEsus war dadurch an Leib und Seele zu seinem bevorstehenden schweren Leiden kräftig gestärket worden. Bey den Jüngern aber wachte ein alter Lehrsatz, welchen sie von den jüdischen Schriftgelehrten gehöret hatten, auf, daß nämlich der Prophet Elias der Vorläuffer des Meßias seyn werde. Matth. 17, 10. Weil sie nun den Elias gesehen hatten: so mochten sie sich desto gewissere Hoffnung machen, daß JEsus nunmehro sein neues Reich bald aufrichten werde, worauf sie mit wenigen belehret wurden, daß Johannes der Täufer der Elias gewesen, welcher zuvor kommen sollen, und

P daß

daß nicht nur dieſer groſſe Vorbote des Meſ-
ſias eines gewaltſamen Todes ſterben müſſen,
ſondern auch das nächſte was mit JEſu vorgehen würde, ebenfalls ein ſchmerzliches Leiden
ſeyn werde. Bald darauf, als JEſus 6 Tage
vor Oſtern in Bethanien bey den Geſchwiſtern
Martha, Maria und Lazarus war, und im
Hauſe Simons des Ausſätzigen ſpeiſete, kam
dieſe Maria, und ſalbete ſeine Füſſe mit einem
ſehr koſtbaren Waſſer, welches Judas als eine
groſſe Verſchwendung beſtrafte, JEſus aber
als eine Vorbereitung zu ſeinem bevorſtehenden Begräbniß lobete, Joh. 12, 1 ꝛ 8. Matth.
26, 6. wobey er verſicherte, daß dieſer That
mit gedacht werden ſolle, ſo lange von ihm in
der Welt geprediget werden würde. Was Matthäus und Johannes von dieſer Salbung erzählen, iſt eine Geſchichte, wie Herr D. Bengel in
ſeiner Harmonie wenigſtens ziemlicher maaſen
darthut. Als JEſus ſich zu ſeinem Einzug in
die Stadt Jeruſalem eine Eſelin mit ihren Fül-
len bringen laſſen, Matth. 21, 1. u. f. und
darauf gegen die Stadt zuritte, mußte er über
den Oelberg reiten. An dieſem Ort ſeines
nachmaligen unausſprechlich ꝛ harten Todes-
Kampfs, wandelte ſeine Jünger eine beſondere Freude über die groſſen Thaten, welche ſie
bis anhero geſehen hatten, an, daß ſie ſich auch
nicht enthalten konnten GOtt mit lauter Stimme darüber zu loben. Luc. 19, 37. Dieſes auſ-
ſerordentliche Freudengefühl breitete ſich ſodann
unter alles Volk, welches ſich herzu gefunden
hat-

hatte, aus. Alles fieng an aus dem grossen Osterlobgesang zu rufen: Hosianna (Glück zu) dem Sohne David, gelobet sey der da kommt im Namen des HErrn Pf. 118, 25. Sie hieben Zweige von den Bäumen und bestreueten den Weg damit, breiteten auch ihre Kleider aus, und liessen JEsum darüber reiten. Matth. 21, 1. u. f. Marc. 11, 1. u. f. Luc. 19, 29. Joh. 12, 12. u. f. Nach der Auferstehung JEsu dachten die Jünger erst wieder an diese ausserordentliche Bewegung und lernten die alten Weissagungen, welche darauf gezielt hatten, verstehen, Joh. 12, 16. Als er in die Stadt kam, und gleich in den Tempel gieng, setzten die Kinder darinnen das Hosianna-Geschrey fort. Matth. 21, 12. 15. Die Pharisäer und Schriftgelehrten aber wurden darüber äusserst entrüstet, und begehrten von JEsu, er sollte seine Jünger über ihr angefangenes Lärmen bestrafen, auch das Geschrey der Kinder nicht so gelassen anhören. Worauf ihnen aber JEsus antwortete, daß, wenn diese schwiegen, die Steine schreyen würden, und das Geschrey der Kinder eine Erfüllung desjenigen sey, was sie im 8 Pf. v. 3. läsen: Aus dem Munde der Unmündigen und Säuglinge hast du dir ein Lob bereitet, Luc. 19, 39. 40. Matth. 21, 15. 16. Daß sich dadurch der Grimm seiner Feinde gewaltig werde vermehret haben, ist leicht zu erachten. Wir werden aber bald vernehmen, wodurch derselbe vollends aufs höchste getrieben worden. Indessen

dessen müssen wir hier nur noch eine sonderbare Begebenheit JEsu vor seinem Leiden anführen. Als er nämlich mit seinen Jüngern wegen einiger Griechen die ihn gerne sehen wollten, redete, und ihm ein schmerzhaftes Gefühl von seinem Leiden in seine Seele drang, welches er auch mit Worten zu erkennen gab, seufzete er dabey zu seinem Vater: **Vater, verkläre deinen Namen!** Worauf sich eine Stimme vom Himmel hören ließ: **Ich habe ihn verkläret und will ihn abermals verklären.** Joh. 12, 20=28. Das Volk so sich damals bey JEsu befand, wurde darüber äusserst bestürzt, und wußte nicht, ob es gedonnert, oder ein Engel mit JEsu geredet hätte. JEsus aber bezeugte, daß diese Stimme nicht um seinet willen, sondern vielmehr zu ihrer Ueberzeugung geschehen sey. Joh. 12, 29. 30. Inzwischen kehrten sich doch diese Leute, welche sonst immer auf Zeichen vom Himmel gewartet, wenig daran, und wurden gleich aufgebracht, als JEsus nur mit verblümten Worten auf sein Leiden zielte. Dahero sie auch JEsus um ihres Unglaubens willen keiner weitern Unterredung würdigte, sondern sich von ihnen hinweg begab. Joh. 12, 30=41.

LXII.

LXII. Capitel.
Von der Gelegenheit zu JEsu letzten Leiden.

Nach den vorhergehenden Capiteln waren die Feinde JEsu schon gar lange damit umgegangen, wie sie ihn aus dem Lande der Lebendigen hinwegräumen möchten. Es hatte sich aber immer damit nicht recht schicken wollen. Da er aber auf das dritte Osterfest nach Antritt seines Lehramtes nach Jerusalem kam, ereigneten sich verschiedene Umstände, wodurch seine Feinde angereitzet wurden, ihren längst gefaßten Entschluß dereinst mit ganzem Ernst, jedoch auch mit aller vermeynten theologischen Klugheit durchzusetzen. JEsus machte seinen entschlafenen Freund Lazarus zu Bethanien wiederum lebendig, nachdem er schon vier Tage im Grabe gelegen und stinkend worden war. Joh. 11. Das war nun ein Wunder, welches seit der Zeit des Elias und Elisa in Israel nicht geschehen war. Zwar hatte JEsus schon mehrere Todte erwecket, nämlich den Jüngling zu Nain und die Tochter des Jairus. Es hatte aber keine dieser Erweckungen so viel Aufsehen erreget, als die Erweckung des Lazarus. Es war derselbe ein wohlbekannter Mann, welcher in gutem Ansehen unter den Juden gestanden haben muß, weil bey seinem Absterben so viele Juden aus Jerusalem kamen, seine Schwestern zu trösten, Joh. 11, 19. und Bethanien lag nicht weit von Jerusalem. Joh. 11, 18. Dahero konnten die Innwohner dieser Hauptstadt sich alle der Wahrheit dieses ungemeinen Wunders, welches auch in Beyseyn vieler Leute geschehen war, durch den Augenschein versichern. Es entstund auch wirklich ein grosser Zulauf nach Bethanien, Joh. 12, 9. 18. das Volk rühmte die That, v. 17. und viele wurden dadurch überzeugt, daß JEsus ein von GOtt gesandter Prophet seyn müsse. Joh. 11, 45. Cap. 12, 11. Die Hohenpriester und Pharisäer, welche von dieser Wunderthat JEsu gar bald benachrichtiget wurden, Joh. 11, 46. hielten deßwegen eine ausserordentliche Rathsversammlung, wobey der Vortrag darinnen bestund:

> Was für Veranstaltungen bey gegenwärtigen Umständen, und da der JEsus von Nazareth so viele Zeichen thue, zu treffen seyn möchten, ehe etwa das ganze Volk sich zu ihm bekennete, und die Römer veranlasset würden, das jüdische Volk vollends um seine Freyheit zu bringen.

Als nun der Hohepriester Caiphas sein Gutachten dahin ertheilte:

> Daß dieser Mensch zum gemeinen Besten und damit nicht das ganze Volk verderbe, aufgeopfert werden müßte.

So fielen ihm alle übrige Beysitzer bey, und wurde also (vermuthlich nach der von Alters her gewöhnlichen Redensart, in der Furcht des HErrn) durch einmüthige Stimmen beschlossen:

Daß

JEsu Christi. 231

Daß man JEsum von Nazareth zwar vom Leben zum Tode zu befördern suchen müsse, die Art und Weise aber zu weiterer Ueberlegung ausgestellt bliebe.

Joh. 11, 47. 53. Der Zulauf nach Bethanien wurde indessen immer stärker, und wenn die Pharisäer zusammenkamen, so hatte ein Amtsbruder gegen den andern, über die überhand nehmende grosse Bewegungen in der jüdischen Kirche mit Seufzen zu klagen. Joh. 12, 19. Es wurden dahero bald anderweite gemeinschaftliche Berathschlagungen angestellt, wie man das bereits beschlossene Vorhaben wider JEsum mit guter Manier ausführen wollte. Matth. 26, 3. 4. Wie man aus Gegeneinanderhaltung aller darauf folgenden Umstände siehet, wurde dabey folgender Schluß gefaßt:

1) Wäre dahin zu sehen, daß man sich der Person JEsu in möglichster Geschwindigkeit und Stille ohne grosses Aufsehen versichern möchte. Luc. 22, 6.

2) Müßte man mit allem Fleiß vermeiden, daß solches ja nicht auf das Fest geschähe, da die Juden aus allen Städten in Jerusalem versammlet wären, weil das Volk grossentheils JEsum hoch hielte, und sonst leichtlich ein Aufruhr entstehen könnte, Matth. 26, 5.

3) Wäre JEsus als einer der sich wider das Gesetz des Moses und die jüdische Religionsverfassung vergangen hätte, von dem

geistlichen Gericht zum Tode zu verdammen, zu dessen Behuf sich schon einige Zeugen finden würden. Matth. 26, 57. 60. Hierauf aber wäre

4) derselbe an den römischen Landpfleger zu Vollziehung des Todes-Urtheils zu übergeben, Joh. 18, 28-30. Cap. 19, 7. Matth. 27, 1. 2. und endlich würde

5) nicht undienlich seyn, wenn man auch den Lazarus aus dem Wege räumen könnte. Joh. 12, 10. 11.

JEsus handelte indessen, bis seine Stunde vollends kam, nach aller menschlichen Vorsicht, eben wie sich die alten Propheten bisweilen zu Zeiten der Verfolgung verbergen müssen, 1 Kön. 17, 3. und hielt sich eine Zeitlang ganz in der Stille in einem kleinen Ort Namens Ephrem auf, dahero die Pharisäer und Schriftgelehrten ein Gebot ausgehen liessen, daß so jemand wüßte, wo er wäre, er es anzeigen sollte, damit er zur Haft gebracht werden könnte. Joh. 11, 57. Ob auch gleich JEsus endlich in die Stadt Jerusalem kam: so blieb er doch nicht über Nacht in derselben, sondern gieng allemal gegen Abend hinaus und schlief am Oelberge, Luc. 21, 37. Dahero die Hohenpriester und Schriftgelehrten nicht wußten, wie sie sich seiner in der Stille bemächtigen sollten, und sich um desto mehr freueten, als sich einer aus des lieben Heilandes Jüngern, Judas Ischarioth freywillig erbot, ihnen dazu Gelegenheit zu machen, Luc. 22, 4. 5.

LXIII.

JEsu Christi.

LXIII. Capitel.

Von Judas dem Verräther.

Der Vater dieses unglücklichen Menschen hieß Simon, Joh. 12, 4. er aber führte den Beynamen Ischarioth: Ob solches so viel sey, als Ischkerioth, ein Mann von Kerioth, oder was es sonst heissen solle, lässet sich nicht gewiß bestimmen, ist auch nichts daran gelegen. Wie er zuerst zu JEsu Nachfolge und Jüngerschaft gekommen sey, wird in der Lebensbeschreibung JEsu nicht gemeldet. Als sich JEsus die zwölf Apostel zu seiner beständigen Nachfolge und künftiger Ausbreitung des Evangelii aussonderte, war Judas mit darunter, wurde auch mit ausgesendet, predigte, that Wunder und kam sowol als die übrigen Apostel in vielem Seegen wiederum zurück, Matth. 10, 1. u. f. Luc. 9, 1. 2. 10. Ap. Gesch. 1, 17. und wurde von der Verheissung des Sitzens auf zwölf Stühlen im zukünftigen Reich Christi nicht ausgeschlossen, Matth. 19, 28. Wenn also in dem Lebenslauf JEsu von den Zwölfen geredet wird: so ist Judas allemal mit darunter zu verstehen. *) Ob

---

*) Hr. M. Joh. Christoph Philipp, Pastor der St. Stephans-Kirche zu Zeitz, behauptet in seinen eigenen Gedanken über den Verräther Judas Ischarioth, Naumb. und Zeitz 1755. daß dem Menschen JEsu Christo von Anfang noch verborgen gewesen, daß Judas ihn verrathen würde, und daß ihm solches kurz vor seinem Leiden erst bekannt worden, wo-

er von seiner ersten Erweckung an, ein falsches Herz gehabt, oder erst nach einiger Zeit sich wiederum von seiner eigenen Lust Jac. 1, 14.15. dem Geitz berücken lassen, getraue ich mir nicht zu bestimmen. So viel ist gewiß, daß JEsus ihn wol ein Jahr vor seiner Verrätherey schon unter seinen Jüngern, wiewol ohne Benennung seines Namens, ausgezeichnet; da er auf ein von dem Petro im Namen aller Apostel abgelegtes herrliches Bekänntniß von seiner Person und Lehre gesagt hat: Habe ich nicht euch zwölfe erwählet, und einer ist ein Teufel. Joh. 6, 70. Wie er denn auch im 64. V. unter diejenigen, so nicht glaubten oder kein lauteres und einfältiges Herz hätten, gerechnet wird. Und wenn man des redlichen Jüngers Johannes Worte Cap. 12, 6. betrachtet: so scheinet es allerdings, daß Judas schon eine geraume Zeit vor seiner letzten groben Versündigung gegen seinen HErrn und Meister untreu gewesen. Dieser vertraute ihm seine kleine Casse an, gab ihm die milden Beysteuern die ihm gegeben wurden aufzuheben, und ließ durch ihn alles nöthige

bey er p. 8. sagt, daß der Erlöser während seiner prophetischen Amtsführung sich selten der in ihm wohnenden Fülle der Gottheit bedienet, sondern meistentheils und gewöhnlich sich mit dem Gebrauch der ihm mitgetheilten Salbungskraft begnüget habe, mit dem Zusatz: das was mir hierinnen unbegreiflich ist, wird mir die Ewigkeit näher erklären. Siehe oben das 48. Cap.

nöthige einkaufen, auch wohl den Armen etwas geben. Joh. 12, 6. Cap. 13, 29. Da nun Johannes Cap. 12, 6. sagt, daß er ein Dieb gewesen: so ist zu vermuthen, daß er mit den wenigen Geldern des lieben Heilandes nicht allzuordentlich hausgehalten, sondern sich mehrmals daran vergriffen habe. Als JEsus sechs Tage vor Ostern in Bethanien speisete und die Sünderin Maria das köstliche Wasser auf JEsu Haupt goß, bezeugte Judas darüber einen grossen Unwillen, unter dem scheinbaren Vorwand, daß solches eine unnöthige Verschwendung sey, und von dem grossen Werth dieses Wassers den Armen viele Wohlthaten hätten erwiesen werden können, in der That aber nur darum, weil ihn im Herzen schmerzete, daß das Geld für dieses kostbare Wasser nicht in seine untreue Hände gediehen war. Joh. 12, 4. 5. 6. Als ihn nun JEsus darüber bestrafte und sich des armen Weibes annahm, gerieth Judas in einen besondern Unmuth, wobey sich der Satan seines unlautern Herzens völlig bemeisterte, und ihm das Vorhaben eingab, daß er von dem öffentlichen Gebot, welches die Hohenpriester nach vorhergehendem Capitel ausgehen lassen, profitiren, und ihnen JEsum in die Hände liefern wolle. Joh. 13, 2. Luc. 22, 3. Er gieng dahero zu den Hohenpriestern, und erbot sich ihnen Gelegenheit zu machen, daß sie JEsum in der Stille gefangen nehmen könnten, wenn sie diesen seinen Dienst reichlich genug belohnen wollten. Matth. 26, 14, 15.

Marc.

Marc. 14, 10. 11. Luc. 22, 3. 4. 5. Die Hohenpriester versprachen ihm dreyßig Silberlinge oder nach unserm Geld fünfzehen Thaler, damit war der Handel richtig, und Judas suchte nur Gelegenheit sein Sündengeld zu verdienen. Matth. 26, 16. Marc. 14, 11. Luc. 22, 6. Er begab sich also wiederum zu seinem HErrn und Meister, und setzte sich mit demselben bey der Ostermahlzeit zu Tische. Matth. 26, 20. Ueber der Mahlzeit entdeckte JEsus seinen Jüngern, daß ihn einer unter ihnen verrathen, und dadurch so ein entsetzliches Gericht auf sich laden würde, daß ihm besser seyn würde, wenn er nie gebohren wäre. Als nun die Jünger darüber bestürzt wurden, und alle nach einander fragten, wer es wäre, gab JEsus endlich dem Johannes, welcher neben ihm zu Tische lag, zur Antwort, daß es derjenige wäre, welchem er einen eingetauchten Bissen gäbe. Worauf er auch einen Bissen eintauchte und ihn dem Judas Ischarioth gab. Joh. 13, 21: 26. Matth. 26, 21: 24. Ja als Judas selbst so dreiste war, daß er JEsum fragte: ob er der Verräther wäre, bejahete solches JEsus. Matth. 26, 25. Der Satan wurde indessen an seinem Herzen immer geschäfftiger und trieb ihn an, sein Vorhaben auszuführen. JEsus selbst erinnerte ihn: was er thun wolle bald zu thun, vielleicht, damit er sich nach seiner Entfernung mit seinen rechtschaffenen Jüngern desto vertraulicher letzen könnte, und Judas gieng darauf aus dem Speise-Saal hinaus, Joh. 13,

13, 27:30. vermuthlich um den Hohenpriestern Nachricht zu geben, daß sie sich in Bereitschaft halten möchten, weil er ihnen JEsum nun bald in die Hände liefern wollte. Denn er muß wieder in den Speise=Saal gekommen seyn, und das Abendmahl mit genossen haben, auch beym Fußwaschen gewesen seyn, weil Lucas an die Worte der Einsetzung des heiligen Abendmahls unmittelbar die Klage JEsu anhänget: daß die Hand seines Verräthers mit ihm über Tische sey. Luc. 22, 21. und JEsus bey dem Fußwaschen sagt: Ihr seyd rein, aber nicht alle. Joh. 13, 10. Aus allem bisher erzählten erhellet ein deutliches Beyspiel: wie Seelen, die der Satan durch ihre eigne Lust versucht, wenn sie sich einmal damit bestricken, lassen von einem Grad zum andern verfallen und endlich dahin kommen können, daß keine Warnung und kein Wort des Heilandes mehr an ihnen haftet, sondern der Satan mit ihnen machen kann was er nach allen seinen Absichten nur will. Beyläufig gedenke hierbey, daß viele Ausleger die Mahlzeit, welche Joh. 13. beschrieben wird und wobey JEsus seinen Jüngern die Füsse gewaschen, nicht für die letzte Ostermahlzeit, wobey JEsus das heilige Abendmahl eingesetzt, sondern für ein Abendessen welches JEsus Mittwochs vor dem Osterabend noch zu Bethanien gehalten, ansehen, und zwar besonders darum, weil Johannes deutlich sage, daß diese Mahlzeit vor dem Osterfeste gehalten worden, Joh. 13, 1. und weil die Jünger, als JEsus zu dem Judas sagte, er solle bald thun, was er thun wolle, dieses als eine Erinnerung ansahen, das Nöthige auf das Fest einzukaufen, Joh. 13, 29. welches am Ostertage nach den jüdischen Gesetzen nicht mehr hätte geschehen können. Als nun JEsus in der Nacht nach genossenem Osterlamm vor die Stadt hinaus in einen Garten am Oelberg, wo er bis dahin oft übernachtet hatte, gegangen war, und den harten Todeskampf überstanden hatte, kam bald darauf die von den Hohenpriestern abgeschickte Gerichtsfolge, nebst den Soldaten von der Tempelwache unter Anführung des verrätherischen Judas gegangen, um JEsum gefangen zu nehmen. Joh. 18, 1.2.3. Damit sie nun gleich an die rechte Person kämen, hatte Judas mit ihnen verabredet, daß er JEsum küssen wolle, worauf sie ihn denn gefangen nehmen, und ja veste halten möchten. Matth. 26, 48. Marc. 14, 44. Er näherte sich also JEsu, küssete ihn und sprach: Gegrüsset seyst du Rabbi. Matth. 26, 49. JEsus aber redete ihn mit aller Sanftmuth an: Mein Freund, warum bist du kommen, Matth. 26, 50. Juda! verrätheft du des Menschen-Sohn mit einem Kuß? Luc. 22, 48. Was hierauf mit JEsu vorgegangen, gehört zu dessen Leidenshistorie. Als es mit JEsu so weit kam, daß er von den Hohenpriestern an den Landpfleger überantwortet wurde, wachte dem Judas das Gewissen auf. Er gieng in seiner Angst und Unruhe zu den Hohenpriestern, warf

ihnen

JEsu Christi. 239

ihnen die indeſſen empfangene dreyſig Silberlinge vor die Fuͤſſe, und bekannte, daß er unrecht gethan habe, weil er unſchuldig Blut verrathen. Matth. 27, 3. 4. Hierbey nun meynen viele, daß des Judas Abſicht keineswegs geweſen JEſum zum Tode zu uͤberliefern, ſondern nur Geld zu verdienen, in gewiſſer Hoffnung, daß JEſus ſich auch vor dißmal, wie ſchon oft geſchehen, aus ſeiner Feinde Haͤnden loßreiſſen werde. Dahero er auch die Worte Marc. 14, 44. fuͤhret ihn gewiß, gleichſam ſpottweiſe geſagt. Weil er aber geſehen, daß es weiter gieng, und JEſus gar zum Tode uͤbergeben werden ſollte, waͤre er an deſſen Perſon ganz irre worden, habe ihn aber doch wenigſtens fuͤr einen unſchuldigen Menſchen gehalten, an deſſen Tod er nicht ohne ſchwere Verſuͤndigung Urſache ſeyn koͤnne. Die Hohenprieſter gaben ihm inzwiſchen ſchlechten Troſt und uͤberlieſſen ihm ſelbſt, wie er ſich helfen und rathen wollte. Das Geld wieder zuruͤck zu nehmen, ließ ihr Ehrgeitz nicht zu, es aber in den GOtteskaſten zu legen, erlaubte das goͤttliche Geſetz nicht, weil es Blutgeld war. Sie faßten alſo einen Schluß, daß ſie dafuͤr einen Acker zum Begraͤbniß ſolcher fremden Juden kauffen wollten, welche bey Feſttagen und andern Gelegenheiten zu Jeruſalem ſtuͤrben, und keine Anverwandten daſelbſt haͤtten, die ſie in ihr Erbbegraͤbniß beerdigten. Matth. 27, 1-7. Dieß war alſo eine milde Stiftung von Blutgeld, dergleichen es noch heutiges Tages wenigſtens vor GOttes Augen noch
gar

gar viele geben mag. Judas gieng hierauf in seiner Verzweiflung hin und erhängte sich selbst, Matth. 27, 5. wobey sich an seinem Cörper das abscheuliche Spectacul ereignete, daß er aufplatzte, und alles sein Eingeweide ausgeschüttet wurde. Ap. Gesch. 1, 18. Es giebt Leute, welche dafür halten, es sey nur des Judas Leib dem Satan übergeben worden, zum Verderben des Fleisches, damit der Geist seelig würde am Tage des HErrn. 1 Cor. 5, 5. Weil aber JEsus von ihm sagt, daß ihm besser gewesen wäre, wenn er nie gebohren worden, Matth. 26, 24. und weil er in seinem hohenpriesterlichen Gebeth ihn ausdrücklich ein verlohrnes Kind nennet: Joh. 17, 12. so weiß ich nicht, wie diese Redensarten bestehen könnten, wenn Judas nur den geringsten Grad der Seeligkeit hätte erlangen können. Die Apostel sagten, da sie nach JEsu Himmelfahrt seine Stelle durch den Matthias wiederum ersetzten: Er wäre hingegangen an seinen (eignen) Ort, Ap. Gesch. 1, 25. und da mag er also bleiben, bis derjenige als sein und aller Welt Richter erscheinen wird, dessen Brod er gegessen und welchen er mit Füssen getreten. Joh. 13, 18.

LXIV. Capitel.

Vom letzten Osterlamm welches JEsus gegessen.

Nachdem einige reformirte Lehrer die Sätze dieser Kirche vom heiligen Abendmahl dadurch

JEsu Christi. 241

durch zu bestärken gesucht, daß sie aus den jüdischen Alterthümern beygebracht, wie der Hausvater bey der feyerlichen Ostermahlzeit das ungesäuerte Brod unter seine Haus-und Tischgenossen mit den Worten ausgetheilet habe: **Nehmet hin und esset, das ist das Brod des Trübsals, welches unsere Väter in Egypten assen:** So haben hingegen viele Lutherische Theologen angefangen in Zweifel zu ziehen, daß unser Heiland mit seinen Jüngern vor seinem Tod das Osterlamm wirklich gegessen habe, ob er es wol zubereiten lassen. Ihre Hauptgründe sind, weil 1) Johannes im 13 Cap. v. 1. ausdrücklich sage, daß JEsus die letzte Mahlzeit mit seinen Jüngern vor dem Fest der Ostern gehalten, und 2) die Jünger v. 29. vermeynt, er erinnere den Judas das Nöthige auf das Fest einzukaufen, auch 3) die Juden nicht in das Richthaus gegangen, damit sie nicht unrein würden, sondern Ostern essen möchten. Joh. 18, 28. Gleichwie aber die reformirten Lehrsätze durch obige vermeynte Erläuterung aus den jüdischen Alterthümern keine unumstößliche Gewißheit erhalten: Also ist, was angeführte gegenseitige Gründe anbelanget, noch nicht ausgemacht, ob nicht die Mahlzeit, welche Johannes im 13den und 14den Capitel beschreibet, des Abends vor der Ostermahlzeit in Bethanien gehalten worden, und JEsus dieselbe mit dem 31sten Vers des 14den Capitels beschlossen, das übrige aber, was im 15. 16. und 17. Capitel enthalten, folgenden Tages in

Q Jeru-

Jerusalem geredet. Wie denn auch die Juden nur darum nicht in das Richthaus gegangen seyn können, damit sie die Tage der ungesäuerten Brode oder Osterkuchen ohne Verunreinigung vollends auszuhalten im Stande seyn möchten. Da nun JEsus 1) am ersten Tag der süssen Brod das Osterlamm zu bereiten befohlen, Matth. 26, 17. 18. Marc. 14, 12, 15. Luc. 22, 7=12. 2) die Jünger auch das Osterlamm wirklich bereitet, Matth. 26, 19. Marc. 14, 16. Luc. 22, 13. und 3) JEsus als er sich zu Tische gesetzt, die vorhabende Mahlzeit ein Osterlamm genennet, nach dessen Geniessung ihn herzlich verlanget habe, Luc. 22, 15. auch dabey 4) die feyerlichen Gebräuche der Juden, als die Seegnung des ersten Trunks, Luc. 22, 17. und die Absingung des Lobgesangs oder grossen Hallelujah, Matth. 26, 30. Marc. 14, 26. mitgemacht: so glaube ich meines Orts, daß JEsus wirklich das Osterlamm wie andere Juden am 14den Tag des Monats Nisan, welcher in einen Theil unsers Merz-und April-Monats fällt, 2 Mos. 12, 18. genossen habe, wenn ich auch gleich nicht auf alle spitzfindige Zweifel gründlich antworten könnte. Einige andere gerathen auch auf die Gedanken, daß JEsus das Osterlamm einen Tag früher gegessen als andere Juden, weil der Tag, an welchem er gecreuziget worden, der Rüsttag genennet wird, Marc. 15, 42. welches sie als den Tag der Zurüstung auf das Osterfest annehmen. Wenn wir aber in Erwägung ziehen was Lucas C. 23, 54. schreibet:

JEsu Christi.   243

bet: Und es war der Rüsttag, und der Sabbath brach an; so erläutert sich dieser Zweifel hinlänglich und erhellet daraus, daß man nur mit Beschickung der Leiche JEsu um deßwillen so geeilet, weil mit einbrechendem Abend die Vorbereitung auf den Sabbath angegangen. Wie das Osterlamm bereitet und gegessen worden, findet man 2 Mos. 12. und in den biblischen Alterthümern genugsam beschrieben. Hier will ich nur des einigen Umstandes gedenken, daß das Osterlamm an einem hölzernen Spieß gebraten, und die zween vordern Füsse an ein durchgestecktes Querholz fest gemacht, die hintern aber über einander geschlagen und an den Spieß gebunden worden. Welches als ein Vorbild unsers rechten Osterlamms, das hoch an des Creutzes Stamm in heiser Liebe gebraten worden, angesehen werden kann.

LXV. Capitel.

Von dem Fußwaschen JEsu mit seinen Jüngern.

Daß das Fußwaschen, welches JEsus vor seinem Abschied mit seinen Jüngern gehalten und welches Johannes im 13den Capitel beschreibet, nicht nur eine **gemeine,** *) sondern testamentliche Handlung gewesen, erhellet gleich aus den äussern Umständen dieser Geschichte.

*) S. Bengels Harmonie p. 306. erster Ausgabe.

te. Die Morgenländer pflegten zwar ihre Füſſe öfters und unter andern auch beym Eintritt in ein Gaſthaus zu waſchen. Luc. 7, 44. Das Fußwaſchen des lieben Heilandes aber wurde nach dem Eſſen gehalten. Auch wäre ordentlicher Weiſe nicht nöthig geweſen, daß JEſus ſeinen Jüngern die Füſſe gewaſchen hätte, ſondern dieſe hätten vielmehr ihm dieſen Dienſt leiſten ſollen. Wir finden aber auch die wichtige Abſicht JEſu hierbey noch deutlicher und überzeugender bemerket. Nach ſolcher ſollte nämlich durch dieſes Fußwaſchen 1) beſtätiget werden, daß die eilf redliche Jünger durch das Wort JEſu in ihren Herzen gereiniget und von den Aergerniſſen und Unlauterkeiten, welche ſich unter ihnen kurz zuvor angeſponnen hätten, Matth. 26, 8. befreyet wären, Joh. 13, 10. 11. Joh. 15, 3. Hiernächſt wollte JEſus 2) ſeine Liebesgemeinſchaft mit ſeinen Jüngern dadurch bekräftigen, v. 1. 8. nicht weniger 3) letztern dadurch ein Exempel der Demuth einprägen, v. 14. 15. Deſſen geſegnete Abſicht 4) ihnen erſt hernach recht klar werden ſolle, v. 7. wenn ſie 5) denſelben nachahmen würden. v. 14. Die apoſtoliſchen Gemeinen haben dieſes Wort und Exempel des lieben Heilandes in vielen Seegen nach dem Buchſtaben befolget, wovon auch 1 Tim. 5, 10. eine Spur zu befinden. Heut zu Tage, da man davon nichts mehr weiß, auſſer daß in der catholiſchen Kirche noch eine grüne Donnerſtags-Ceremonie aus dem Fußwaſchen gewiſſer armer Leute gemacht wird, begnügen ſich

JEsu Christi. 245

sich die besten Gottesgelehrten, wenn sie vom Fußwaschen JEsu reden, darüber nur diese Anmerkung zu machen, daß JEsus die Seinen damit habe lehren wollen, wie sie einander in Liebe und Demuth die geringsten Dienste leisten sollten. Es ist dieses an und für sich eine theure und wichtige Wahrheit. Gleichwie ich aber glaube, daß man am besten thue, wenn man so einfältig und eigentlich bey JEsu Worten bleibet, als nur immer möglich ist: also glaube ich eben so gewiß, daß es unter unserer jetzigen Verfassung an solchen Stücken fehle, ohne welche die buchstäbliche Nachahmung dieses Fußwaschens JEsu vergeblich ja schädlich seyn würde.

LXVI. Capitel.
Vom Leiden und Sterben JEsu überhaupt.

Der Zweck dieser kurzen Einleitung leidet nicht, die ganze sogenannte Passionshistorie derselben einzuverleiben, und darüber Betrachtungen anzustellen, sondern nur ein und andern besonders merkwürdigen Umstand zu erläutern und zu weiterer gesegneten Erwägung der ganzen Leidensgeschichte JEsu Anlaß zu geben. Wie JEsus nach ausgestandenem harten Kampf im Garten am Oelberg, unter Anführung des Verräthers Judas gefangen genommen, von den Hohenpriestern verhört, an den römischen Landpfleger Pontius Pilatus überantwortet, und von demselben erzwungen worden, daß er ihn geisseln und creutzigen lassen, und was sonst alles bey dem Leiden und Sterben JEsu vorgegangen, solches haben die Evangelisten umständlich beschrieben und zwar Matthäus vom 26. Marcus vom 14. Lucas vom 22. und Johannes vom 13. Capitel an. Bey keinem Theil der Geschichte JEsu ist so nöthig alle vier Evangelisten zusammen zu halten, als bey diesen letzten, weil immer einer den andern erläutert und ergänzet. Man thut dahero auch sehr wohl, wenn man die hochwichtige Leidensgeschichte des Heilandes fein oft in demjenigen Zusammenhang lieset, darein sie aus allen vier Evangelisten sowol in griechischer als teutscher Sprache gebracht ist. Am richtigsten findet man solche nunmehro in Störrens neun Fastenbetrachtungen über den sogenannten Lobgesang. Stuttg. 1756. p. 179-268. Die historischen Umstände, welche aus den Alterthümern und andern gelehrten Wissenschaften zu erklären, sind von verschiedenen Gelehrten ins Licht gestellet worden. Man findet deren viele mit Namen genennet in Walthers juristisch historischen Betrachtungen über das Leiden und Sterben JEsu Christi, welches Buch sonst an und vor sich nicht viel besonders enthält. Auf die Erbauung gerichtete Betrachtungen über die Leidensgeschichte JEsu sind in grosser Menge, jedoch nicht in einerley Güte vorhanden. Ich habe viele überaus schlechte und leere, obgleich sonst wohl und beweglich geschriebene gesehen, unter den besten aber besonders

des

des seeligen D. Antons und M. Steinhofers Arbeiten nach der rechten Art eingerichtet gefunden.

LXVII. Capitel.
Allgemeine Anmerkung wegen rechter Betrachtung des Leidens JEsu.

In vorhergehendem Capitel ist von guten und schlechten Betrachtungen der Leidensgeschichte JEsu geredet worden. Dieses veranlasset mich einige Kennzeichen von guten und schlechten Paßionsbetrachtungen allhier einzurücken. Ich meyne aber nur solche Betrachtungen, welche das Ansehen haben sollen, auf die Erbauung gerichtet zu seyn. Denn, wenn ein Gelehrter über die Leidensgeschichte JEsu allerhand Anmerkungen aus den Alterthümern und andern Wissenschaften macht, und dadurch etwas zum bessern Wortverstand der historischen Umstände beyzutragen vermeynt: so lässet man seine Arbeit in ihrem Werth, wenn er nur nicht in unnütze Kleinigkeiten oder ungewisse Muthmassungen ausschweifet, und mit dem Worte GOttes nicht unehrerbietig umgehet, noch unter dergleichen Waaren einigen Schleichhandel mit irrigen und dem Creutze JEsu nachtheiligen Sätzen zu treiben sucht. Ich halte also für schlechte Paßionsbetrachtungen diejenigen, welche sich nur allein oder größtentheils dabey

aufhalten, daß sie des lieben Heilandes Unschuld zu retten suchen, und auf seiner Feinde Ungerechtigkeit und Bosheit eifern, nicht anders, als wenn sie die Leiden eines Märtyrers oder Heiligen vor sich hätten. Wir wissen voraus, daß JEsus ein unschuldiges und unbeflecktes GOttes-Lamm gewesen; und seine Unschuld an und vor sich, ob sie wohl nicht unberühret bleiben kann, ist eigentlich nicht dasjenige, was uns die Betrachtung seines Leidens wichtig und gesegnet macht. Der Affect des Mitleidens gegen JEsum und des Zorns gegen seine Feinde ist auch nicht diejenige Wirkung, welche dadurch eigentlich an unsern Herzen hervorgebracht werden soll. Lutherus schreibt davon in seinem herrlichen Sermon von der Betrachtung des heiligen Leidens Christi am Charfreytage also:
„Zum ersten bedenken etliche das Leiden Christi
„also, daß sie über die Juden zornig werden,
„singen und schelten über den armen Judas,
„und lassens also genug seyn, gleichwie sie ge-
„wohnt sind, andere Leute zu klagen, und ih-
„re Widersacher zu verdammen und zu ver-
„sprechen. Das möchte wohl nicht Christi
„Leiden, sondern Judä und der Juden Boß-
„heit bedacht seyn." Ferner gehen diejenigen vor der rechten Art erbaulicher Passionsbetrachtungen vorüber, welche sich mit historischen Nebenumständen allzuweitläufftig beschäfftigen, und z. E. lange Untersuchungen anstellen, auf was Art und Weise die römischen Soldaten das Loos über JEsu Kleider geworfen haben mögen,

gen, oder ob in der Ueberschrift über seinem Creutz das Hebräische, Griechische oder Lateinische zu erst gestanden haben werde, wobey am Ende gemeiniglich weiter nichts heraus kommt, als daß man alles an seinen Ort gestellt seyn lasse. Aber auch diese Paſſionsbetrachtungen halte ich für unevangeliſch, unzulänglich und ſchädlich, welche den leidenden JEſum blos als einen Gedult- und Tugendſpiegel, nicht aber als einen Mittler und Verſöhner vorſtellen, und aus der Leidensgeſchichte JEſu nur moraliſche oft weithergehohlte Nutzanwendungen ziehen, wodurch der Menſch nur immer mehr auf eine Gerechtigkeit durch eignes Thun und Leiden, als auf eine Gerechtigkeit aus dem Leiden und Tod JEſu geführt wird. Endlich wünſchte ich, daß es keine Paſſionsbetrachtungen geben möchte, welche die unchriſtlichen Chriſten unſerer Zeit in dem höchſt-ſchädlichen Vorurtheil unterhielten, daß die Betrachtung des Leidens JEſu nur eine periodiſche Beſchäfftigung ſey, welche in die Faſtenzeit gehörte, nicht aber das einzige was bis Leib und Seele ſcheiden, uns ſtets in unſern Herzen ruhen müſſe, wenn wir anders an allem demjenigen Heil, das JEſus durch Sterben und durch Bluten erworben hat, gewiſſen Antheil haben wollen. Im Gegentheil ſind diejenigen Paſſionsbetrachtungen recht evangeliſch und geſeegnet, darinnen zuförderſt aus dem ſchweren Leibes-und Seelen-Leiden JEſu die unausſprechliche Gröſſe der allgemeinen Verſchuldung des menſchlichen Geſchlechts an GOttes

Gerechtigkeit, die Unzulänglichkeit aller andern Versöhnungsmittel, die Nichtigkeit und Verdammlichkeit aller eignen Gerechtigkeit und Heiligkeit ins Licht gestellet, die unbegreiflich grosse Liebe dieses unsers einigen Mittlers und Versöhners gegen uns Sünder und Gottlose recht nachdrücklich angepriesen, und die sonderbare Verdienstlichkeit aller seiner Leidensumstände einem glaubigen Herzen mit schriftmäßiger und erfahrungs-voller Lebhaftigkeit zugeeignet, dabey aber auch gezeiget wird, wie uns JEsu Leiden und Tod alsdann ein recht vollkommenes Exempel der Nachfolge werden könne, wenn wir die Versöhnungs-und Reinigungskraft seines vergossenen Blutes lebendig erfahren haben, und in die Gemeinschaft seiner Leiden versetzt worden. Auf diese Art allein können wir JEsu Tod und seine Ursach fruchtbarlich bedenken. Wohl allen, die das Wort von seiner Gedult behalten; denn diese wird JEsus auch behalten für der Stunde der Versuchung, die kommen wird über den ganzen Weltkreis, zu versuchen, die da wohnen auf Erden. Offenb. 3, 10.

LXVIII. Capitel.

Von der Anklage JEsu vor der geistlichen Obrigkeit.

Der gefangene und gebundene JEsus wurde zuerst zu dem alten Hohenpriester Hannas,

JEsu Christi. 251

nas, des im Amt stehenden Hohenpriesters Caiphas Schwiegervater, geführet, Joh. 18, 12. 13. welcher ihn zu seinem Schwiegersohn bringen ließ, V. 24. dahin er sich auch selbst, nebst den übrigen Beysitzern des jüdischen grossen Raths, gegen Morgen verfügte. Matth. 26, 59. Luc. 22, 66. Was Joh. 18, 14=23. erzählt wird, ist nach der Uebereinstimmung mit den übrigen Evangelisten ohnstrittig vor dem Hohenpriester Caiphas ergangen, und im 24sten Vers wird nur wiederhohlet, daß Hannas JEsum gebunden zu dem Caiphas gesandt habe. Es war nun unter diesen Herren schon beschlossen, daß JEsus sterben sollte. Man wollte aber doch dem Verfahren wider ihn, den Schein einer gesetzmässigen Untersuchung geben und das Ansehen haben, daß man aus gerechtem Eifer für die Ehre GOttes und reine Lehre zu einer so harten Verfügung schreiten müssen. Der Hohepriester fragte also JEsum um seine Jünger und um seine Lehre, Joh. 18, 20. worauf JEsus antwortete, daß seine Lehre am zuverlässigsten von denenjenigen zu erfahren sey, welche ihn gehöret hätten, massen er ja nicht im Verborgenen, sondern frey und öffentlich im Tempel und in den Schulen gelehret habe. Bey dieser Antwort gab ein bey JEsu stehender Gerichtsdiener ihm einen Schlag ins Gesichte, und beschuldigte ihn, daß er wider die dem Hohenpriester schuldige Ehrerbietung geredet habe. JEsus aber überzeugte ihn seines Unrechts. Joh. 18, 19=22. Hierauf ließ der Hohepriester

und

und seine Beysitzer die wider JEsum aufgebrachte Zeugen vorrufen und ihre Aussage thun, welche jedoch sehr widersprechend und unerheblich war. Matth. 26, 59. 60. Marc. 14, 55. 56. Zuletzt traten zween falsche Zeugen auf, und gaben vor, wie sie JEsum sagen hören, daß er den Tempel GOttes, der mit Händen gemacht, abbrechen, und in dreyen Tagen einen andern bauen wolle, der nicht mit Händen gemacht wäre. Matth. 26, 61. Marc. 14, 57. 58. JEsus aber schwieg bey allen diesen falschen Zeugnissen ganz stille, ohngeachtet der Hohepriester ihn zur Verantwortung aufforderte. Matth. 26, 62. 63. Marc. 14, 61. Endlich beschwur ihn der Hohepriester bey dem lebendigen GOtt, daß er ihm deutlich sage, ob er der Meßias und ein Sohn GOttes sey? welches JEsus freymüthig bejahete, mit dem Zusatz, daß sie ihn zu seiner Zeit sehen würden zur Rechten der Kraft sitzen, und in den Wolken des Himmels kommen. Matth. 26, 63. 64. Marc. 14, 61. 62. Der Hohepriester bezeugte hierauf durch Zerreissung seines Rocks ein grosses Entsetzen über diese vermeyntlich gotteslästerliche Rede und hielt dafür, daß durch dieses eigene Geständniß des gefangenen JEsu, das ganze Verfahren geschlossen und keine weitere Untersuchung nöthig sey, fragte aber auch seine Collegen um ihre Meynung, welche dann einhellig dahin ausfiel, daß JEsus des Todes schuldig wäre. Matth. 26, 65. 66. Marc. 14, 63. 64. Damit war das Verhör geendiget,

und

JEsu Christi. 253

und JEsus wurde dem Muthwillen der Gerichtsdiener überlassen, welche ihn ins Angesicht schlugen, bespeyeten und aufs leichtfertigste aushöhneten. Matth. 26, 67. 68. Marc. 14, 65. Gegen Anbruch des Tages hielt hierauf der Hohepriester mit dem ganzen Rath eine Unterredung, wobey der Schluß gefaßt wurde, JEsum als einen der wider die Gesetze der jüdischen Religion gehandelt, und dessen geständig auch genugsam überführet, und deswegen, von dem grossen Rath zum Tode verdammet worden, an den römischen Landpfleger Pontius Pilatus zu überliefern, damit dieser das gesprochene Todesurthel bestätigen und an JEsu vollstrecken lassen möchte. Matth. 27, 1. 2. Marc. 15, 1.

LXIX. Capitel.

Von der Anklage JEsu vor der weltlichen Obrigkeit.

Dem römischen Landpfleger Pontius Pilatus müssen wir das Recht wiederfahren lassen, daß er als ein Heide nach seiner Vernunft und natürlichen Billigkeit anfänglich viel gerechter und glimpflicher gegen JEsum gehandelt, als die Lehrer und Vorsteher eines Volks, das die heiligsten und gerechtesten Gesetze unmittelbar und schriftlich von GOtt empfangen hatte; bis er sich endlich übertäuben ließ das ungerechteste Urtheil zu sprechen, das von Anfang der Welt

her

her gesprochen worden ist. Die Hohenpriester und Schriftgelehrten liessen also nach dem vorhergehenden Capitel JEsum zwar vor des Landpflegers Pallast führen, giengen aber nicht selbst hinein, damit sie sich bey noch währender Osterfeyer in dieser heidnischen Wohnung nicht verunreinigen möchten. Pilatus erwieß ihnen auch die Willfährigkeit zu ihnen heraus zu gehen, und sie zu befragen: was für Klage sie wider diesen Gefangenen brächten? Die Hohenpriester schienen in ihrer Antwort: Wäre dieser nicht ein Uebelthäter, wir hätten dir ihn nicht überantwortet, dem Pilatus weiter nichts als die blosse Vollstreckung eines von ihnen schon gesprochenen Todesurtheils zuzugestehen und von ihm zu verlangen, daß er ohne weitere Untersuchung ihr Begehren erfüllen solle, weil sie allesamt gleichsam fide pastorali bezeugten, daß JEsus den Tod verdienet habe. Für den landesobrigkeitlichen Landpfleger war dieses etwas zu wenig Ehre, und es war auch der Römer Weise nicht ohne Verhör und Untersuchung jemand vom Leben zum Tod bringen zu lassen. Ap. Gesch. 25, 16. Dahero Pilatus die Ankläger JEsu mit der kurzen Resolution abfertigte, daß, weilen sie glaubten, der Gefangene habe wider ihr Gesetz gehandelt, sie ihn auch nach ihrem Gesetz richten möchten. Joh. 18, 28=31. Die Hohenpriester lenkten hierauf wieder ein, und machten dem Pilatus das anständige Compliment, daß sie keine Leib=und Lebensstrafen vollziehen dürften, sondern solches

ches einzig und allein ihm zukäme. Joh. 18, 31. Hiernächst fiengen dieselben nunmehro eine besondere Anklage wider JEsum an, und beschuldigten denselben solcher Verbrechen, welche zu des Landpflegers Gerichtbarkeit gehörig, nämlich 1) daß er sich für einen König des jüdischen Volks gehalten wissen wollen, Marc. 15, 2. und zwar weil er der Meßias sey, Luc. 23, 2. dagegen habe er 2) dem Kaiser einige Abgaben zu geben verboten, und 3) durch seine Lehren das Volk in Galiläa und jüdischen Lande in Bewegung gebracht und aufrührisch gemacht. Luc. 23, 2. 5. Pilatus befragte darauf JEsum mehrmals, sowol vor dem versammleten Haufen seiner Ankläger, als auch besonders im Richthaus, ob er ein König der Juden wäre, und was für eine Bewandtniß es mit seinem Königreich hätte? Als er nun in den Antworten und Bezeigen JEsu nichts als lauter Demuth und Unschuld fand: so konnte er ihn für keinen Menschen, der zu gefährlichen Unternehmungen geschickt wäre, halten, sondern mußte nothwendig glauben, daß die Hohenpriester und Schriftgelehrten ihn nur aus Neid überantwortet hätten. Matth. 27, 18. Er bezeugte dahero den Anklägern JEsu freymüthig, daß er von alle demjenigen, dessen sie ihn beschuldigten, nicht das geringste an JEsu finde, noch dafür halten könne, daß er den Tod verdienet habe, wobey er ihrer Anklage, indem er JEsum vielmals ihren König nennte, nur zu spotten schiene. Als aber immer ungestüm-

mer

mer in ihn gedrungen und verlangt wurde, JEsum creutzigen zu laſſen: ſo fiel Pilatus auf verſchiedene andere Mittel und Wege, wie er die Anklåger JEſu, zu welchen ſich nach und nach ein groſſer Haufe Volks verſammlet hatte, Luc. 23, 13. Matth. 27, 20. beſånftigen und entweder JEſum als einen unſchuldigen Menſchen beym Leben erhalten, oder ſich doch dieſe ganze Sache mit guter Manier vom Halſe ſchaffen möchte. Als er hörte, daß JEſus in Galiläa angefangen zu lehren: ſo ergrif er dieſe Gelegenheit ſich dieſer beſchwerlichen Unterſuchung zu entledigen und zugleich dem Vierfürſten Herodes, als der von den Römern eingeſetzten ordentlichen Obrigkeit in Galiläa, eine Höflichkeit zu beweiſen, weil er mit demſelben, wegen einiger Jurisdictions-Irrungen und vielleicht auch wegen der von dem Pilatus erſchlagenen Galiläer, Luc. 13, 1. lange Zeit geſpannt geweſen. Luc. 23, 7. u. f. Herodes war noch darzu gleich zu Jeruſalem, vermuthlich um des Oſterfeſts willen; und alſo war es dem Pilatus um deſto leichter, JEſum an ihn zu überſenden, mit dem Erbieten, ihm die weitere Unterſuchung wider dieſen ſeinen angebohrnen Unterthan zu überlaſſen. Die Hohenprieſter und Schriftgelehrten verfügten ſich ebenfalls dahin, und ſetzten ihre Klagen wider JEſum bey dem Herodes fort. Herodes hingegen, welcher JEſum långſt gerne geſehen hätte, that an ihn verſchiedene Fragen, welche JEſus keiner Beantwortung würdig achtete, wie er denn auch noch

viel

viel weniger dem Herodes zu Gefallen ein Wunder that. Dahero ihn Herodes für einen einfältigen Menschen ansahe, und nebst seinem Hofgesinde mancherley Spott mit ihm trieb, bis er ihn an den Pilatus zurückschickte, und zugleich seine Verbindlichkeit über die gegen ihn bezeugte Achtung versichern ließ. Pilatus, der solchergestalt von den Anklägern JEsu aufs neue behelliget wurde, that hierauf den Vorschlag, daß, da er den Juden jedesmal aufs Osterfest einen Gefangenen schenkte, er für diesesmal JEsum, wenn er auch gleich den Tod verdienet haben sollte, zu Ehren ihres Festes losgeben wollte. Allein die Hohenpriester überredeten das Volk, Matth. 27, 20. daß es diesen Vorschlag nebst ihnen schlechterdings verwarf, und mit grosser Heftigkeit um die Loßlassung eines auf den Tod sitzenden Aufrührers und Mörders, Namens Barrabas, anhielt. Pilatus fuhr ferner fort, daß, wenn sie ja JEsum einer Strafe würdig achteten, er ihn am Leibe strafen und alsdann loßlassen wolle. Allein auch dieses wurde verworfen, und schlechterdings auf der Creutzigung bestanden. Pilatus ließ JEsum endlich wirklich geisseln, und führte ihn sodann mit seinem übel zugerichteten Leibe in der Dornencrone und dem Purpurmantel, welchen ihm die Soldaten angeleget hatten, wieder heraus vor seine Ankläger, um sie zum Mitleiden zu bewegen. Jedoch es war auch dieses vergebens. Die Ankläger JEsu kehrten sich an diesen Anblick nicht, und wollten JEsum schlechterdings gecreutziget haben, weil er sich für GOttes Sohn ausgegeben, und dadurch nach dem jüdischen Gesetz den Tod verdienet hätte. Aber eben dadurch wurde Pilatus erst recht bedenklich gemacht: Joh. 19, 8. Denn es war nach der heidnischen Götterlehre nichts neues, daß die Götter in Menschengestalt auf der Welt herum giengen. Ap. Gesch. 14, 11. 12. Dahero auch hernach der römische Officier, der bey der Creutzigung commandirte, leicht darauf verfiel, daß der gecreutzigte JEsus ein Sohn GOttes gewesen seyn müsse. Matth. 27, 54. Da auch JEsus gegen des Pilatus Amtstrutz erwiederte: Er würde keine Macht über ihn haben, wenn sie ihm nicht von oben gegeben wäre; jedoch würden diejenigen, durch die er an ihn überantwortet wäre, noch schwerere Verantwortung als er selbst haben: so gerieth Pilatus aufs neue in Verwirrung, und faßte den festen Entschluß sich nicht an JEsu zu vergreiffen, wurde aber auf einmal ganz umgekehrt, als die Ankläger JEsu ihn beschuldigten, daß, wenn er JEsum als einen Beleidiger der kaiserlichen Majestät loß liesse, er die kaiserliche Ungnade auf sich laden müßte, wobey sie sich dergestalt ungestümm bezeugten, daß er sich eines Aufruhrs besorgte. Er wurde zwar, da er schon auf dem Richtstuhl saß, durch einen Boten von seiner Frau, welche dieser Sache halber schwere Träume gehabt hatte, gewarnet. Er war aber schon nicht mehr Meister über sich, und konnte sich weiter nicht mehr helfen, als daß er seine Hände wusch

und

und seine Unschuld an dem Blut dieses Gerechten bezeugte, dessen Verantwortung aber die Ankläger JEsu auf sich und ihre Kinder nahmen. Dahero er endlich das Todesurtheil in gewöhnlicher Form aussprach, und JEsum den Soldaten übergab, welche an diesem unschuldigen Lamm allerley Muthwillen verübten, und sodann zur Creutzigung Anstalt machten. Es ist obiges alles aus Matth. 27. Marc. 15. Luc. 23. und Joh. 18. 19. genommen, und geschah im achtzehenden Jahr des Kaisers Tiberius, im 3973sten Jahr nach Erschaffung der Welt, und da JEsus ins drey und dreyßigste Jahr seines menschlichen Alters gieng.

LXX. Capitel.

Von dem Ort, wo JEsus gecreutzigt worden.

Daß JEsus ausserhalb der Stadt Jerusalem gecreutzigt worden, ist keinem Zweifel unterworfen. Die Evangelisten melden, daß JEsus zur Creutzigung hinaus geführet worden, Matth. 27, 31. 32. Joh. 19, 17. und Paulus weiß auch in diesem Umstand, daß JEsus vor dem Thor sein Blut vergossen, eine Erfüllung der Vorbilder des alten Bundes zu finden. Ebr. 13, 11. 12. Der Ort worauf JEsus gelitten, und welchen man insgemein für einen Berg hält, hieß Golgatha oder Schädelstätte, Marc. 15, 22. Luc. 23, 33. Joh. 19, 17. vielleicht

leicht von seiner Gestalt, weil er wie ein Hirnschädel aussahe, oder anderer Ursachen halber, nur nicht darum, weil die Hirnschädel der abgethanen Missethäter darauf herumgelegen, indem so wohl die damaligen Römer als Juden dergleichen Leute nach ausgestandener Todesstrafe zu begraben pflegten. Man zeiget zwar heut zu Tage noch in Jerusalem diesen Berg, und verehret denselben wie andere sogenannte heilige Orte. Wer aber Kortens Reisebeschreibung nach dem gelobten Lande lieset, und alle Umstände zusammen nimmt, die dieser aufmerksame Mann von der Lage des alten und heutigen Jerusalems beybringet, der kann ohnmöglich glauben, daß der heutige Berg Golgatha die rechte Stätte sey, wo unser HErr gecreutzigt worden. Weil derselbe innerhalb der heutigen Stadt Jerusalem liegt: so ist daraus das gemeine Vorurtheil erwachsen, daß das heutige Jerusalem nicht auf der Stelle der alten Stadt erbauet sey. Es ist aber in gedachter Reisebeschreibung mit unumstößlichen Gründen erwiesen, daß die jetzige Stadt Jerusalem auf einem Theil des alten Jerusalems, und zwar auf dem besten Ort, nämlich auf dem Berg Morijah, Bezetha und Acra stehe, und nur der Berg Zion ausserhalb der jetzigen Stadt liege, mithin auch der vermeyntliche Berg Golgatha sich innerhalb der Ringmauer des alten Jerusalems befunden haben müsse, und die Ehre die ihm erwiesen wird, auf einem irrigen Wahn beruhe, dahingegen die rechte Stätte

der

der Creutzigung JEsu für jetzo nicht wohl ausfindig zu machen sey.

LXXI. Capitel.

Von etlichen Umständen bey der Creutzigung JEsu.

JEsus mußte bey der Ausführung auf Golgatha sein Creutz tragen. Joh. 19, 17. Ob ihm das ganze Creutz oder nur der Querbalken aufgeleget worden, ist ungewiß. Beydes kann nach den Alterthümern geschehen seyn. Weil der äusserst abgemattete JEsus damit nicht fortkommen konnte, wurde ein vorübergehender wohlbekannter Mann, Simon von Cyrene, gezwungen, daß er ihm sein Creutz mußte tragen helfen. Marc. 15, 21. Es werden dabey dessen zween Söhne Alexander und Rufus benennet, vielleicht weil sie zur Zeit, da Marcus sein Evangelium geschrieben, noch gelebet und unter den Brüdern gewesen. S. Röm. 16, 13. Nach des Johannes Erzählung hat JEsus um die sechste Stunde, das ist nach unserer Uhr Mittags um zwölfe, noch vor dem Landpfleger Pilatus gestanden. Joh. 19, 14. Nach des Marcus Geschichte aber scheinet es, daß JEsus um die dritte Stunde, das ist Vormittags um neun Uhr, gecreutziget worden. Marc. 15, 25. Um die sechste Stunde aber, das ist Mittags um zwölf Uhr wäre die grosse Finsterniß entstanden, v. 33. und um die neunte Stunde, das ist Nachmittags um drey Uhr, hätte JEsus seinen Geist aufgegeben, v. 34. Diesen anscheinenden Widerspruch zu heben, haben sich die Ausleger viele Mühe gegeben. Die meisten fallen darauf, daß bey den Juden die Stunden auch manchmal nach den Tagesvierteln gerechnet worden, oder daß Johannes der römischen Stunden-Eintheilung nachgegangen. Es lauft aber alles auf ungewisse und zum Theil gezwungene Muthmassungen hinaus. Ich meines Orts halte dafür, daß man entweder ohne Sünde zugeben könne, wie die alten Copisten in Abschreibung der griechischen Worte des Marcus einen Schreibfehler begangen, welche Meynung auch Lutherus in seiner Randglosse nicht verwirft, wie sich denn auch in einigen alten griechischen Exemplarien die sechste Stunde gefunden; oder daß des Heinsius Erklärung noch die wahrscheinlichste sey, nach welcher die Worte des Marcus also zu deuten, daß die Soldaten JEsu Kleider getheilet, da es um die dritte Stunde gewesen, nachdem er gecreutziget worden. Wir bleiben also dabey, daß JEsus um Mittag gecreutziget worden, bald darauf die grosse Finsterniß eingetreten, und Nachmittags nach drey Uhr JEsus seinen Geist aufgegeben. Die eigentliche Art der Creutzigung einer heidnischen und knechtischen Strafe, wie solche vollstreckt worden und wie der Gecreutzigte am Creutze ausgespannt und angenagelt gehangen, mit dem Leibe aber auf einem in der Mitte des Creutzesstammes hervorragenden

Holz

JEsu Christi. 263

Holz geruhet, haben verschiedene Scribenten und unter andern Bartholinus in seinem Traktat de cruce Christi, besonders aber neuerlich Herr D. Richter Prof. Med. zu Göttingen in einer sehr gründlichen Abhandlung de morte Servatoris in cruce, welche auch ins Teutsche übersetzet ist, beschrieben, Johann Michael Dilherr aber in seiner Charfreytags-Betrachtung in einem schönen Kupfer vorgestellet. JEsus mußte übrigens in seinem schmerzhaften Leiden die boßhaftesten Spöttereyen seiner Feinde, sonderlich der Hohenpriester und Schriftgelehrten, über sich ergehen lassen. Sie verhöhnten ihn, daß er sich nun selbst nicht helfen könne, da er andern geholfen habe, und den Tempel GOttes zerbrechen wollen, daß er sich nun von GOtt, dem er immer vertrauet und für dessen Sohn er sich ausgegeben, erretten lassen möge, daß er gewiß den Elias zu Hülfe rufen wolle und dergleichen. Matth. 27, 39 : 49. Marc. 15, 31. Die Soldaten verspotteten ihn sonderlich damit, daß er sich für einen König der Juden ausgegeben. Luc. 23, 36. 37. So gar die zween Mörder, die neben ihm auf beyden Seiten gecreutziget waren, trieben ihren Spott mit ihm. Matth. 27, 44. Doch konnte JEsus auch an seinem Creutz nicht ohne Seegen bleiben. Der eine mit ihm gecreutzigte Mörder wurde überzeugt, daß dieser neben ihm hangende Mensch nichts Böses begangen, und durch dieses schmähliche Leiden bald in sein Reich eingehen, oder vielmehr nach dem Grundtext in seinem Reich kommen, S. Matth. 16, 28. und sich als den König von Israel offenbaren würde. Dahero er ihn flehentlich bath, seiner dabey eingedenk zu seyn, worauf er auch von JEsu die Versicherung erhielt, daß er heute noch mit ihm im Paradieß seyn solle. Luc. 23, 39 = 43. Der in dem Herzen dieses armen Menschen entzündete lebendige Glaube bewieß sich hiernächst gleich geschäfftig und thätig, indem er den andern Mörder wegen seiner frevelhaften Spöttereyen aufs nachdrücklichste bestrafte, und von JEsu Unschuld ein herzliches Bekänntniß ablegte. v. 40. 41. Hatte kurz vorher eine geistliche Obrigkeit, nämlich der Hohepriester Caiphas, wider Wissen und Willen von JEsu Versöhnungstode zeugen müssen, und Johannes dieses Zeugniß eines unwiedergebohrnen Theologen heiliglich aufgehoben: Joh. 11, 49 = 52. Cap. 18, 14. So mußte bey JEsu Creutzestod ihn auch eine weltliche Obrigkeit wider ihre Absicht mit einem Zeugniß seines königlichen Amtes beehren. Denn da bey den Römern üblich war, daß über die gecreutzigten Missethäter ein Titulus supplicii, oder eine schriftliche Anzeige ihres Verbrechens, angeheftet wurde: so erklärte der Landpfleger Pilatus in der Ueberschrift, die er über JEsu Creutz setzen ließ, denselben nicht für einen Aufrührer oder Majestätsschänder, wie er bey ihm angeklagt worden; sondern schrieb schlechtweg in dreyen damals üblichen Sprachen: JEsus von Nazareth der Juden König,

nig, gab auch den Hohenpriestern, als sie damit nicht zufrieden waren, eine kurze Abfertigung. Joh. 19, 19.22. Hatte der Vater seinen geliebten Sohn JEsum Christum in den niedrigsten Umständen, darein er von seiner Geburt an gekommen, immer mit besonderen Ehrenbezeugungen von andern Menschen unterschieden, und als einen Gesandten an sein Volk, der seines gleichen noch nicht gehabt, legitimiret, wovon in Bengels Harmonie p. 281. eine erbauliche Anmerkung zu befinden: so geschahe es nicht weniger bey seinem schmählichen Leiden am Creutz durch verschiedene ganz erstaunliche Wunder. Die Sonne verlohr bey drey Stunden lang ihren Schein. Der starke und kostbare Vorhang, welcher im Tempel vor dem Eingang ins Allerheiligste hieng, rieß von oben bis unten aus in zwey Stücken, weil durch den Eingang dieses sterbenden Hohenpriesters in das unsichtbare Heiligthum GOttes, jeden gläubigen Christen der Eingang zu dem Gnadenstuhl im Allerheiligsten eröffnet worden. Ebr. 10, 19. 20. Die Erde erbebete, die Felsen zerrissen, und viele alte Heiligen, welche im Glauben an den zukünftigen Meßias entschlafen waren, Ebr. 11, 13. wurden lebendig. Matth. 27, 45-52. Ueber diesen wunder- und schreckensvollen Begebenheiten nun entstund eine allgemeine Bestürzung. Das Volk so zusahe, schlug an seine Brust, und eilete wiederum nach der Stadt zu. Luc. 23, 48. Die römischen Soldaten erschracken und erkannten, daß dieser Gecreutzigte mehr als ein bloser Mensch gewesen seyn müsse. Matth. 27, 54. Daß aber die felsenharten Herzen der Hohenpriester und Schriftgelehrten dadurch ebenfalls beweget worden, davon finden wir nichts aufgezeichnet, vielmehr ist aus demjenigen, was sie Tags darauf bey dem Landpfleger anbrachten Matth. 27, 62. das Gegentheil zu schliessen.

LXXII. Capitel.
Von den sieben Worten JEsu am Creutz.

Was die Evangelisten melden, das JEsus am Creutz geredet habe, wird insgemein die sieben Worte Christi genennet. Liebhaber JEsu haben solche jederzeit einer besondern Aufmerksamkeit würdig geachtet. Auch im Pabstthum hat man darüber Andachten angestellt, wie das alte Lied: Da JEsus an dem Creutze stund, und besonders dessen letzter Vers beweiset. Unter unsern Gottesgelehrten hat sonderlich der sel. Anton eine sehr erbauliche Abhandlung der letzten Reden JEsu geschrieben. In welcher Ordnung die sieben Worte aus JEsu Munde gegangen, ist nicht durchgehends ausgemacht, verdienet aber auch nicht sich dabey aufzuhalten.

Das erste Wort war unstrittig die Fürbitte, welche JEsus bey seinem himmlischen Vater für seine Creutziger, allem Ansehen nach,

mitten

mitten unter seiner Annagelung ablegte: **Vater vergieb ihnen, denn sie wissen nicht, was sie thun.** Luc. 23, 34. Das andere scheinet die tröstliche Versicherung an den gläubigen Mörder gewesen zu seyn: daß er heute noch mit JEsu im Paradieß seyn solle. Luc. 23, 43. Das dritte Wort hat nach vieler Wahrscheinlichkeit die Mutter JEsu, welche nebst dem Johannes unter dem Creutze stund, betroffen, da JEsus zu derselben sagte: **Weib, siehe, das ist dein Sohn,** und zu dem Johannes: **Siehe, das ist deine Mutter.** Joh. 19, 26. 27. Das vierte Wort pressete dem gecreutzigten JEsu der höchste Grad seines Seelen=Leidens aus: **Mein GOtt, mein GOtt, warum hast du mich verlassen,** Marc. 15, 34. so wie das fünfte der Durst seines ausgetrockneten Mundes: **Mich dürstet.** Joh. 19, 28. Das sechste: **Es ist vollbracht,** bestätigte gleich darauf die Vollendung seines ewig=gültigen Opfers nach allen Weissagungen des alten Bundes, Joh. 19, 28. 30. und das siebende: **Vater, ich befehle meinen Geist in deine Hände,** Luc. 23, 46. war das letzte Wort im Stande seiner tiefsten Erniedrigung. Denn mit demselben überlieferte er auch seine allerheiligste Menschenseele wirklich in die Hände seines himmlischen Vaters, neigete sein Haupt, verschied, und schloß seine heiligen Augen für

die

die Sünde der Welt, welche zuerst durch die Augen in das Herz der Menschen gedrungen war, 1 Mos. 3, 6. und dadurch noch immer am meisten unterhalten wird.

LXXIII. Capitel.

Von JEsu Tod und Begräbniß.

Niemand konnte JEsu Leben von ihm nehmen, sondern er ließ es von sich selber, nach der Macht welche der Vater seiner Menschheit gegeben hatte, Joh. 10, 17. 18. Darum gab er solches auf; nicht weil er mußte, sondern weil er wollte, nachdem er etliche Stunden am Creutz gehangen hatte. Er war noch bey so vielen Kräften, daß er sein letztes Wort mit einem sehr starken Geschrey ausrufen konnte. Marc. 15, 37. Der römische Officier, welcher bey der Creutzigung commandirte und eben gerade gegen dem sterbenden JEsu über stund, erstaunte darüber und sagte: Warlich dieser Mensch ist GOttes Sohn gewesen. Marc. 15, 39. Gegen Abend bathen die Juden den Landpfleger Pontius Pilatus, daß die Gecreutzigten durch Zerschlagung der Beine vollends zum Tode befördert würden, ehe der grosse Ostersabbath einträte, weil sie glaubten, daß sich dergleichen traurige Spectacul für solche heilige Tage nicht ziemeten. Pilatus gab auch den Soldaten seinen Befehl darzu, welche auf dergleichen gewaltsame Art die beyden mit

JEsu

JEsu gecreutzigten Mörder vollends hinrichteten. Da sie aber zu JEsu kamen, und kein Leben mehr in ihm spürten, zerschlugen sie ihm die Beine nicht. Doch wollte sich ein Soldat der Gewißheit seines Todes versichern, und stach mit seinem Spieß in die Seite JEsu, da denn alsobald Blut und Wasser heraus floß. Joh. 19, 31. 37. JEsus ist also der da kommt mit Wasser und Blut, 1 Joh. 5, 6. mit Blut zur Versöhnung, mit Wasser zur Reinigung. Ebr. 10, 22. Wie den Opferthieren alles Blut abgezapfet wurde: also mußte auch durch diesen Seitenstich vollends alles Blut aus JEsu Marterleibe, als dem vollkommensten Opfer Hebr. 10, 12. 14. herausgelassen werden. Und wie aus Adams Seite sein Weib die Eva erbauet wurde, 1 Mos. 2, 21. 22. also wurde aus dieser Oeffnung der Seite JEsu seine Gemeine erbauet, welche als sein Weib, Fleisch von seinem Fleisch, und Bein von seinem Bein seyn sollte. Eph. 5, 29. 32. Offenb. 19, 7. *) Nach seiner Auferstehung war diese Seitenwunde noch in ihrer ganzen Oeffnung, darein Thomas seine Hand legen konnte, an dem Leibe JEsu befindlich, Joh. 20, 27. und wenn er dereinst in den Wolken des Himmels wiederkommen wird, werden seine Mörder an diesem Zeichen gar bald wahrnehmen, in welchen sie gestochen haben, Joh. 19, 37. Bartholinus ein Medicus hat einen Tractat, de latere

---

*) Siehe hievon eine schöne Anmerkung in Vossii Harm. L. II. c. 11. §. 14.

re Christi aperto geschrieben, welchen ich schon lange vergeblich gesucht habe, und um desto mehr zu lesen wünschte, weil ich aus dem Büchlein dieses Mannes de Cruce Christi ersehe, daß er GOttes Marter in Ehren gehabt. Ehe es völlig Abend wurde, faßte der bisherige heimliche Freund JEsu, Joseph von Arimathia, ein vornehmes Mitglied des grossen jüdischen Raths, den Entschluß, sich den Leichnam JEsu von dem Landpfleger zum Begräbniß auszubitten. Er hätte sich durch verschiedene Bedenklichkeiten abhalten lassen können, seine Ehre in Gefahr zu setzen, sich auf einen so grossen Sabbath an einem Todten, zumal einem solchen, wie JEsus angesehen wurde, zu verunreinigen, und vielleicht auch bey dem Landpfleger eine und andere unangenehme Antwort zu gewarten. Seine Liebe zu JEsu aber drang ihn, es zu wagen. Er gieng also zu dem Pilatus und bath, daß ihm erlaubt werden möchte, JEsum vom Creutz abzunehmen und zu begraben. Joh. 19, 38. Matth. 27, 57. Marc. 15, 43. Luc. 23, 50. Pilatus wunderte sich, daß JEsus schon gestorben seyn solle, weil die Gecreutzigten sonst wohl etliche Tage zu leben pflegten. Als aber der Officier, welcher bey der Execution gewesen, solches bekräftigte, gewährte er dem Joseph seine Bitte ganz gerne. Marc. 15, 44. 45. Joh. 19, 38. Diese vornehme und reiche obrigkeitliche Person schämete sich also nicht, den gehenkten JEsum abzunehmen, ihn mit Beyhülfe eines andern Liebhabers JEsu, nämlich des

Pha=

Pharisäers Nicodemus, in saubere leinene Tücher mit allerley kostbaren Specereyen einzuschlagen, und in ein neues Grab zu legen, welches dieser Joseph für sich selbst in seinem Garten, ohnweit des Berges Golgatha, in einem Felsen hatte hauen lassen. Matth. 27, 57. 59. 60. Marc. 15, 46. Luc. 23, 53. Joh. 19, 38-41. Es wurde aber mit diesem Begräbniß sehr geeilet, weil es heiliger Abend war, und der Sabbath mit der Sonnen Untergang eintrat, an welchem dergleichen Beschäfftigungen nicht erlaubet waren. Joh. 19, 39. 42. Luc. 23, 54. 56. Die Liebhaber JEsu glaubten damals freylich nicht, daß JEsus nach dreyen Tagen wieder auferstehen würde, Joh. 20, 9. sonst hätten sie vielleicht den grossen Aufwand auf dessen Balsamirung ersparet. Es mußte aber die Schrift erfüllet werden, daß JEsus in seinem Tode seyn sollte, wie ein Reicher, obwol sein Grab bey den Gottlosen bestimmt gewesen, Jes. 53, 9, nach dem Grundtext. Es mußte auch einmal ein grosses Geld zu seinen Ehren aufgewendet werden, da er um ein so schnödes Geld verkauft, auch das Geld von seinen Feinden noch nach seiner Auferstehung zu seiner Beschimpfung gemißbraucht worden. S. das 77 Cap. Am Abend des darauf folgenden Sabbaths, verfügten sich die Hohenpriester und Pharisäer zu dem Pilatus und bathen ihn aufs höflichste, solche Anstalten bey dem Grabe JEsu zu machen, daß sein Leichnam nicht weggeschafft und hernach vorgegeben werden könne, daß er

am

am dritten Tage vom Tod auferstanden sey, wie er vorher gesagt habe. Pilatus war auch hierunter willfährig, stellte eine Wache zum Grabe, und erlaubte ihnen solches zu versiegeln. Matth. 27, 63-66. Und so lag also der Mensch JEsus Christus am Sabbath in seinem Grabe, und ruhete von dem erstaunlich grossen Werke der Erlösung, gleichwie GOtt bey Erschaffung der Welt am siebenden Tag ruhete von allen seinen Werken. 1 Mos. 2, 3. Sollte dieses nicht eine besondere heilige Ehrerbietung gegen diesen Tag in uns erwecken?

LXXIV. Capitel.
Von dem eigentlichen Todestag JEsu.

Die gemeine Meynung ist, daß JEsus an einem Freytage gestorben und begraben worden. Zu unsern Zeiten aber haben sich verschiedene Gelehrte dawider aufgemacht und behaupten wollen, daß JEsus an einem Donnerstag gestorben, weßwegen sie aber auch grossen Widerspruch gefunden. Ich habe die deßwegen herausgekommene Schriften nicht gelesen, kann jedoch nicht finden, wie man von der gemeinen Meynung abgehen könne, da die Evangelisten, wie im vorhergehenden Capitel beygebracht worden, ausdrücklich melden, daß man mit der Beerdigung JEsu um des einbrechenden Sabbaths willen sehr geeilet habe. Ja sie setzen ferner hinzu, daß die guten Seelen, welche den Leichnam

nam JEsu gerne recht wohl einbalsamiret hätten, damit nicht fertig werden können, sondern sich genöthiget gesehen, den Sabbath über damit anzustehen, und nur indessen die Specereyen darzu fertig zu machen. Luc. 23, 56. Der eigentliche Grund, warum man auf eine neue Meynung von dem Todestag JEsu fällt, ist dieser, weil man meynt auf diese Weise besser heraus zu bringen, daß JEsus wirklich drey Tage und drey Nächte im Grabe gelegen. JEsus hatte zu verschiedenen malen voraus gesagt, daß er am **dritten Tage** vom Tod auferstehen würde, Matth. 17, 22. Marc. 9, 31. Luc. 9, 22. und daß dieses geschehen sey, ist keinem Zweifel unterworfen. Denn er hat einen Theil des Freytags, den ganzen Sonnabend über, und einen Theil des anbrechenden Sonntags im Grabe gelegen, und ist Sonntags als am dritten Tage vom Tod auferstanden. Nur Matth. 12, 39. 40. stehet: daß gleichwie Jonas **drey Tage und drey Nächte** in des Wallfisches Bauch gewesen, also des Menschen Sohn **drey Tage und drey Nächte** mitten in der Erde seyn werde. Dieses machet den Gelehrten viel zu schaffen, weil sie die drey Nächte nicht herausbringen können, welche JEsus mitten in der Erde gewesen. Ein Mathematicus, dessen, wo mir Recht ist, in Sturms Mathesi juvenili Meldung geschiehet, hat durch eine in Kupfer gestochene Uhrscheibe und beygefügte weitläufftige Erklärung erweißlich machen wollen, daß die drey Tage und drey Nächte

S ganz

ganz richtig herauskämen, wenn man auch die Tage und Nächte der Antipodum mitzählte, welches auch darum nöthig wäre, damit es in der ganzen Welt, wo das Evangelium gepredigt würde, zuträfe. Ich finde in Rusii Harmonia eine gelehrte Auflösung des Zweifels wegen der drey Tage und drey Nächte. Sie gründet sich aber auf eine philologische Wahrscheinlichkeit, die ungelehrten Leuten, welche dieses Werkgen gebrauchen werden, nicht genugsam verständlich seyn dürfte. Gelehrte Leser können solche selbst nachschlagen. Die meisten Theologen meynen, daß man das mitten in der Erde seyn, nicht allein von dem liegen im Grabe, sondern von der ganzen Zeit verstehen müsse, da JEsus dem unglaubigen Geschlecht der Juden ein Zeichen gewesen, von der Stunde des Verraths am Donnerstag frühe an, bis zur Auferstehung. Ich meines Orts kann nicht hergen, daß mir dergleichen Auslegungen keine völlige Gnüge thun, glaube aber indessen auch, ohne gründliches Verständniß dieser Worte, von Herzen, daß Christus gestorben sey für unsere Sünde nach der Schrift, und daß er begraben sey, und daß er auferstanden sey am dritten Tage nach der Schrift. 1 Cor. 15, 3. 4.

LXXV. Capitel.
Von dem vergossenen Blut JEsu.

JEsus hat in seinem Leiden und besonders bey Eröffnung der grossen Seitenwunde viel Blut vergossen, und dieses heilige vergossene Blut

Blut war eigentlich das kostbare Lösegeld für unsere Seelen, 1 Petr. 1, 18. 19. ohne welches keine Vergebung geschehen wäre. Ebr. 9, 22. Wo nun solches hingekommen, ist keine vergebliche Frage. Verweset kann es nicht seyn, weil es ein edler Theil des ganz und gar unverweßlichen Leibes JEsu gewesen, Ap. Gesch. 2, 31. und von dem Apostel Petro als ein **unvergängliches** Lösegeld dem vergänglichen Gold und Silber entgegengesetzt wird. 1 Petr. 1, 18. 19. Daß JEsus es nach seiner Auferstehung wieder in seine Adern genommen, darzu findet man nicht den mindesten Grund in der Schrift. Sein göttlich verneuerter und verklärter Leib hat solches auch nicht nöthig gehabt. Ich glaube also, daß auch nicht ein Tropfen von diesem unschätzbaren Blut, der am Speer des römischen Soldaten hängen blieben, verlohren gegangen, daß es aber von dem Leibe JEsu abgesondert geblieben, und von JEsu bey seinem hohenpriesterlichen Eingang in das Heiligthum GOttes als ein ewig gültiges Lösegeld und Opfer für die Sünde der Welt mit hinein getragen worden. Ebr. 9, 11. 12. Dahero auch Paulus dessen besonders gedenket, wenn er Ebr. 12, 22. 23. 24. sagt: Ihr seyd kommen zu dem Mittler des neuen Testaments, und zu dem Blut das da besser redet als Abels. Und weilen JEsus uns im heiligen Abendmahl mit seinem **vergossenen** Blut tränket: Matth. 26, 28. Marc. 14, 24. Luc. 22, 19. so ergiebt sich daraus zugleich ein kräftiger Beweiß wider die Zerstümmelung des heiligen Abendmahls unter dem Vorwand: daß der Leib nicht ohne Blut sey, und mit dem Leibe beydes genossen werde. Ich hoffe also gewiß, dieses für mich und alle Welt vergossene ewig-gültige und kräftige Blut JEsu dereinst vor GOttes Thron zu finden, und mich an dessen Anblick ewiglich zu waiden. Wer mehr von dieser wichtigen Materie lesen will, kann davon eine Abhandlung in des seeligen Probst Bengels Gnomone novi Testamenti ad Hebr. 12, 24. oder in Storrens Vorrede zu Steinhofers Erklärung der ersten Epistel Johannis finden.

LXXVI. Capitel.
Von der Höllenfahrt JEsu.

Die Höllenfahrt JEsu wird aus Ursachen, die sich aus der Abhandlung selbst ergeben werden, billig vor seiner Himmelfahrt gesetzt. Es ist mir dieser wichtige Articul noch nicht völlig aufgeschlossen, was ich aber davon nach klaren Worten der Schrift erkenne, bestehet in folgenden Sätzen: 1) Die menschliche Seele JEsu ist nach seinem Verscheiden ins Paradieß gelanget. Luc. 23, 43. Sie ist aber auch 2) in ein Behältniß abgeschiedner Seelen gekommen, worinnen sie so wenig bleiben sollen, als sein Leib im Grabe. Ap. Gesch. 2, 31. 3) Nach Eph. 4, 9. ist JEsus hinunter gefahren in die untersten Oerter der Erden, und zwar vor seiner

Auferstehung. 4) Petrus sagt von seiner Verrichtung daselbst, 1 Petr. 3, 18. 20. daß er im Geist hingegangen und den Geistern im Gefängniß geprediget habe, welche zur Zeit Noah nicht geglaubet hätten. Und weilen 1 Petr. 4, 6. stehet, daß den Todten das Evangelium verkündiget sey: so halten 5) viele dafür, daß die Predigt JEsu keine gesetzliche Straf- sondern evangelische Gnadenpredigt gewesen. *) Weiter weiß ich nichts hievon zu sagen, finde auch nicht nöthig, darein viel zu grübeln. Indessen kann ich mich auch nicht mit gezwungenen Auslegungen und selbst erwählten Sätzen abspeisen lassen. Der grosse Tag der herrlichen Offenbarung JEsu Christi, wird die wahre Absicht seiner Höllenfahrt klar machen, darauf auch die Bekänntniß-Bücher unserer evangelischen Kirche diesen wichtigen Articul aussetzen p. 613. der Rechenbergischen Ausgabe.

LXXVII. Capitel.
Von der Auferstehung JEsu.

Die ganze Geschichte der Auferstehung JEsu ist Matth. 28. Marc. 16. Luc. 24. und Joh. 20. beschrieben, woraus wir nach unserm besondern Zweck nur einige merkwürdige Umstände anführen und erläutern. JEsus wurde von den Todten erweckt durch die Herrlichkeit

---

*) Siehe Trescho Briefe über die neueste theologische Literatur 12 Brief p. 239. u. f.

keit des Vaters. Röm. 6, 4. Er nahm sein Leben selbst wieder, Joh. 10, 17. 18. und der heilige Geist war auch dabey geschäfftig. Röm. 8, 11. Als nach Mitternacht der Sonntag schon eingetreten war, entstunde bey der Grabstädte JEsu ein grosses Erdbeben, ein Engel wälzete den Stein von des Grabes Thüre weg, und JEsus stund vom Tode auf. Die darbey stehende Wache wurde darüber von einem tödtlichen Schrecken gerühret, lief in die Stadt und verkündigte solchen Vorgang den Hohenpriestern. Diese Werkzeuge des Satans verhärteten ihre Herzen auch gegen dieses unverwerfliche Zeugniß vernünftiger, beherzter und unpartheyischer Leute, und waren nur besorgt, daß diese Nachricht nicht weiter ausgebreitet werden möchte. Das Geld welches je und allezeit auch wider JEsum und sein Reich gebraucht worden, und vom Anfang an Gelegenheit zu JEsu Leiden machen müssen, jedoch auch etliche mal zu seinen letzten Ehren angewendet worden, Joh. 12, 3. Marc. 15, 46. Joh. 19, 39. Marc. 16, 1. mußte jetzo ebenfalls zu einem Mittel dienen, die Gewißheit seiner Auferstehung zu unterdrücken. Es wurde sogleich einstimmig beschlossen, die Soldaten von der Wache durch ein grosses Geld dahin zu vermögen, daß sie vorgäben, die Jünger JEsu hätten seinen Leichnam heimlich gestohlen. Woferne aber etwa der Landpfleger die Soldaten wegen ihrer Unachtsamkeit zur Verantwortung ziehen sollte: so müßte man allenfalls auch ihn zu gewinnen und zu besänftigen

tigen suchen. So liessen sich diese geistliche Herren, welche sonst sehr geitzig waren, Luc. 16, 14. kein Geld dauren, nur daß sie bey Ehren, JEsus aber ein Uebelthäter und Betrüger bliebe. Sie mußten aber wenig Wochen hernach leiden, daß die Apostel die Wahrheit der Auferstehung JEsu öffentlich verkündigten, und ihnen viele tausend Seelen Beyfall gaben, ohne daß sie im Stande waren, durch unverwerfliche Beweißthümer darzuthun, daß JEsu Leichnam gestohlen worden, wie sie sich denn auch die Wahrheit der Auferstehung JEsu ins Gesicht bezeugen lassen mußten, ohne daß sie ihr widersprechen konnten. Ap. Gesch. 4. Die alten Heiligen, welche bey dem Tod JEsu in ihren Gräbern, so nach jüdischer Art wie Keller oder Gewölber angelegt waren, lebendig worden, giengen nun nach seiner Auferstehung in die Stadt Jerusalem und erschienen vielen, Matth. 27, 52. 53. Ich kann mir die Unterredung eines glaubigen Juden mit einem vom Tod erwachten ehrwürdigen Altvater nicht angenehm und erbaulich genug vorstellen. Einige Weiber, welche nun nach vergangenem Sabbath den Leichnam ihres geliebtesten Meisters und HErrn vollends recht einbalsamiren wollten, und sich deßwegen sehr frühe zum Grabe begaben, wurden zuerst gewahr, daß der Stein nicht mehr vor der Thüre des Grabes lag, und erhielten zugleich von einem Engel die Nachricht, daß JEsus vom Tod auferstanden sey, welches sie seinen Jüngern und besonders dem Petrus melden sollten. Sie thaten letzteres eilends: weil aber alles dasjenige, was JEsus von seiner Auferstehung vorhergesagt hatte, den armen erschrockenen und zerstreueten Jüngern ganz entfallen war, Joh..20, 9. so hielten sie gedachter Weiber Erzählung für eine ungegründete Nachricht. Luc. 24, 11. Doch giengen Petrus und Johannes zum Grabe, besahen alles und wunderten sich wie ordentlich die Grabtücher JEsu zusammengelegt waren, wozu man sich bey einer verstohlnen Wegholung nicht würde Zeit genommen haben. Luc. 24, 12. Joh. 20, 3-8. Da Johannes an jetzt angeführtem Ort meldet, daß die Maria Magdalena den Jüngern anfänglich nur so viel verkündigt, daß JEsu Leib weggekommen sey, und man nicht wisse, wo er hingetragen worden; so muß sie bey dieser ersten Ansage die Nachricht des Engels von der Auferstehung JEsu noch nicht vernommen haben, und gleich anfänglich, da sie nur erblicket, daß das Grab offen gewesen, weggelauffen, nachhero aber wieder zurück gekommen seyn. Uebrigens hanget an der Gewißheit der Auferstehung JEsu, dadurch er das in Adam verlohrne Leben GOttes wiederum ans Licht gebracht, 2 Tim. 1, 10. die Gewißheit unsers ganzen Glaubens, unsers Gnadenstandes und unserer Auferstehung vom Tode, 1 Cor. 15, 13-19. und wir müssen uns wider alle Anklage des Gesetzes und der Sünde mit eben der Freudigkeit auf JEsu Auferstehung als auf seinen Tod berufen können. Wer will verdammen? Chri-

Christus ist hie, der gestorben ist, ja der auch auferwecket ist, welcher ist zur Rechten GOttes und vertritt uns. Röm. 8, 34.

LXXVIII. Capitel.
Von verschiedenen Erscheinungen JEsu nach seiner Auferstehung.

JEsus ist nach seiner Auferstehung nicht allem Volk, sondern nur seinen Glaubigen, und besonders den Aposteln, als vorerwählten Zeugen seiner Auferstehung erschienen. Ap. Gesch. 10, 41. Seine Feinde wurden aus gerechtem Gericht nicht gewürdiget, seinen verklärten Leib zu sehen, würden auch um so viel weniger geglaubet haben, da so gar seine Jünger, da sie ihn schon sahen, und er mit ihnen redte, lange nicht glauben konnten, daß sie ihn wahrhaftig sähen. Luc. 24, 41. Matth. 28, 17. Zuerst erschien JEsus der Marien Magdalenen, als sie bey dem Grabe weinte. Sie mynte, es sey Josephs Gärtner, und bath ihn, wenn er etwa JEsu Leichnam weggetragen hätte, ihr zu sagen wo er läge, damit sie ihn holen könne. JEsus redete sie hierauf mit ihrem Namen an, wobey sie ihn sogleich erkannte, und zu seinen Füssen fiel. JEsus befahl ihr aber, sich nicht bey ihm aufzuhalten, sondern eilends seinen Brüdern zu sagen: Ich fahre auf zu meinem Vater und zu eurem Vater, zu meinem GOtt, und zu eurem GOtt, wobey ich nicht unterlassen

sen kann, diese kleine Anmerkung zu machen. Beym Kampf am Oelberg und bey der am Creutze empfundenen Verlassung von GOtt, ist wol unstrittig das Seelen-Leiden JEsu am höchsten gestiegen gewesen. Am Oelberg nennte er GOtt, **mein Vater!** Marc. 14, 36. und am Creutz: **mein GOtt!** Matth. 27, 46. Jetzt aber eröffnet er der Marien Magdalenen auf einmal, was die Frucht und Wirkung dieser seiner schweren Leiden sey, nämlich, daß nunmehro sein GOtt, unser GOtt, und sein Vater, unser Vater sey. Lutherus schreibt darüber in seiner Kirchenpostill in der Predigt am Ostertage: „Heißt das nicht mit einem „Wort mit Christo in gesamte Lehn und „ganzes Erbe gesetzt, des Himmels und alles „was Christus hat? Das müssen traurreiche „und seelige Brüder und Schwestern seyn, die „sich können rühmen dieses Bruders, der nun „nicht am Creutz hänget, noch im Grabe un„ter dem Tode liegt, sondern ein gewaltiger „HErr ist über Sünde, Tod, Hölle und „Teufel:" Da die Weiber insgesamt hingiengen, die Auferstehung JEsu seinen Jüngern zu verkündigen, begegnete ihnen JEsus, grüssete sie und befahl ihnen, seinen Jüngern zu sagen, daß sie ihn in Galiläa zu sehen bekommen sollten. Matth. 28, 9. 10. Noch an eben dem Tage erschien JEsus den zween Jüngern, die nach Emmaus giengen in einer andern Gestalt, Marc. 16, 12. ließ sich mit ihnen in ein Gespräch ein, und erwieß ihnen nach allen Zeugnissen des Mosis

JEsu Christi. 283

sis und der Propheten, daß der Meßias durch Leiden und Sterben zu seiner Herrlichkeit eingehen müssen, worüber ihnen das Herz im Leibe gleichsam zu brennen anfieng. Luc. 24, 13=35. Der alte Lehrer Urbanus Regius hat darüber in seinem Ostergespräch ein und andere erbauliche Anmerkungen. Indessen muß Petrus seinen auferstandenen HErrn und Meister besonders gesehen haben. Luc. 24, 34. Da die beeden Jünger von Emmaus wieder zu den eilf Aposteln kamen, und von ihrer angenehmen Begebenheit zu erzählen anfiengen, trat JEsus, welcher niemals weit ist, wo seiner gedacht wird, mitten unter sie, zeigte ihnen seine durchstochene Hände und Füsse, sprach ihnen Muth ein, bestrafte aber auch zugleich ihren Unglauben, und aß mit ihnen zum Zeugniß, daß er einen wahrhaften menschlichen Leib habe, Luc. 24, 36=43. Marc. 16, 14. wie er ihnen denn auch damals den heiligen Geist zu Verwaltung der Macht zu binden und zu lösen mittheilte, und die Wunder verkündigte, wodurch die Lehre des Evangelii bestätigt werden sollte, Marc. 16, 17. auch überhaupt das Verständniß der Schrift öffnete. Luc. 24, 45. Joh. 20, 19=23. Weil Thomas dazumal nicht zugegen war, und bey seiner Rückkunft die Erscheinung des lebendigen Heilandes nicht glauben wollte, bis er selbst seine Wunden sehen und betasten würde: so erschien bald darauf JEsus seinen Jüngern abermals, zeigte dem Thomas die Nägellöcher in seinen Händen und Füssen, samt der grossen

Sei-

Seitenwunde, ließ ihn seine Finger und Hand darein legen, und gab ihm eine heilsame Erinnerung von der Seeligkeit derer, die nicht sähen und doch glaubten. Thomas aber wußte vor Beugung und Verwunderung nichts zu sagen, als: mein HErr und mein GOtt. O eine wundersame, aber seelige Methode von der Gottheit JEsu bey seinen Wunden überzeugt zu werden! Ferner erschien JEsus sieben Jüngern am Meer bey Tiberias, half dem Petrus zu einem grossen Fischzug, aß abermals mit den Jüngern, fragte den Petrus um seine Liebe gegen ihn, und befahl ihm, seine Schaafe und Lämmer zu waiden. Wobey er zugleich demselben seinen künftigen Märtyrertod verkündigte, und von dem Johannes sagte, daß er bleiben solle, bis er käme. Joh. 21. Siehe oben das neun und dreyßigste Capitel. Vornehmlich aber erschien JEsus seinen eilf Jüngern, da er sie erst von seiner Auferstehung völlig überzeugt hatte, auf einem Berg in Galiläa, redete mit ihnen von der nunmehro ihm gegebenen unumschränkten Gewalt im Himmel und auf Erden, und befahl ihnen alle Völker nicht nur zu lehren, sondern auch zu taufen, im Namen des Vaters, des Sohnes und des heiligen Geistes. Matth. 28, 16. Vermuthlich sind bey dieser Erscheinung auch die fünfhundert Brüder, 1 Cor. 15, 6. und unter denselben diejenigen gewesen, welche bey diesem ersten Anblick JEsu noch an seiner Auferstehung zweifelten. Matth. 28, 17. Paulus hat uns von noch mehrern Erscheinungen

gen eine kurze Nachricht gegeben. 1 Cor. 15, 5-7. Es ist auch kein Zweifel, daß JEsus die vierzig Tage über zwischen seiner Auferstehung und Himmelfahrt seinen Jüngern mehrmals erschienen seyn werde. Denn um ihrentwillen hielt er sich eigentlich noch so lange auf der Welt auf, und was er diese Zeit über mit ihnen geredet, das betraf nach des Lucas Nachricht, Ap. Gesch. 1, 3. insonderheit das Reich GOttes oder die ganze Beschaffenheit seines Gnadenreichs, welches er durch die Predigt des Evangelii in aller Welt aufrichten wollte.

LXXIX. Capitel.
Von der Himmelfahrt JEsu.

Nachdem JEsus nach seiner Auferstehung noch vierzig Tage auf der Welt gewesen, führte er seine Jünger hinaus nach Bethanien, Luc. 24, 50. wobey ihn ohne Zweifel niemand als sie gesehen haben wird. Daselbst befahl er ihnen, nicht von Jerusalem zu weichen, bis sie durch die bald zu gewartende Mittheilung des heiligen Geistes in reicher Maase tüchtig gemacht werden würden, das Evangelium nicht nur in Jerusalem und im jüdischen Lande, sondern auch in Samaria und bis an das Ende der Erden zu verkündigen. Hierauf segnete er sie mit seinen Händen, Luc. 24, 51. und fuhr vor ihrem Angesicht in einer Wolke gen Himmel. Als sie ihm nun nachsahen, befahlen ihnen zween Männer in weissen Kleidern, daß sie sich nicht
länger

länger aufhalten sollten, weil JEsus nicht jetzo, wohl aber zu seiner Zeit wieder kommen würde, wie sie ihn anjetzo gesehen hätten gen Himmel fahren. Sie kehrten also wieder um nach Jerusalem, und blieben nebst der Mutter JEsu und seinen Brüdern im Gebeth vereinigt, bis am fünfzigsten Tag nach Ostern die wunderbare Ausgiessung des heiligen Geistes erfolgte. Ap. Gesch. 1, 1-14. Cap. 2, 1.

LXXX. Capitel.
Von JEsu Sitzen zur rechten Hand GOttes.

JEsus hat bey seiner Himmelfahrt in seiner Menschheit Besitz genommen von der Klarheit, die er bey dem Vater als gleicher GOtt hatte, ehe die Welt war. Joh. 17, 5. Eben darum, weil er sich aufs tiefste erniedriget hatte, sollte er nach vollbrachtem Werk der Erlösung aufs höchste geehret werden. Phil. 2, 9. Ebr. 2, 9. Offenb. 3, 21. Wie nun solches geschehen, wird uns auf diese Maase zu erkennen gegeben, daß JEsus zur rechten Hand GOttes gesetzt worden. Marc. 16, 19. Röm. 8, 34. Liebhaber des göttlichen Worts wissen schon ohne Anführung vieler Schriftstellen, daß durch die rechte Hand GOttes die Allmacht und Güte GOttes bezeichnet werde: Alle Wirkungen dieser göttlichen Eigenschaften gehen also lediglich durch diesen erhöheten GOtt-Menschen. Er
ist

ist der wahrhaftige GOtt, und aller Gottesdienst, den man der Gottheit ausser ihm leisten will, ist Abgötterey. 1 Joh. 5, 20. In ihm wohnet die ganze Fülle der Gottheit leibhaftig. Col. 2, 9. Wer ihn nicht kennet, der ist ein Atheist, und hat keinen GOtt. Eph. 2, 12. Wer nicht in seiner Lehre bleibet, der ist ebenfalls ein Atheist, 2 Joh. v. 9. wenn er gleich noch so schön vom lieben GOtt redete, und noch so tugendhaft lebte. Wer nicht auf JEsu Mittleramt und verdienstliche Zukunft ins Fleisch sein ganzes Glaubensbekänntniß gründet, der ist ein Irrgeist und kein rechtschaffener GOttesgelehrter. 1 Joh. 4, 15. 2. 3. Die unsichtbare Gottheit will ausser JEsu keine Gemeinschaft mit dem Menschen haben. Denn nur durch ihn, den einigen Mittler, 1 Tim. 2, 5. haben wir einen Zugang zu GOtt. Eph. 2, 18. Cap. 3, 12. Röm. 5, 1. 2. Ebr. 10, 19. Aller gnädigen Erklärungen GOttes gegen uns arme Menschen, dürfen wir uns nur in ihm anmasen. 2 Cor. 1, 20. Alles was wir uns von GOtt ausbitten wollen, können wir nur durch ihn und um seinetwillen erhalten. Joh. 15, 7. 16. Cap. 14, 13. 14. Cap. 16, 23. Unser ganzes geistliches Leben, unsere ganze Subsistenz beruhet auf der Gemeinschaft mit ihm, 1 Joh. 5, 11. 12. Joh. 6, 53. Cap. 15, 4. und ausser ihm ist keine Seeligkeit zu hoffen. Ap. Gesch. 4, 12. Wer ihn nicht ehret, der ehret auch den Vater nicht, Joh. 5, 23. 1 Joh. 2, 23. als welcher keine andere besondere Verehrung von uns verlanget, sondern

nur

nur auf solche Weise geehret seyn will, daß alle Knie sich auch vor der erhöheten Menschheit JEsu Christi beugen, und alle Zungen bekennen, daß JEsus Christus der HERR, der Jehovah sey, Phil. 2, 9. 10. gleichwie die Seraphinen sich vor seiner Gottheit gebeuget hatten, ehe er ins Fleisch gekommen war. Es. 6, 1. u. f. Joh. 12, 41. Will nun der Vater einzig und allein in dem Sohn geehret seyn: so gehet auch des heiligen Geistes ganzes Geschäfft unter dem Menschen dahin, JEsum zu verherrlichen, Joh. 16, 14. die Welt von der Sünde, daß sie nicht an JEsum glaubt, zu überzeugen, Joh. 16, 7-9. und diejenigen welche sich überzeugen lassen, dahin zu bringen, daß sie JEsum in wahrem Glauben einen HErrn, einen Jehovah, 1 Cor. 12, 3. und durch ihn den Vater mit einem kindlichen Geist ihren Vater nennen können. Röm. 8, 15-17. Man ist also zuverläßig, daß, wenn man JEsum als seinen HErrn und GOtt ehret, man auch den Vater und heiligen Geist ehre, gleichwie man ausser dem keinen wahren Grund seines ganzen Christenthums und tugendhaften Wandels hat, 1 Cor. 3, 11. noch vor GOtt bestehen kann, Joh. 15, 6. wenn man sich gleich noch so viel mit ihm zu thun machen wollte. Lutherus schreibet davon sehr nachdrücklich Tom. VI. Jen. fol. 178. „Willt du „sicher fahren, und GOtt recht treffen und er„greiffen: so laß dir nicht einreden, daß du ihn „anderstwo suchest, denn in dem HErrn Chri„sto. An dem Christo fange deine Kunst an
„und

„und dein Studieren, da laß sie auch haften
„und bleiben. Wer dich anderswo hinweisen
„will, da sprich: ich will von keinem andern
„GOtt nichts wissen, als von meinem HErrn
„Christo, und fol. 183. Wer hinfort GOtt
„suchet und treffen oder finden will, anderst-
„wo denn in Christo, der findet und trifft
„nicht GOtt, sondern den Teufel selbst an
„GOttes statt an." Wohl uns des feinen
HErrn! Wohl uns daß wir uns nicht an eine
abstracte Gottheit halten dürfen, sondern daß
wir wissen, unser Fleisch und Blut, ein wahrer Mensch wie wir, sitzet zur Rechten GOttes
und vertritt uns. Röm. 8, 34. 1 Joh. 2, 1.
Wohl uns daß wir einen GOtt haben, der alle unsere Schwachheiten getragen, und alle unsere Versuchungen ausgestanden hat, mithin
auch Mitleiden mit uns haben kann, wenn wir
versucht werden. Ebr. 4, 15. Wohl uns daß
wir dereinst in unserm Fleisch GOtt sehen, Hiob
19, 26. und seinem verklärten Leib ähnlich seyn,
Phil. 3, 21. ja mit ihm auf seinem Stuhl sitzen
werden. Offenb. 3, 21. Es hat also auch dieser zur Rechten GOttes erhöhete GOtt-Mensch
JEsus Christus eine freye unumschränkte Gewalt in allen Reichen GOttes im Himmel und
auf Erden. Matth. 28, 18. Pf. 8, 7-9. Alle
Fürstenthüme und Obrigkeiten und alles was
genannt mag werden, nicht allein in dieser Welt,
sondern auch in der zukünftigen, ist ihm unterthan. Eph. 1, 20. 23. Ebr. 2, 8. Sehen wir
nun gleich noch nicht, daß ihm alles unterthan
ist:

ist: Ebr. 2, 8. so wird doch nach dem bestimmten Rath GOttes die völlige Unterthänigkeit aller Dinge unter Christum, wie sie einmal angefangen stuffen-weise noch in dem unsichtbaren Reich GOttes endlich zu Stande kommen. Paulus offenbaret uns davon 1 Cor. 15, 22-28. grosse Geheimnisse, wer das lieset der merke drauf. Endlich gehöret auch noch zu dem Stand der höchsten Erhöhung des Menschen JEsus Christus, daß ihm der Vater die Macht gegeben, die Todten zu erwecken, und Gericht zu halten. Joh. 5, 27-29. Er wird also dereinst in eben der Gestalt, darinnen er gen Himmel gefahren ist, wieder kommen, Ap. Gesch. 1, 11. mit Gerechtigkeit zu richten die Lebendigen und die Todten. Ap. Gesch. 10, 42. Cap. 17, 31. Wohl allen denen, die an dem Tage seiner Erscheinung Freude und Wonne haben werden! Wer aber an ihn glaubet, der wird nicht gerichtet. Joh. 3, 18. Cap. 5, 24. Wer hingegen nicht glaubet, der ist schon gerichtet, denn er glaubet nicht an den Namen des eingebohrnen Sohnes GOttes. Joh. 3, 18.

LXXXI. Capitel.
Von zween Andenken die uns JEsus hinterlassen.

JEsus hat uns vor seiner Himmelfahrt versichert, daß er bey uns seyn wolle, alle Tage bis an der Welt Ende. Matth. 28, 20. Wo zween oder drey versammlet sind in seinem Namen

men, da kann man allemal gewiß glauben, daß er mitten unter ihnen sey. Matth. 18, 20. Er hat uns aber auch zwey sehr wichtige Andenken gestiftet, welche bis dahin reichen sollen, wann er wieder kommen wird, eines vor das andere nach seinem Hingang zum Vater. Das erste ist das heilige Abendmahl, welches JEsus in der Nacht, da er verrathen ward, eingesetzt, und zu seinem Gedächtniß zu halten, befohlen. Luc. 22, 19. 1 Cor. 11, 24. 25. Es soll also des HErrn Abendmahl in der Christenheit gehalten, und dabey des HErrn Tod verkündigt werden, bis daß er kommen wird. 1 Cor. 11, 26. Es geschicht auch noch zu unbeschreiblichem Seegen aller glaubigen Kinder GOttes. Gleichwie aber alle Einsetzungen JEsu unter der verdorbenen Christenheit in äussersten Verfall gerathen: also ist auch von dem heiligen Abendmahl ein gleiches zu sagen, dessen schändlicher Mißbrauch am Tage lieget. JEsu Tod kann niemand verkündigen, als der errettet ist von der Obrigkeit der Finsterniß, und mit JEsu Christo in Gemeinschaft stehet. Wer hingegen diesen theuresten Erlöser nicht kennet, sondern hasset, und die Sünde liebet, welche JEsum ans Creutz gebracht, wie kann der seinen Tod verkündigen? Es ist eben so widersinnisch, als wenn man das Te Deum laudamus singen soll, weil ein Ueberwinder, den wir hassen, einen Feind geschlagen hat, den wir lieben. Ueber die meisten Abendmahlsgenossen kann man heut zu Tage aufs gelindeste nicht anders denken,

ken, als: Vater vergieb ihnen, denn sie wissen nicht, was sie thun. Ich werde Lebenslang diejenige Anrede an die Communicanten nicht vergessen, welche ein rechtschaffener lutherischer Lehrer bey seiner ersten Abendmahlshandlung über die Worte 2 Chron. 30, 17. 18. hielt. „Und sie assen das Osterlamm zwar, doch nicht wie geschrieben stehet. Denn Hiskias bath für sie und sprach: Der HErr der gütig ist, wird gnädig seyn." Von vielen kann man gewiß glauben, daß sie es zu ihrem Gericht geniessen, welches doch gröstentheils auch diejenigen treffen wird, die die armen Leute zu diesem Mahl der Freunde JEsu, als zu einem äussern Religionsbekänntniß, zwingen. Indessen bleibet diese Verfassung, bis JEsus seine Tenne fegen wird, unter göttlicher Gedult stehen, und erhält wenigstens das öffentliche Andenken des gecreutzigten JEsu, von welchem man sonst in vielen Kirchen ausser der Fastenzeit wenig höret, kann auch, wie schon gedacht, von Kindern GOttes im Segen gebraucht werden. Das andere Andenken, welches uns JEsus zum Unterricht hinterlassen, ist die hohe Offenbarung, welche JEsus selbst nach seiner Himmelfahrt dem Johannes zu schreiben befohlen, damit seine Knechte eine Anweisung haben möchten, wie es in seinem Reich gehen werde, bis er in den Wolken des Himmels wieder kommen würde. Offenb. 1, 1 = 7. Es ist also eine grosse Vorsorge und Wohlthat JEsu, daß er so treu und gnädig gewesen, uns in diesem

Buch

Buch zu eröffnen, wie wir von Zeit zu Zeit merken können, in was für Umständen sich die Kirche Christi befinde, wie weit wir seiner Zukunft näher gekommen, und was wir vor derselben noch zu gewarten haben. Es soll also auch dieses Buch nicht nur eine Rarität in der Kirche GOttes seyn, sondern wirklich gebraucht werden. Dahero auch ein besonderer Segen auf dessen Gebrauch gelegt ist. Offenb. 1, 3. Heut zu Tage kennet man die Sprache JEsu in diesem Buche fast gar nicht mehr. Die meisten halten es wider die Absicht JEsu für ein verschlossenes Buch, welches man nicht verstehen könnte. Allein wir haben im neuen Bunde keine solche dunkle Weissagungen mehr wie im alten, und JEsus hat in diesem Buche seinen Knechten zeigen wollen, Offenb. 1,1. was künftig geschehen sollte. So viel ist gewiß, daß wer sich ohne wahre Erkänntniß JEsu und seines Reichs mit eignem fürwitzigen Dünkel, vorgefaßten Meynungen und fleischlicher Gelehrsamkeit über diese herrliche Offenbarung macht, darinnen nichts als lauter Dunkelheit und Widerspruch findet. Wer aber solche mit einem gläubigen zu allen Wahrheiten JEsu offenen Herzen, unter herzlicher Anrufung seines Geistes lieset, der wird darinnen gewiß von Zeit zu Zeit nähern und deutlichern Unterricht finden, so viel ihm nöthig ist. Unter denjenigen Büchern, welche darzu Anleitung geben, ist wohl des seligen Probst Bengels erklärte Offenbarung Johannis samt dessen Reden über dieses Buch allen andern vorzuziehen.

LXXXII.

LXXXII. Capitel.
Beschluß.

Ich beschliesse also hiermit diese Einleitung in die Geschichte des menschlichen Wandels JEsu auf Erden, und danke diesem meinem HErrn und GOtt demüthig, daß er mir Gnade verliehen hat, diese einfältige Arbeit zu Stande zu bringen. Er hat sie an mir gesegnet und wird sie ferner nicht ungesegnet lassen. Was darinnen gefehlt ist, wird er mir zeigen und gewiß nicht schaden lassen, denn es ist nicht böse gemeynt. Und nun Kindlein bleibet bey ihm, auf daß, wann er offenbaret wird, wir Freudigkeit haben und nicht zu Schanden werden vor ihm in seiner Zukunft. 1 Joh. 2, 28.

Ihm der da lebt in Ewigkeit,
  Sey Lob, Ehr, Preiß und Dank gesungen,
Von seiner Braut der Christenheit,
  Ihn loben Mensch=und Engel=Zungen:
Es jauchze ihm,
Der Himmel heiligs Heer,
Und was das Wort je ausgesprochen mehr.

LXXXIII.

JEsu Christi.

LXXXIII. Capitel.

Anhang.

Vom Unterschied des Gesetzes und Evangelii in einer kurzen Tabelle.

Gesetz.   **Evangelium.**

Urheber.

Das Gesetz ist durch Mosen gegeben.   Die Gnade und Wahrheit ist durch JEsum Christum worden. Joh. 1, 17.

Publication.

Rede du mit uns, wir wollen gehorchen, und laß GOtt nicht mit uns reden, wir möchten sonst sterben. 2 Mos. 20, 19.   Diß ist mein lieber Sohn an dem ich Wohlgefallen habe, den sollt ihr hören: Luc. 3, 22. Matth. 17, 5.

Innhalt.

Du sollt GOtt deinen HErrn lieben, von ganzem Herzen, von gan=   Das ist sein Gebot, daß wir glauben an den Namen seines Sohnes JE=

ganzer Seele, und von allen Kräften, und von ganzem Gemüthe, und deinen Nächsten als dich selbst. Luc. 10, 27.

JEsu Christi, und lieben uns untereinander, wie er uns ein Gebot gegeben hat. 1 Joh. 3, 23.

Gedenkmittel.

Diese Worte, die ich dir heute gebiete, sollt du zu Herzen nehmen; und sollt sie binden zum Zeichen auf deine Hand, und sollen dir ein Denkmaal vor deinen Augen seyn, ꝛc. 5 Mos. 6, 6. 7.

Ich will mein Gesetz in ihr Herz geben, und in ihren Sinn schreiben, ꝛc. Jer. 31, 33.

Volk, welches es angehet.

Er zeiget Jacob sein Wort, Israel seine Sitten und Rechte: So thut er keinem Heiden, noch lässet sie wissen seine Rechte. Ps. 147, 19. 20.

Also hat GOtt die Welt geliebet, daß er seinen eingebohrnen Sohn gab, auf daß alle die an ihn glauben, nicht verlohren werden, sondern das ewige Leben haben. Joh. 3, 16. Also ist geschrieben, und also mußte Christus leiden und auferstehen von den Todten am dritten Tage. Und predigen lassen

JEsu Christi.

sen in seinem Namen, Busse und Vergebung der Sünden unter allen Völkern. Luc. 24, 46. 47. Es ist erschienen die heilsame Gnade GOttes allen Menschen. Tit. 2, 11.

Verheissung.

Darum sollt ihr meine Satzungen halten, und meine Rechte. Denn, welcher Mensch dieselben thut, der wird dadurch leben. 3 Mos. 18, 5. Gal. 3, 12.

Christus ist des Gesetzes Ende, wer an den glaubet, der ist gerecht. Röm. 10, 4.

Fluch.

Verflucht sey, wer nicht alle Worte dieses Gesetzes erfüllet, daß er darnach thue. 5 Mos. 27, 26.

So jemand den HErrn JEsum Christ nicht lieb hat, der sey Anathema Maharam Motha. 1 Cor. 16, 22.

So jemand euch Evangelium prediget, anders denn das ihr empfangen habt, der sey verflucht. Gal. 1, 9.

LXXXIV.

LXXXIV. Capitel.

Ordnung der evangelischen Geschichte, vom menschlichen Leben, Tod und Auferstehung unsers HErrn und Heilandes JEsu Christi, wie sie nach ihrer richtigen Folge der Zeit können gelesen werden.

Abtheilungen
der vier Evangelisten.

Erster Theil beschreibet JEsu Christi höchste Person und erste Geschichte, Matth. 1, 2. Marc. 1, 1. Luc. 1, 2. Joh. 1, 1=14.

Zweyter Theil: die öffentliche Führung seines Lehr= und Prophetenamts, Matth. 3. bis 20. Marc. 1. bis 10. Luc. 3. bis 19, 28. Joh. 1. bis 11.

Dritter Theil: seine Leidenswoche, Matth. 21. bis 27. Marc. 11. bis 15. Luc. 19, 28. bis 23. Joh. 12. bis 19.

Vierter Theil: seine Auferstehung und Himmelfahrt, Matth. 28. Marc. 16. Luc. 24. Joh. 20. 21.

Erster Theil.

JEſu Chriſti GOttmenſchliche Perſon und erſte Geſchichte.

(1) Die Hauptſumma des Evangelii von Chriſto, Joh. 1, 1. bis 14. (2) die Empfängniß Johannis und JEſu Chriſti, Luc. 1, 1=56. (3) Johannis Geburt, Beſchneidung und Jugend, v. 57=80. (4) JEſu Geſchlecht-Regiſter, Matth. 1, 1=17. (5) ſeine Geburt, v. 18=25. Beſchneidung, Name und Darſtellung im Tempel, Luc. 2, 1=38. (6) die Weiſen aus Morgenland, Matth. 2, 1=12. (7) die Flucht und Wiederkunft des Kindes JEſu, v. 13=23. (8) ſeine Heimat und heilige Jugend. Matth. 2, 22. 23. Luc. 2, 39=52.

Zweyter Theil.

Die öffentliche Führung ſeines Lehr- und propheriſchen Amts.

I. Sein Antritt des Lehr- und Prophetenamts, dabey iſt zu merken:

(a) Sein † Vorläuffer, Johannes der Täufer, Matth. 3, 1=12. Luc. 3, 1=20. (b) JEſu Taufe, †† v. 13=17. (c) Verſuchung

† Im 30 Jahr Chriſti im Sept. †† Dec.

chung und Sieg †, Matth. 4, 1=11. (d) Zeugniß Johannis von Christo, Joh. 1, 15=37.

II. **Seine Thaten und Reden,** womit sich JEsus erwiesen, daß Er der Meßias und der Sohn GOttes sey.

A) In den ersten zwey Tagen gegen seine erste Jünger, Joh. 1, 35=51. und am dritten Tage auf der Hochzeit zu Cana, Joh. 2, 1=12.

B) Um die erste Ostern und Pfingsten.

  (a) Die Reise aufs **Osterfest.** ††

  aa) Seine Verrichtungen in der Stadt Jerusalem,
    die Reinigung des Tempels, v. 13=23.
    seine Wunder und Weißheit, v. 24. 25.
    Nicodemi Unterweisung, Joh. 3, 1=21.

  bb) Sein Aufenthalt in Judäa, und Johannis Zeugniß, v. 22=36.

  cc) Seine Zurückreise durch Samariam, da er einige zum Glauben erwecket, Joh. 4, 1=42. in Galiläam, da er des Königischen Sohn heilet, v. 43=54.

  (b) Die Reise aufs **Pfingstfest** †††, Joh. 5, 1=47.

C) **Das gnädige Jahr in Galiläa.**

  a) Johannes ist ins Gefängniß gelegt.

† 31 Jahr. †† 30 März. ††† 19 May.

JEsus kommt nach † Nazareth und nimmt seine Wohnung

zu Capernaum, Luc. 4, 14=30. da ist zu merken:
(1) Die Predigt vom Reich GOttes, Matth. 4, 12=17. (2) der Beruf Petri, Andreas, Jacobi und Johannis, v. 18=22. (3) Predigt und Heilung der Kranken; der Leute Zulauf, v. 23=25. (4) die Bergpredigt, Cap. 5. 6. 7. (5) der Aussätzige, Cap. 8, 1=4. (6) des Hauptmanns Knecht, v. 5=13. (7) Petri Schwieger, v. 14. 15. (8) viele Kranke geheilet v. 16. 17.

b) Er heißt über das Meer fahren ††; erinnert zween wegen seiner Nachfolge, v. 18=22. gebeut Wind und Meer, v. 23=27. und befreyet zween Besessene, v. 28=34.

c) Kommt wieder nach Capernaum, da ist zu merken:
(1) Der Gichtbrüchige, Matth. 9, 1=8. (2) der Beruf Matthäi und Umgang mit den Sündern, v. 9=13. (3) das Fasten, v. 14=17. (4) Jairi Töchterlein und das blutflüssige Weib, v. 18=26. (5) die zween Blinde, v. 27=31. (6) der Besessene, v. 32=34. (7) JEsus gehet umher und heisset um Arbeiter bitten, v. 35=38. (8) Er sendet Arbeiter und unterweiset sie, Cap. 10, 1=42. und lehret selber, Cap. 11, 1.

(9)

† 18 Sept. †† Jahr Christi 32.

(9) Nach Erweckung des Jünglings zu Nain, Luc. 7, 11-17. sendet Johannes im Gefängniß zween Jünger an JEsum, Matth. 11, 2-6. (10) Er lobet Johannem, schilt die widerspinstigen Städte und ladet die Mühseeligen ein, v. 7-30. wird gesalbet, vergibt Sünden, Luc. 7, 36-50. (11) Aehren werden ausgerauft †, Luc. 6, 1-5. Matth. 12, 1-18. (12) Die dürre Hand wird geheilet, v. 9-13. (13) Die Pharisäer stellen ihm nach; Er entweicht, v. 14-21. (14) ein Besessener wird geheilet, das Volk verwundert sich, die Pharisäer lästern, JEsus widerlegt sie, v. 22-37. (15) die ein Zeichen fordern, werden bestraft, v. 38-45. (16) JEsus erkläret, wer die Seinige seyn, v. 46-50. (17) lehret durch Gleichnisse, Cap. 13, 1-52.

d) Ist wieder zu **Nazareth**, v. 53-58.

e) An andern Orten.

(1) Herodes, nachdem er Johannem getödtet, zweifelt, da er von JEsu höret. JEsus entweichet und das Volk sucht ihn, Cap. 14, 1-13. (2) Er heilet und sättiget 5000 Mann, kurz vor dem zweyten **Osterfest** ††, v. 14-21. Marc. 6, 31-54. Luc. 9, 10-17. Joh. 6, 1-13. (3) Seine Wunderreise auf dem Meer, und Curen vieler Kranken, Matth. 14, 22-36. (4) Rede zu Capernaum von der un-
ver-

† 2 April. †† 17 April.

JEsu Christi. 303

vergänglichen Speise, Joh. 6, 22:71. (5) Lehre, was den Menschen verunreinige oder nicht, Matth. 15, 1:20. (6) das Cananäische Weib, v. 21:28. (7) viele Kranke werden geheilet, v. 29:31. (8) und sonderlich auch einer der taub und stumm ist, Marc. 7, 32:35. (9) 4000 Mann gespeiset, Matth. 15, 32:38. (10) Antwort wegen des Zeichens vom Himmel, v. 39. Cap. 16, 1:4. (11) die Erinnerung wegen des Sauerteigs, v. 5:12. (12) der Blinde zu Bethsaida, Marc. 8, 22:26.

(Ende des gnädigen Jahrs in Galiläa.)

D) Zur Zeit des **Lauberhüttenfestes** und der **Kirchweyh** zu Jerusalem.

a) JEsus lehret, sonderlich am letzten Tage des Festes †, Joh. 7, 1:53.

b) Nachher will er eine Ehebrecherin nicht verdammen, Joh. 8, 2:11. lehret weiter im Tempel; man will ihn steinigen; er entweichet wunderbarlich, v. 12:59. er thut einem Blindgebohrnen die Augen am Sabbath auf, Joh. 9, 1:41. führet herrliche Hirtenreden, Joh. 10, 1:21.

c) An der †† Kirchweyh setzet er solche Reden fort, darüber wollen ihn die Juden steinigen und greiffen. Er gehet weg. v. 22:59.

III. Die **Verkündigungen** von seinem Leiden

† October.   †† 20 Dec.

den und Auferstehen, und seine letzte grosse Reise.

(a) Die erste **Verkündigung**, dabey ist zu merken:

aa) Die † Vorbereitung dazu, durch ein Examen und Bestätigung des Hauptarticuls, daß er **Christus der Sohn GOttes** sey, Matth. 16, 13-20.

bb) Die **Verkündigung** selber und Petri bestrafte Einrede, v. 21-28.

(b) Die 2te **Verkündigung**, und die grosse Reise zu seinem Leiden, dabey kommt vor

(1) Die Verklärung auf dem Berge und das befohlne Stillschweigen, Matth. 17, 1-13. (2) die Heilung des Mondsüchtigen, v. 14-21. (3) die **Verkündigung** des Leidens ††, v. 22. 23. (4) der bezahlte Zinsgroschen, v. 24-27. (5) wer der Größte sey? Matth. 18, 1-20. (6) die Pflicht dem Bruder seine Fehle zu vergeben, v. 21-35. (7) die Begebenheiten auf seiner **Leidensreise**.

(1) Von den Samaritern verträget er Unfreundlichkeit, und wehret dem Eifer zweyer Jünger, Luc. 9, 51-56. (2) will keinen zärtlichen, wol aber schleunigen Nachfolger haben, v. 57-62. (3) sendet siebenzig Jünger aus, welche mit Freuden wiederkommen, Luc.

---

† Im Jahr Christi 33. Vor Ostern, ohngefähr 6 Wochen.   †† 5 Wochen.

Luc. 10, 1-22. (4) unterrichtet von der Seeligkeit und Liebe des Nächsten, v. 23-37. (5) lehret ein bey Martha und Maria, v. 38-42. (6) Er bethet, lehret seine Jünger auf ihr Bitten auch bethen, und ermahnet zum Gebeth, Luc. 11, 1-13. heilet einen Besessenen: widerlegt eine abscheuliche Lästerung und Zeichenforderung, v. 14-26. verbessert den Zuruf eines Weibes; will an uns alles licht haben, v. 14-36. (7) beym Essen redet er von der wahren Reinigkeit, v. 37-54. giebt darauf seinen Jüngern und dem Volk höchstwichtige Warnungen und Ermahnungen, Luc. 12, 1-59. (8) zeiget die Nothwendigkeit der Bekehrung, Luc. 13, 1-9. heilet ein achtzehn Jahr krank gewesenes Weib am Sabbath †, vergleicht das Reich GOttes einem Senfkorn und Sauerteig, v. 10-21. (9) auf dem Wege nach Jerusalem beantwortet er die Frage: ob wenig selig werden? v. 22-30. (10) läßt sich mit dem Herodes nicht schrecken, und bestraft den Undank Jerusalems, v. 31-35. (11) unter der Mahlzeit eines Pharisäers heilet er am Sabbath einen Wassersüchtigen, redet von der Selbsterniedrigung und Einladung der Armen, wie auch vom grossen Abendmahl, Luc. 14, 1-24. (12) da viel Volks mit ihm wandelt, fordert er die Verläugnung aller Dinge v. 25-35. (13) er vergleicht seine Freude über einem wiederkehrenden Sünder, mit der Freude über einem wiedergefundenen Schaaf,

† 4 Wochen vor den letzten Ostern.

Groschen und Sohn, Luc. 15. ermahnet seine Jünger zum rechten Verhalten gegen die zeitlichen Güter, Luc. 16, 1=13. und warnet die irdisch gesinnten Pharisäer durch das Exempel des reichen Mannes, v. 14=31. seine Jünger warnet er vor Aergernissen, Luc. 17, 1=4. und stärket seinen Aposteln den Glauben, v. 5=10. (14) in den Gränzen Samariä und Galiläa † heilet er zehen Aussätzige, v. 11=19. beantwortet die Frage von der Ankunft des Reiches GOttes, v. 20=37. und erinnert zu einem anhaltenden und demüthigen Gebeth. Luc. 18, 1=14.

(c) Die dritte Verkündigung von seinem Leiden und Auferstehen: und was noch weiter auf dieser Reise vorgefallen.

(1) Die Reise aus Galiläa, Matth. 19, 1. 2.
(2) Die Frage von der Ehescheidung, v. 3=12.
(3) Seine Freundlichkeit gegen die Kinder, v. 13=15.
(4) Seine Antwort an den reichen Jüngling, v. 16=22.
(5) Seine Rede von der mißlichen Seeligkeit der Reichen, v. 23=26. von der Belohnung seiner Nachfolge, v. 27=30. auch von den Letzten und Ersten, Matth. 20, 1=16.
(6) Viele in selbiger Gegend werden gläubig, Joh. 10, 41. 42.
(7) Lazarus in Bethanien stirbt und wird von JEsu wieder auferwecket ††, die Vornehmen fassen

---

† Etwa drey Wochen vor Ostern.   †† 14 Tage vor Ostern.

JEsu Christi. 307

fassen einen Mordschluß, JEsus hält sich zu Ephrem auf, Joh. 11, 1-57.

(8) Die dritte Verkündigung auf dem Wege gen Jerusalem, Matth. 20, 17-19.

(9) Die Bitte der Kinder Zebedäi, und das Gebot der Demuth, v. 20-28. die Einkehr bey dem Zachäo, Luc. 19, 1-10.

(10) Die Heilung zweyer Blinden bey Jericho, v. 29-34.

(11) Das Abendessen in Bethanien, dabey Maria JEsum salbet. † Joh. 12, 1-11.

Dritter Theil.
Die letzte Woche vor dem dritten Osterfest.

Sonntag ††. Christi königlicher Einzug und Besuchung des Tempels, Matth. 21, 1-17. der Griechen Verlangen, der Juden Verstockung, Joh. 12, 12-50.

Montag. Die Reinigung des Tempels, Marc. 11, 15-19. die Verfluchung des Feigenbaums Matth. 21, 18-22.

Dienstag. (A) Im Tempel war merkwürdig:
a) Die Einrede der Vorsteher, solche widerleg-

† 6 Tage vor Ostern, 1 April. †† 2 April.

derlegte JEsus durch die Frage von der Taufe Johannis, Matth. 21, 23-27. und die Gleichnisse von zween Söhnen, v. 28-32. vom Weinberg v. 33-46. und von der Hochzeit, Matth. 22, 1-14.

b) Der Feinde Fragen vom Zins, v. 15-22. Auferstehung v. 23-33. und grössesten Gebot. v. 34-40.

c) Des Heilandes Gegenfrage von Davids Sohne, welchen er im Geist HERRN nennet. v. 41-46.

d) Erinnerungen wegen der Schriftgelehrten und Pharisäer, Matth. 23, 1-12. Bestrafung derselben v. 13-36. und der Stadt Jerusalem, v. 37-39. der Wittwe ihre zwey Scherflein werden hoch geschätzet, Luc. 21. 1-4.

(B) Ausser dem Tempel geschahen die Reden vom Ende des Tempels und der Welt, Matth. 24, 25.

Mittwoch. Wiederhohlte Anzeige der Leiden JEsu, der Feinde und des Verräthers Bund, Matth. 26, 1-16. das Fußwaschen, des Verräthers Offenbarung und Ausgang bey Nacht, Joh. 13, 1-30.

Donnerstag (A) bey Tage. JEsus redet von seiner Verklärung, giebt das neue Liebesgebot, sagt Petri Verläugnung zuvor, Joh. 13, 31-38. läßt das Osterlamm bereiten, Matth.

Matth. 26, 17 ‍‍‍‍‍. 19. und ermuntert seine Jünger im Glauben, in der Liebe und in der Hoffnung. Joh. 14, 1=31.

(B) Abends hält er zu Jerusalem die Ostermahlzeit, und setzet das heilige **Abendmahl** ein, Matth. 26, 20=30. warnet, ermahnet und tröstet seine Jünger und empfiehlet sie seinem Vater im Gebeth, Luc. 22, 24=38. Joh. 15, 16. 17.

(C) Nachts gehet er an den Oelberg, und saget den Jüngern ihr Aergerniß zuvor, Matthäi 26, 31=35.

(2) Uebernimmt und erduldet seinen innern Leidenskampf. v. 36=47.

(3) Wird verrathen, gefangen genommen und von seinen Jüngern verlassen, v. 47=56. Joh. 18, 2=11. Marc. 14, 50=52.

(4) Wird zu Caiphas geführet, Joh. 18, 12=27. Matth. 26, 57=68.

(5) Petrus verläugnet ihn, und weinet bitterlich. v. 69=75. Luc. 22, 63=65.

Freytag: (A) das grösseste **Leiden,**
 (a) frühe,
(1) JEsus wird im Rath verurtheilet und Pilato überantwortet Luc. 22, 66=71. Cap. 23, 1. Matth. 27, 1=10.

der menschliche Wandel

(2) wird verklagt, bekennet sein Königreich und wird von Herode und Pilato für unschuldig erkannt, Joh. 18, 28=38. Luc. 23, 4=16.

(3) wird von Pilato, welchen sein Weib vergeblich warnet, mit Barraba auf die Wahl gestellet und dem Willen des Volks überlassen, Matth. 27, 15=26.

(4) wird gegeisselt, verspottet und verurtheilet, Joh. 19, 1=16. Matth. 27, 27=30.

(5) wird nach Golgatha ausgeführet, Matth. 27, 31=33. Luc. 23, 26=32.

(b) hierauf gecreutziget und verspottet, er redet die drey ersten Worte am Creutz, Matth. 27, 34=44. Luc. 23, 33=43. Joh. 19, 18=27.

(c) von der sechsten bis neunten Stunde ist die grosse Finsterniß, nach derselben redet er seine vier letzten Worte, Matth. 27, 45=49. Luc. 23, 45. 46. Joh. 19, 28=30.

(B) Der Tod JEsu. Erdbeben, zerrissene Felsen, eröffnete Gräber, Matth. 27, 50=53. Bekänntniß des Hauptmanns, Umkehr des Volks, Gegenwart frommer Weiber, Matth. 27, 53=56. Luc. 23, 47=49. seine Seite eröffnet, Joh. 19, 34=37.

(C) Sein

JEsu Christi.

(C) Sein **Begräbniß**, Matth. 27, 57=
61. Joh. 19, 38=42.

Sonnabends: wird das Grab verwahret.
Matth. 27, 62=66.

Vierter Theil.
Die Auferstehung und Himmelfahrt.

(A) Die Auferstehung JEsu Christi ist gleich

(a) am ersten Ostertage geoffenbaret worden, und zwar zuerst den glaubigen Weibern, nicht allein durch einen Engel, Matth. 28, 1=8. sondern auch durch den HErrn selbst, Joh. 20, 1=17. Matth. 28, 8=10. von den Feinden boßhaftig verläugnet, Matth. 28, 11=15. von den Jüngern aber erkannt, Luc. 24, 9=49. Joh. 20, 19=23.

(b) Am achten Tage darauf zeiget er sich zugleich dem Thoma, Joh. 20, 24=31.

(c) Nachher am Meer Tiberias, Joh. 21. 1=25. und

(d) vornehmlich auf einem Berge in Galiläa

läa, Matth. 28, 16/20. Den Beschluß macht

(B) die Himmelfahrt des HErrn und die Munterkeit der Apostel. Marc. 16, 19. 20. Luc. 24, 50:53.

Die Hauptabsicht der ganzen evangelischen Geschichte, Joh. 20, 31.

Aufsatz

vom

Glauben des Hauptmanns
zu Capernaum

und

des Cananäischen Weibes.

P. P.

Sie haben mich ohnlängst ersucht, Ihnen meine Gedanken von dem Glauben des Hauptmanns zu Capernaum und des Cananäischen Weibes zu eröffnen. Ich kann um desto weniger Umgang nehmen diesem Verlangen ein Gnüge zu leisten, da mir solches Gelegenheit zu manchen erbaulichen und nutzlichen Betrachtungen giebt. Die Unzulänglichkeit meiner theologischen Wissenschaft soll mich nicht abhalten: Denn ich glaube, daß Sie bey mir keine Schriftgelehrsamkeit suchen, und wenn Sie eine gelehrte Abhandlung von dieser Sache verlangten, solche schon bey andern lebendigen und todten Männern zu finden wüßten. Ich setze also, damit ich um desto getroster an diesen kleinen Entwurf gehe, voraus, daß Sie nur begierig sind, zu sehen, was ein Liebhaber göttlichen Worts, der kein Gottesgelehrter ist, nach seiner einfältigen Einsicht von dem Glauben obiger beyden Personen denke. Wir wissen was der Glaube sey, dadurch wir vor GOtt gerecht und seelig werden, das göttliche Werk in uns, davon der seelige Luther in seiner unschätzbaren Vorrede über die Epistel an die Römer so schön geschrieben, die zuversichtliche Ergreiffung des ganzen Verdienstes Christi, welche Vergebung der Sünde, Leben und Seeligkeit nach sich ziehet. Man würde aber gar sehr irren, wenn man diesen seeligmachenden Glauben in allen Stellen der heiligen Schrift, welche vom Glauben reden, suchen wollte; vielmehr ist offenbar, daß das Wort πίςις, Glaube, besonders im neuen Testament bald eine Ueberzeugung im Verstand, bald eine Ueberzeugung im Herzen, bald eine Ueberzeugung im Gewissen, bisweilen auch noch etwas weniger und etwa nur einen blosen Beyfall und Achtung gegen gewisse Personen und Lehren, dann aber auch ein Vertrauen, eine Zuverlässigkeit und ungezweifelte Zuversicht auf GOttes Eigenschaften und Verheissungen bedeutet. Diese letztere Bedeutung des Glaubens muß man meines Erachtens Hebr. 11. suchen. Der Glaube in diesem Sinn ist das Genus, welches den seeligmachenden Glauben unter sich begreiffet. Man thut also meiner ohnmaasgeblichen Meynung nach nicht wohl, wenn man die Worte Pauli Hebr. 11, 1. zur Definition des neutestamentischen seeligmachenden Glaubens macht, ob man wohl die Natur und Eigenschaft

schaft deſſelben daraus erläutern kann, ſo wie ich auch dafür halte, daß die Worte Röm. 14, 22. Was nicht aus dem Glauben gehet, das iſt Sünde, keinesweges vom ſeeligmachenden Glauben zu verſtehen, indem Paulus nach dem ganzen Zuſammenhang und Zweck ſeiner Rede mehr nicht ſagen will, als, daß dasjenige was man in äuſſerlichen an ſich unverwerflichen Sachen nicht mit einer völligen Ueberzeugung ſondern mit einem Widerſpruch ſeines Gewiſſens thue, Sünde ſey. v. *Grotius* ad h. l. Der alte Theologus *Balduinus* ſucht alſo der gemeinen Meynung mit einem Schluß a minori ad majus zu helfen: ſi ea, ſagt er, quæ absque iſta fide fiunt, qua credimus aliquid eſſe conceſſum in rebus adiaphoris, peccatum ſunt, multo magis peccata erunt quæcunque fiunt absque fiducia cordis in Chriſtum &c.

In der Geſchichte des menſchlichen Wandels JEſu kommen mancherley Leute vor, die an ihn geglaubet haben. Es glaubten viele an ihn, da ſie die Zeichen ſahen die er that, aber er vertraute ſich ihnen nicht, denn er kannte ſie alle, Joh. 2, 24. Es glaubeten viele Oberſten an ihn, bekannten es aber um der Phariſäer willen nicht, denn ſie hatten lieber die Ehre bey den Menſchen, denn die Ehre bey GOtt. Joh. 12, 42. Vielen Juden, die an ihn glaubeten, als er bey dem Gotteskaſten lehrete Joh. 8, 20. 30. mußte er nach einem kleinen Wortwechſel frey heraus ſagen, daß ſie Teufelskinder wären v. 44. dagegen ſie ihn zu tödten ſuchten v. 59. Kann man

man nun den Glauben dieſer Leute für etwas mehrers als für eine gewiſſe Ueberzeugung im Verſtande und ſonderbare Rührung des Herzens halten? Viele arme Gebrechliche und Kranke hatten gehört und geſehen, daß er andere ihres gleichen geſund gemacht hätte. Sie glaubten daher, daß dieſer gütige Wunderthäter ihnen auch werde helfen können und wollen, und ihnen geſchahe wie ſie geglaubet hatten, und weiter findet man nichts von ihnen. Es wurden aber auch viele redliche Seelen durch die kräftige Lehren JEſu und durch ſeine herrliche Wunder dergeſtalt zum Glauben an ihn gebracht, daß ſie ihn für einen von GOtt geſandten groſſen Propheten, ja für den Meßias und GOttes Sohn hielten, ihn liebten, ehrten, ſich zu ihm bekannten, um ſeinet willen allerley Schmach übernahmen und nicht von ihm laſſen wollten, weil ſie Geiſt und Leben in ſeinen Worten fanden. Dieſe waren nun der erſte gute Saamen der ecclesiæ plantandæ, des anbrechenden Reichs Gottes, darinnen der kleinſte Mitgenoß gröſſer ſeyn ſollte, als Johannes der Täufer Matth. 11, 11. Der liebe Heiland gab ihnen indeſſen die Macht GOttes Kinder zu werden, die an ſeinen Namen glaubten Joh. 1, 12. und eine tröſtliche Expectanz auf den heiligen Geiſt, welchen er ihnen nach ſeiner Auferſtehung ſenden wolle, der ihnen ſeine Perſon, die Abſicht ſeiner Sendung, das durch ſeinen bevorſtehenden Tod zu erwerbende groſſe Heil und überhaupt alle Geheimniſſe des Reichs

Gottes

und cananäischen Weibes.

GOttes recht bekannt machen und aufschliessen werde. Uebrigens hatten diese Erstlinge der neutestamentischen Gnade von des lieben Heilandes Person und Amt eine sehr unvollständige Erkänntniß und manche ungegründete Vorurtheile. Die Apostel genossen seines täglichen Umgangs und Unterrichts, und waren dennoch bis nach seiner Himmelfahrt in diesen Stücken so unwissend, daß man glauben muß, andere Freunde und Anhänger JEsu werden darinnen nichts vor diesen vertrautesten Jüngern JEsu voraus gehabt haben. Sie hielten dafür, daß das Reich GOttes, dessen herrlichen Anbruch der liebe Heiland verkündigte, ein weltliches Königreich seyn würde. Sie wußten in Mose und den Propheten nicht zu finden, daß der Meßias leiden und sterben würde. Sie ärgerten sich daran, da JEsus von seinem Leiden und Sterben zu reden anfieng, Matth. 16, 21. 22. 23. und wußten nicht, was er damit sagen wolle. Luc. 9, 45. Marc. 9, 32. Nach seinem Tode wurden sie in ihrer Erkänntniß ganz irre und hielten ihre Hoffnung, daß JEsus Israel erlösen sollen, für verlohren. Luc. 24, 21. Daß er von den Todten auferstehen sollen, hatten sie bey seinem Leben nicht verstanden. Marc. 9, 10. und nach seinem Tode glaubten sie es noch viel weniger. Joh. 20, 9. Daß JEsus selbstständiger wahrer GOtt sey, haben sie in diesem Zeitlauf wohl auch nicht gewußt. Denn daß Petrus ihn im Namen des apostolischen Collegii für GOttes Sohn erkläret Matth. 16, 16. ihn auch

Natha-

Nathanael Joh. 1,49. die Martha Joh. 11,27. und andere gute Seelen so genennet, ist noch kein Beweiß einer vollständigen Erkänntniß von JEsu selbständiger, dem Vater gleichen Gottheit. Es ist merkwürdig, daß in den angeführten und andern Stellen JEsus niemals absolute der Sohn GOttes genennet, sondern allemal das Prädicat eines Sohnes GOttes mit der Hauptbenennung des Meßias verbunden wird. Es war in der jüdischen Gottesgelahrheit eine ausgemachte Wahrheit, daß der Meßias ein Sohn GOttes heissen solle. Daher auch der Hohepriester Caiphas selbst Matth. 26,63. das Prädicat eines Sohnes GOttes mit der Benennung des Meßias verknüpft. Man verstunde aber solches keineswegs also, daß der Meßias, wie wir es jetzo ausdrücken, eine besondere Person in der Gottheit seyn würde, sondern man glaubte, daß er ein angenommener declarirter Sohn des einigen GOttes in gradu superlativo & eminentissimo vor allen andern, welche Kinder GOttes heissen, seyn solle. So weit reichte also auch die Erkänntniß der ersten guten Seelen, welche JEsum für den Meßias erkannten. Wenn Sie sich nicht an einem etwas freyen Ausdruck ärgern wollen: so will ich vorstehendes dergestalt zusammenfassen, daß ich sage, bis nach der Auferstehung JEsu sind alle seine Jünger *Socinianer

---

* Jede Vergleichung ist auf einer oder mehreren Seiten mangelhaft. Also läßt der Herr Autor dieses freyen

nianer gewesen. Erst nach der Auferstehung JEsu hingegen und nach erfolgter Ausgiessung des heiligen Geistes wurde den Aposteln und allen wahren Glaubigen klärlich aufgeschlossen, daß JEsus nicht nur ein Filius adoptivus des allerhöchsten GOttes, sondern der Jehovah selbst sey, der mit Mose aus dem Busch geredet. Ap. Gesch. 7, 30. u. f. und welchen Jesaias in seiner Herrlichkeit gesehen Joh. 12, 41. Da lehrte erst der heilige Geist die Glaubigen den Meßias JEsus einen HErrn, einen Jehovah nennen, ohne dessen besondere Mittheilung ihm niemand dieses Prädicat geben konnte 1 Cor. 12, 3. Ich habe oben von den Aposteln und ihrer unvollständigen Erkänntniß gesagt, muß aber hier noch dieses beyfügen, daß so gar Maria die Mutter des HErrn im Stande seiner Erniedrigung von seiner Person einen sehr schwachen und mangelhaften Begriff gehabt, ob sie ihn wohl für ein ihr geschenktes ausserordentliches göttliches Gnaden- und Wunderkind gehalten. Es ist schwer zu glauben, daß sie völlig überzeugt gewesen, wie das Kind, welches sie gebohren, gesäugt, gereinigt und in grosser Armuth auferzogen, der selbstständige GOtt Abrahams, Isaacs und Jacobs, der Schöpfer aller Dinge und ihr HErr sey, welchen

freyen Gleichnisses ohnerachtet, als welches er blos, um sich nach seiner Art deutlich zu machen, gebraucht, doch noch grossen und wichtigen Unterschied zwischen den Jüngern des liebsten Heilandes und den eigentlichen Socinianern von Herzen gerne gelten.

chen sie anbethen müsse. Hätte sie dieses klar und deutlich gewußt: so würde sie sich über das, was Simeon von ihm sagte, nicht so gewundert haben. Luc. 2, 33. vielweniger würde ihr die Rede, daß JEsus seyn müsse in dem, das seines Vaters wäre, so unverständlich gewesen seyn, Luc. 2, 50. und am allerwenigsten würde sie um ihn bey dieser Gelegenheit so bekümmert gewesen seyn, oder ihm einen Verweiß gegeben haben. Es hat aber meines geringen Erachtens zu dem Stande der tiefsten Erniedrigung JEsu und der wundervollen Entäusserung seiner Gottheit Phil. 2, 7. gehört, daß er auch seiner Mutter nicht völlig bekannt gewesen. Es würde derselben eine vollständige Erkänntniß seiner Gottheit vielfältig im Wege gestanden haben, mit ihm als einem Menschen-Kinde umzugehen und von ihm hingegen alle Unterthänigkeit eines Menschen-Sohns anzunehmen; und gleichwol wollte doch der liebe Heiland in allen Stücken seinen Brüdern gleich werden. Ach HErr, du Schöpfer aller Ding, wie bist du worden so gering! So lange also der Stand der Erniedrigung JEsu währte, hielt er, nach D. Luthers fürtrefflichem Ausdruck, seine Gewalt gar heimlich. Er äusserte sich selbst, prangte mit seiner Gottheit nicht wie mit einem Raub, und schrieb alle seine Werke dem Vater zu, welcher grösser wäre, denn er. Ja, wenn die Juden ihn einmal bey einer Rede, die auf seine Gottheit zielte, veste fassen wollten: so milderte er seine Ausdrücke gleich damit, daß ja nach ihrer

eignen

und cananäischen Weibes.

eignen Theologie auch wol Menschen Götter genennet würden. Joh. 10, 34. Er war also in diesem Zeitlauf zufrieden, wenn man bey seinen Wundern nur GOtt preisete, der solche Macht dem Menschen gegeben hat, Matth. 9, 8. ihn aus seinen Worten und Thaten einstweilen nur erkannte, für einen Mann von GOtt ἄνδρα ἀπὸ τοῦ θεοῦ Act. 2, 22. für einen Gesandten GOttes Joh. 7, 28. 29. C. 8, 42. Matth. 15, 24. und für einen Propheten, dafür er sich sowol beym Anfang seines Lehramts Luc. 4, 24. als gegen das Ende desselben Luc. 13, 33. erklärte, gleichwie er hingegen die vollständige Bekanntmachung seiner Person bis nach seinem Leiden und Auferstehen suspendirte. Matth. 16, 20. c. 17, 9. Ich habe für nöthig gehalten diese kleine Abhandlung voraus zu schicken, ehe ich von dem Glauben des Hauptmanns und cananäischen Weibes rede, um dadurch diejenigen Gründe an den Tag zu legen, warum ich, wenn im neuen Testamente vom Glauben gewisser Personen geredet wird, nicht gleich den wahren und seeligmachenden Glauben darunter verstehe, vielweniger denen Personen, von welchen gesagt wird, daß sie geglaubet haben, eine vollkommne Erkänntniß von JEsu GOttheit, Person und Mittleramt zuschreibe.

Nun will ich zur Sache selbst schreiten. Sowohl der Hauptmann zu Capernaum als das cananäische Weib suchten keine geistliche, sondern eine leibliche Hülfe bey JEsu, jener für seinen kranken Knecht und diese für ihre kranke Tochter.

ter. Sie hatten das Vertrauen zu JEsu, daß er diesen armen Patienten auf ihre Vorbitte ganz gewiß werde helfen können und wollen; und das war also ihr ganzer Glaube, ein Glaube der von vielen andern guten Eigenschaften, besonders der Demuth, der Liebe, der Beständigkeit begleitet wurde, ein Glaube, der sich nicht an JEsu niedriger Gestalt ärgerte und also schon von JEsu seelig gepriesen worden, Matth 11, 6. übrigens aber doch an und vor sich ein Glaube, dadurch diese Leute nicht seelig worden wären, wenn sie hernach nichts weiter von JEsu erkannt und erfahren hätten, wie ich doch um desto gewisser glaube, daß es geschehen, weil der liebe Heiland den Hauptmann unter die Erstlinge dererjenigen rechnet, die aus den Heiden kommen würden, mit Abraham, Isaac und Jacob zu Tische zu sitzen, obgleich bey seiner Geschichte die merkwürdige Clausul ermangelt, womit die Geschichte des Königischen beschlossen wird. Joh. 4, 53. Inzwischen sagte JEsus Matth. 8. und 15. von dem Glauben des cananäischen Weibes, daß er sehr groß seye, und von des Hauptmanns Glauben, daß er dergleichen in Israel nicht gefunden habe; wobey anmerkungswürdig ist, daß in der Geschichte des Hauptmanns das Wort πίϛις Glaube im neuen Testament zum erstenmal vorkommt. Nun der Glaube des cananäischen Weibes war auch allerdings sehr groß, weil sie sich weder das Stillschweigen, noch die Entfernung, noch die zweydeutige Abweisung JEsu in ihrem Vertrauen

trauen auf seine Hülfe irre machen ließ; und des Hauptmanns Glaube war allerdings grösser als derjenige, den der liebe Heiland in seinem bisherigen Lehramte unter den Juden gefunden hatte, indem derselbe ihm zutraute, daß er auch nur mit einem Wort seinem kranken Knecht helfen könne, wenn er gleich nicht zu ihm käme und ihn anrührte. Das hatte man ihm bis anhero in Israel noch nicht zugetrauet, sondern man hatte geglaubt, wenn jemand durch ihn gesund gemacht werden sollte, so müsse man den Kranken zu ihm bringen, daß er die Hände auf ihn legte. Aber worauf hat sich denn der Glaube dieser Leute oder das Vertrauen zu JEsu gegründet? Sonder Zweifel auf das im ganzen jüdischen Land und in allen umliegenden Orten ausgebreitete Gerüchte von seinen vielen Wundern, sonderlich an armen Kranken, und von seiner Bereitwilligkeit allen zu helfen, die bey ihm Hülfe suchten. Der Hauptmann konnte besonders viele Umstände wissen, wodurch JEsus sich bisanhero als einen Lehrer mächtig von Thaten und Worten bewiesen hatte, weil er zu Capernaum im Quartier lag, welcher Ort in der Geschichte JEsu seine Stadt genennet wird Matth. 9, 1. weil er daselbst gewohnet Matth. 4, 13. und besonders viele herrliche Thaten gethan Matth. 11, 21. und wo einige Zeit vorher des Königischen Sohn auch nur mit einem Wort von JEsu gesund gemacht worden, Joh. 4. weil er dem Wort glaubete, ob er wohl vorhero lieber gesehen hätte, wenn

JEsus selbst in sein Haus und zu dem kranken Kind gekommen wäre. Weil man hiernächst von diesem Hauptmann aufgezeichnet findet, Luc. 7, 5. daß er das Volk der Juden lieb gehabt und ihnen eine Schule erbauet: so ist nicht unwahrscheinlich, daß er sich auch um ihre Religion bekümmert, und von ihnen manche Wahrheiten aus dem Wort GOttes vernommen. Er kann auch von ihnen gehört haben, daß GOtt von Zeit zu Zeit Propheten an sein Volk gesandt, welche ihm geprediget und zum Beweis ihrer göttlichen Sendung die grösten Wunderwerke gethan, besonders auch nur mit einem Wort Kranke gesund gemacht, und Todte auferwecket, und daß das jüdische Volk noch auf den grössesten Propheten und Gesandten GOttes hoffe, welcher der Meßias heissen würde. Vermuthlich hat also der Hauptmann JEsum von Nazareth für einen dergleichen grossen, wo nicht gar für den grössesten, Propheten den Meßias angesehen. Es stehen zwar viele in den Gedanken, daß der Hauptmann den lieben Heiland für den wahren GOtt gehalten, mithin sein Glaube sich auf dessen göttliche Allmacht gegründet habe: Sie suchen solches daraus zu beweisen, weil er 1) ihn HErrn nenne, und 2) von dem, was er als ein Mensch vermöge, nicht undeutlich darauf schliesse, daß also der Heiland als wahrer GOtt noch vielmehr vermögen müsse. Allein gleichwie das Wort HErr als ein bloses Ehrenwort, dessen sich besonders die Römer bedienten, und

wel-

welches auch die Maria dem vermeynten Gärtner beyleget Joh. 20, 15. an und vor sich nichts beweiset: also wird auch das andere Argument blos durch die teutsche Uebersetzung einiger massen scheinbar, da es heißt:

> Denn ich bin ein Mensch, darzu der Obrigkeit unterthan.

Nach dem Grundtext aber lauten die Worte eigentlich:

> Denn auch ich bin ein Mensch, der unter einer Subordination stehet.

Wer siehet nicht, daß hier der Nachdruck nicht auf dem Wort Mensch, sondern auf dem Wort Subordination liege, und der Hauptmann vi oppositorum nur so viel sagen wolle:

> Da ich als ein Subaltern von höhern Officiers in Commando-Sachen cum effectu befehlen kann, daß etwas geschehe: so, muſt du, als ein unmittelbar von GOtt gesandter Prophet, noch vielmehr auch nur mit einem Wort zuwege bringen können, wozu dir GOtt die Macht gegeben hat.

Ueberhaupt ist gar nicht wahrscheinlich, daß dieser Hauptmann von der GOttheit JEsu einen vollkommenern Aufschluß gehabt, als nach dem vorhergehenden selbst den Jüngern und andern Freunden JEsu beygewohnet. Was das cananäische Weib anbetrifft: so habe schon oben gedacht, daß dessen Vertrauen auf JEsu Hülse sich ebenfalls auf das Gerüchte von seinen Wundern gegründet. Denn das Gerüchte von JEsu herrlichen Thaten war auch in die angränzende heidnische Länder erschollen. Matth. 4, 24. Es ist aber auch merkwürdig, daß sie in ihrer Anrede JEsum einen Sohn Davids nennet, woraus deutlich abzunehmen, wie sie gehört haben müsse, daß JEsus von Nazareth der grose Wunderthäter um seiner herrlichen Thaten willen von vielen für den Sohn Davids gehalten würde, welchen die Juden als ihren grössesten Propheten zeithero erwartet hätten. Nun beyden Personen hat ihr Glaube geholfen, und noch jetzo wird allen denen geholfen, die ihren Glauben und Vertrauen auf JEsum setzen. Man erfähret oft noch erstaunliche Exempel, wie der gute und gnädige Heiland in leiblichen Nöthen auch unbekehrten Leuten hilft, wenn sie zu ihm schreyen und sich seiner Hülfe versehen. Ob nun wol der Glaube des Hauptmanns und des cananäischen Weibes, welchen sie bey obigen Begebenheiten bewiesen, nicht der ganze gerecht-und seeligmachende Glaube, sondern davon subjecto, objecto & effectu unterschieden gewesen: so ist er doch nicht nur für einen Anfang desselben und für eine Vorbereitung darzu zu achten, sondern er führet uns auch auf mancherley nützliche Betrachtungen von den Eigenschaften des wahren Glaubens. Denn wir lernen aus diesen Exempeln, wie der wahre Glaube sich nur an JEsum halte, und bey ihm Hülfe suche, wie er mit einer demüthigen

müthigen Erkänntniß seiner Unwürdigkeit verknüpft sey, und JEsu Hülfe nur aus Gnade und Erbarmen suche, wie er JEsum bey seinen Worten fasse, mit Bitten und Betteln nicht müde werde, auch sichs nicht schrekken lasse, wenn sichs anläßt, als wollt er nicht, und so weiter. Und dieses sind also meine dermalige einfältige Gedanken über den Glauben des Hauptmanns zu Capernaum und des cananäischen Weibes. Gleichwie ich solche nicht aus Fürwitz und Präsumtion einer besondern Einsicht, sondern auf Begehren aus Liebe und Gefälligkeit entworfen: also bitte solche zu prüfen, und was Ihnen darinnen etwa anstößig und mißfällig seyn möchte, dem geringen Maas meiner Erkänntniß, nicht aber einer verkehrten Absicht des Herzens wider einige Wahrheiten der Lehre JEsu Christi unsers HErrn zuzuschreiben. Denn was diesem heilsamen Vorbild mit Vorsatz zuwider ist, das sey Anathema. Worinnen wir aber aus Schwachheit fehlen, darinnen ist Er treu und gerecht, daß er es uns vergiebt, und uns von Zeit zu Zeit durch seinen Geist in alle Wahrheit leitet. Ihm sey Ehre in Ewigkeit!

www.ingramcontent.com/pod-product-compliance
Lightning Source LLC
Chambersburg PA
CBHW030307240426
43673CB00040B/1088